*Pondo de lado todo o impedimento... corramos com
perseverança a carreira que nos está proposta.*

Hebreus 12.1

Matemática Financeira

Teoria, mais de 100 questões resolvidas
e 750 questões propostas

BENJAMIN CESAR

Matemática Financeira

Teoria, mais de 100 questões resolvidas e 750 questões propostas

9ª edição, revista e atualizada

2ª tiragem

Niterói, RJ
2015

© 2015, Editora Impetus Ltda.

Editora Impetus Ltda.
Rua Alexandre Moura, 51 – Gragoatá – Niterói – RJ
CEP: 24210-200 – Telefax: (21) 2621-7007

Projeto Gráfico: Editora Impetus Ltda.
Editoração Eletrônica: SBNigri Artes e Textos Ltda.
Capa: Wilson Cotrim
Revisão de Português: Hugo Corrêa
Impressão e encadernação: Gráfica e Editora Vozes

2ª tiragem

C87m
    Costa, Benjamin Cesar de Azevedo.
        Matemática financeira / Benjamin Cesar de Azevedo Costa. – 9. ed. – Niterói, RJ: Impetus, 2015.
        308 p.; 17 x 24 cm.

        Inclui bibliografia.
        ISBN: 978-85-7626-594-8

    1. Matemática financeira. I. Título.
                                        CDD – 650.01513

TODOS OS DIREITOS RESERVADOS – É proibida a reprodução, salvo pequenos trechos, mencionando-se a fonte. A violação dos direitos autorais (Lei nº 9.610/98) é crime (art. 184 do Código Penal). Depósito legal na Biblioteca Nacional, conforme Decreto nº 1.825, de 20/12/1907.

O autor é seu professor; respeite-o: não faça cópia ilegal.

A **Editora Impetus** informa que se responsabiliza pelos defeitos gráficos da obra. Quaisquer vícios do produto concernentes aos conceitos doutrinários, às concepções ideológicas, às referências, à originalidade e à atualização da obra são de total responsabilidade do autor/atualizador.

www.impetus.com.br

Dedicatória

À Maria Fátima, esposa e companheira, pela colaboração contínua e indispensável.

Aos meus filhos José Guilherme e Ana Luiza, personagens constantes destas páginas.

Homenagem

Dedico este trabalho ao Mestre e Amigo Augusto Cesar de Oliveira Morgado.
☆ 23 – 04 – 1944   † 12 – 10 – 2006

Canto fúnebre sem música

Não me conformo em ver baixarem à terra dura os corações amorosos.
É assim, assim há de ser, pois assim tem sido desde tempos imemoriais:
Partem para a treva os sábios e os encantadores. Coroados
de louros e de lírios, partem; porém, não me conformo com isso.
Amantes, pensadores, misturados com terra:
unificados com a triste, indistinta poeira,
Um fragmento do que sentíeis, do que sabíeis,
uma fórmula, uma frase resta – porém, o melhor se perdeu.
As réplicas vivas, rápidas, o olhar sincero, o riso, o amor
foram-se embora. Foram-se para alimento das rosas... Elegante,
ondulosa é a flor. Perfumada é a flor. Eu sei. Porém, não estou de acordo.
Mais preciosa era a luz em vossos olhos do que todas as rosas do mundo...

Vão baixando, baixando, baixando à escuridão do túmulo
suavemente, os belos, os carinhosos, os bons.
Tranquilamente baixam, os espirituosos, os engraçados, os valorosos.
Eu sei. Porém, não estou de acordo. E não me conformo.

("Dirge without music", Edna St. Vincent Millay – 1892 – 1950).
(Tradução de Carlos Drummond de Andrade).

Agradecimentos

Quero agradecer a todos os que, de alguma forma, colaboraram para a realização deste trabalho, e em especial ao:

– Professor Augusto César Morgado, amigo e conselheiro de longa data, a quem tive a honra de ter como mestre e professor ainda no curso preparatório para o vestibular, na universidade, e como preceptor da minha vocação para lecionar matemática financeira, pelas valiosas sugestões e a sempre oportuna revisão do texto teórico, o que, sem dúvida, contribui de forma decisiva para o engrandecimento desta obra;

– Professor Cláudio Silveira de Souza, pelo incentivo e pelas sugestões;

– Auditor da Receita Federal e Professor de Matemática Financeira Wagner Carvalho, pelas sugestões e por criativas soluções apresentadas;

– Professor de Língua Portuguesa Décio Sena, pelo apoio gramatical, pelo fornecimento de seu considerável banco de questões e pela amizade de longa data.

O Autor

Benjamin Cesar de Azevedo Costa é graduado em Matemática e pós-graduado em matemática aplicada à Economia e à Administração.

É professor aposentado da rede particular de ensino onde atuou desde 1976 e professor efetivo no Colégio Militar do Rio de Janeiro onde ingressou em 1985.

A partir de 1987, vem atuando na preparação de candidatos para os mais diversos concursos públicos, sejam para a área fiscal, área policial, dos tribunais ou para os concursos de nível médio.

Tendo iniciado sua trajetória na área dos concursos pelo Guanabara Concursos, passou por todos os grandes cursos no Rio de Janeiro, em São Paulo e no Paraná e atualmente trabalha na Academia do Concurso, CE Guerra de Moraes, CE Alexandre Vasconcellos, Curso Fórum, Curso Ênfase, Centro de Estudos Jurídicos (CEJ) e no Canal dos Concursos.

É autor de outras obras: *Matemática Financeira – Questões*, *Matemática Básica* e *Raciocínio Lógico Quantitativo*, todas em autoria com Augusto Cesar Morgado e publicados pela Editora Campus/Elsevier. Encontra-se no prelo, em coautoria com César Ribeiro, o livro *Matemática e Raciocínio Lógico FCC* (Impetus, 2012).

Apresentação da Série

A preparação para concursos públicos é composta por diversas etapas, dentre as quais se destaca a escolha e seleção dos materiais adequados ao estudo de cada disciplina. Ao longo dos anos, o mercado de apoio ao concurso vem se expandindo à medida que aumenta a procura de cidadãos pela boa remuneração e estabilidade asseguradas pelo cargo público. Observando este cenário e acompanhando as demandas e preferências dos concurseiros, a editora Impetus oferece a *Série Impetus Concursos*, apresentando aos leitores os conteúdos mais completos e atualizados para sua preparação.

Reforçando o caráter completo das obras, a *Série* prima pela adequação constante aos conteúdos abordados em concursos por meio do desenvolvimento de uma estrutura diferenciada, pensada especificamente para cada disciplina, atendendo, assim, às suas peculiaridades. Seu objetivo é alcançar a compreensão plena do conteúdo apresentado, pelo destaque das características essenciais e respeito à lógica interna da matéria. Para isso, disponibiliza o máximo de conteúdo da maneira mais eficiente, sem desperdiçar tempo de estudo ao abordar assuntos que não são cobrados pelas bancas.

Palavras do Coordenador

A obra *Matemática Financeira* apresenta de forma simples e acessível a teoria que rege esta que é uma das mais temidas disciplinas, e é cada vez mais cobrada pelas respeitadas e exigentes bancas do país. Sobressaem nessa edição a forma detalhada como o autor resolve alguns problemas de aplicação. A obra conta, também, com mais de 750 questões propostas de concursos realizados em todo o Brasil. Apresenta uma coletânea de questões para que o concurseiro possa treinar seus conhecimentos, ainda oferece mais de 100 questões resolvidas, passo a passo, com enfoque nos itens onde residem as maiores dúvidas dos estudantes.

Benjamin Cesar, referência em Matemática Financeira para concursos, é professor aposentado da rede particular. Atua, desde 1987, na preparação de candidatos para os mais diversos concursos públicos e as mais variadas áreas: fiscal, policial, dos tribunais ou para concursos de nível médio. É coautor nas obras *Matemática Financeira*: Série Questões e *Matemática Básica e Raciocínio Lógico-Quantitativo*: Série Provas e Concursos, publicadas pela Editora Campus/Elsevier. Em breve, Benjamin Cesar lançará pela Editora Impetus o livro *Matemática e Raciocínio FCC*.

Esta obra é, sem dúvida, um manual teórico e prático de matemática financeira, fruto de seu estudo, pesquisa e experiência como professor, para todos aqueles que precisam desenvolver seus conhecimentos e garantir sua colocação.

William Douglas
Professor, Escritor e Juiz Federal

Apresentação à 9ª Edição

Prezado Concursando,

Para esta edição acrescentamos detalhes teóricos nas resoluções de alguns dos problemas de aplicação. Essa preocupação vem da crescente complexidade exigida em algumas provas.

Mantivemos a preocupação de trabalhar todo o conteúdo do programa de uma forma que seja acessível a todos os estudantes, independente de sua formação acadêmica.

As questões de concursos propostas foram extraídas de provas formuladas pelas principais bancas do país, a saber: ESAF, FCC, FGV, NCE e outras mais.

Uma vez mais agradecemos aos nossos leitores as sugestões e a receptividade ao nosso trabalho.

Estamos à disposição para dúvidas, críticas, esclarecimentos, comentários ou sugestões através do *e-mail* falecombenjamin@uol.com.br

Bons estudos!

Benjamin Cesar

Prefácio à 1ª Edição

Com muita satisfação recomendo este livro. Seu autor, o professor Benjamin Cesar é um dos mais brilhantes professores do Rio de Janeiro. Com sua inteligência, seu profundo conhecimento matemático e sua enorme experiência em lecionar Matemática Financeira para as mais variadas turmas, preparando-as para os mais diversos tipos de concursos, consegue neste livro o que parecia impossível: um livro simples, objetivo, acessível a todos, mesmo àqueles leitores sem grandes conhecimentos de Matemática, e que atinge plenamente o objetivo a que se propõe – ensinar.

Além da teoria bem explicada, o livro contém mais de 300 exercícios, com respostas, para que o leitor possa praticar e verificar sua aprendizagem. Nele se encontram também 420 questões de concursos realizados em todo o Brasil, não só permitindo ao leitor aprofundar seus conhecimentos como também formando uma verdadeira radiografia dos temas abordados em concursos.

Estou certo de que este livro será de grande valia para seus leitores.

A.C. Morgado
Professor de Matemática
Financeira na PUC-RIO

Sumário

Capítulo 1
PORCENTAGEM

Teoria e Questões Resolvidas 1
Questões de Concursos 11
Gabarito 23

Capítulo 2
Juros Simples

Teoria e Questões Resolvidas 25
Questões de Concursos 37
Gabarito 66

Capítulo 3
Descontos Simples

Teoria e Questões Resolvidas 67
Questões de Concursos 79
Gabarito 97

Capítulo 4
Juros Compostos

Teoria e Questões Resolvidas 99
Questões de Concursos 107
Gabarito 120

Capítulo 5
Estudo das Taxas

Teoria e Questões Resolvidas 121
Questões de Concursos 127
Gabarito 144

Capítulo 6
Convenções Linear e Exponencial

Teoria e Questões Resolvidas 145
Questões de Concursos 148
Gabarito 152

Capítulo 7
Descontos Compostos

Teoria e Questões Resolvidas 153
Questões de Concursos 165
Gabarito 192

Capítulo 8
Rendas Certas (Anuidades)

Teoria e Questões Resolvidas 193
Questões de Concursos 209
Gabarito 240

Capítulo 9
Sistemas de Amortização

Teoria e Questões Resolvidas 241
Questões de Concursos 248
Gabarito 263

Capítulo 10
Questões de Concursos com Tabelas Específicas

Questões 265
Gabarito 278
Tabelas Financeiras 279

CAPÍTULO 1

PORCENTAGEM

À taxa porcentual p% associamos a razão $\dfrac{p}{100}$ e assim calcular p% de uma quantidade qualquer é multiplicá-la por aquela razão.

Exemplos:

1) Calcular 15% de 120.

$15\% = \dfrac{15}{100} = 0{,}15 \rightarrow$ forma unitária (ou decimal).

15% de 120 = 0,15 × 120 = 18.

2) Escreva $\dfrac{4}{5}$ na forma porcentual.

$\dfrac{4}{5} \times 100\% = 80\%$

PROBLEMAS DE APLICAÇÃO

1) Um artigo com preço de R$ 120,00 tem esse valor reajustado para R$ 150,00. Qual o porcentual de aumento?

Solução:

120 → 150

aumento de: 150 − 120 = 30.

Preciso calcular qual o porcentual de 120 que corresponde 30.

p%.120 = 30

p% = $\dfrac{30}{120}$ × 100%

p% = 25%

Resposta: aumento de 25%

2) Um artigo que custava de preço R$ 150,00 teve uma redução no seu preço, passando a valer R$ 120,00. Qual o porcentual relativo a essa redução?

Solução:

150 → 120

redução de: 150 − 120 = 30

Preciso calcular qual o porcentual de 150 que corresponde 30.

Então,

p%. 150 = 30

p% = $\dfrac{30}{150}$ × 100%

p% = 20%

Resposta: redução de 20%

3) Por quanto devo multiplicar um valor C para atualizá-lo após um aumento de 35%?

Solução:

Vamos supor que C corresponde a 100%.

Então 35% de C = $\dfrac{35}{100}$ × 100% = 35%.

O valor corrigido A corresponderá a A = 100% + 35% = 135% de C.

Daí, A = $\dfrac{135}{100}$ C → A = 1,35 C.

Logo, devemos multiplicar C por 1,35, que é chamado fator de atualização (ou correção).

Resposta: 1,35

Observações:

I) Se o aumento for, por exemplo, de:

$15\% \to 100\% + 15\% = 115\% \to$ fator de atualização: $f = 1{,}15$

$18{,}17\% \to 100\% + 18{,}17\% = 118{,}17\% \to f = 1{,}1817$

$60\% \to 100\% + 60\% = 160\% \to f = 1{,}6$

$6\% \to 100\% + 6\% = 106\% \to f = 1{,}06$

$200\% \to 100\% + 200\% = 300\% \to f = 3$

II) Caso haja redução:

$-20\% \to 100\% - 20\% = 80\% \to f = 0{,}8$

III) Se o fator de atualização for, por exemplo, de:

$f = 1{,}32 = 132\% \to 132\% - 100\% = 32\% \to$ aumento

$f = 1{,}05 = 105\% \to 105\% - 100\% = 5\% \to$ aumento

$f = 0{,}93 = 93\% \to 93\% - 100\% = -7\% \to$ redução

4) Devido à greve dos Correios, João recebeu com atraso um boleto bancário no valor de R$ 250,00. Ele teve que pagar essa prestação com uma multa de 4%. O valor total que ele pagou por essa prestação foi de:
   a) R$ 258,00.
   b) R$ 260,00.
   c) R$ 262,00.
   d) R$ 264,00.

Solução:

Acréscimo de 4% $\to$ fator de atualização = 1,04.

Total a ser pago = $250 \times 1{,}04 = 260$.

Resposta: B

5) Uma dívida no valor de R$ 250,00 tem desconto de 4% se paga com antecedência de pelo menos 15 dias. Sendo paga 20 dias antes do vencimento, terá valor, em reais, de:
   a) 246,00.
   b) 244,00.
   c) 240,00.
   d) 236,00.

Solução:

Redução de 4% $\to$ fator de atualização = 0,96.

Valor a ser pago = $250 \times 0{,}96 = 240{,}00$.

Resposta: C

6) (AFR–SP) A passagem de ônibus teve um reajuste, passando de R$ 1,15 para R$ 1,40. O aumento em porcentagem foi de, aproximadamente:

a) 28%.
b) 25%.
c) 22%.
d) 20%.
e) 18%.

Solução:

Valor inicial: 1,15.

Valor final: 1,40.

f: fator de correção.

$1{,}15 \times f = 1{,}40 \rightarrow f = \dfrac{1{,}40}{1{,}15}$

$f = 1{,}217 \rightarrow p\% = 21{,}7\%$

Logo, acréscimo de, aproximadamente, 22%.

Resposta: C

7) Um serviço de custo inicial de R$ 450,00 foi realizado por R$ 418,50. O porcentual de redução foi de:

a) 4%.
b) 5%.
c) 6%.
d) 7%.

Solução:

Valor inicial: 450,00.

Valor final: 418,50.

f: fator de atualização.

$450{,}00 \times f = 418{,}50 \rightarrow f = \dfrac{418{,}50}{450}$

f = 0,93 que corresponde a 93%.

Logo, houve uma redução de 7%.

Resposta: D

Observação:

$$f(\text{correção}) = \dfrac{\text{valor final}}{\text{valor inicial}}$$

8) Aumentar o preço de um produto em 30% e, em seguida, conceder um novo aumento de 20% equivale a aumentar o preço original em:

a) 50%.
c) 56%.
b) 52%.
d) 58%.

Solução:

Aumento de 30% → f = 1,3.

Aumento de 20% → f = 1,2.

F: fator do aumento acumulado.

F = 1,3 × 1,2

F = 1,56 → p% = 56%

Logo, um aumento acumulado de 56%.

Resposta: C

Observação:

$$acumular\ \% \to multiplicar\ fatores$$

9) (FNDE) Em uma semana, as ações de certa companhia valorizaram 20% e, na semana seguinte, desvalorizaram 20%. O valor das ações é:

a) o mesmo que o valor inicial.

b) maior em 2% que o valor inicial.

c) menor em 2% que o valor inicial.

d) maior em 4% que o valor inicial.

e) menor em 4% que o valor inicial.

Solução:

Aumento de 20% → fator de correção: 1,2.

Redução de 20% → fator de correção: 0,8.

f: fator de correção do reajuste acumulado.

f = 1,2 × 0,8 = 0,96.

Logo, o valor final corresponde a 96% do valor inicial, portanto, 4% menor que o inicial.

Resposta: E

10) (ANTT) Um comerciante aumentou o preço de um certo produto em 30%. Como a venda do produto caiu, o comerciante, arrependido, pretende dar um desconto no novo preço de modo a fazê-lo voltar ao valor anterior ao aumento. Nesse caso, o comerciante deve anunciar um desconto de, aproximadamente:

a) 15%.
b) 19%.
c) 23%.
d) 28%.
e) 30%.

Solução:

Aumento inicial: 30% → fator: 1,3.

Redução: p% → fator: f.

Para retornar ao valor inicial, o fator acumulado deve ser igual a 1.

$1,3 \times f = 1 \rightarrow f = \dfrac{1}{1,3}$

f = 0,77 que corresponde a 77%.

Logo, uma redução de 23%.

Resposta: C

11) Um preço tem reajuste acumulado em um bimestre de 38%. Se no primeiro mês o aumento foi de 20%, qual o aumento do segundo mês?

a) 15%.
b) 16%.
c) 17%.
d) 18%.

Solução:

1º mês: 20% → fator: 1,2.

2º mês: p% → fator: f.

bimestre: 38% → fator 1,38.

$1,2 \times f = 1,38 \rightarrow f = \dfrac{1,38}{1,2}$

f = 1,15 → p% = 15%.

Resposta: A

Observação:

Na verdade, o que fizemos foi retirar dos 38% o aumento inicial de 20%.

Então,

retirar % embutido → dividir fatores

12) Certa categoria profissional conseguiu no Tribunal do Trabalho, para junho, reajuste de 62,5% sobre os salários de janeiro, descontadas as antecipações. Como houve um adiantamento de 25% em março, que valor porcentual deve incidir sobre os salários de abril para cumprir as determinações judiciárias?

    a) 25%.
    b) 30%.
    c) 33,3%.
    d) 37,5%.

Solução:

Devemos retirar dos 62,5% o adiantamento de 25%.

Se f é o fator relativo ao novo reajuste:

$$f = \frac{1{,}625}{1{,}25} \rightarrow f = 1{,}3 \rightarrow p\% = 30\%$$

Resposta: B

13) Um investimento foi realizado em um período com inflação de 30% gerando uma taxa de rendimento de 56%. Qual a taxa de rendimento desse investimento descontada a inflação?

    a) 26%.
    b) 22%.
    c) 20%.
    d) 18%.

Solução:

Nessa situação os 56% são chamados de ganho aparente do investimento e a taxa de rendimento, descontada a inflação, é chamada de ganho real.

Assim, se f é o fator de ganho real,

$$f = \frac{1{,}56}{1{,}3} \rightarrow f = 1{,}2$$

Aumento de 20%, logo um ganho real de 20%.

Resposta: C

Observação:

$$\text{fator de ganho real} = \frac{\text{fator de ganho nominal}}{\text{fator de inflação}}$$

O ganho nominal também pode ser chamado de ganho aparente, taxa aparente ou taxa efetiva do investimento e o ganho real é chamado também de taxa real.

14) Em um período com inflação de 12%, certa categoria de trabalhadores teve reajuste salarial de 6,4%. Qual é a perda real de um trabalhador dessa categoria?

Solução:

O cálculo da perda real tem o mesmo procedimento do ganho real só que nesse caso o fator encontrado será de redução.

Aumento nominal: 6,4% → fator: 1,064.

Inflação: 12% → fator: 1,12.

$$\text{Fator ganho real} = \frac{fator \text{ de aumento nominal}}{\text{fator de inflação}}$$

$$f(\text{ganho real}) = \frac{1,064}{1,12} \rightarrow f(\text{ganho real}) = 0,95$$

logo, como f < 1, há redução (perda real) de 5%.

Resposta: 5%

15) Um capital aplicado por dois anos rendeu 42,4% em juros mais atualização monetária calculada com base nas variações do IGP. Considerando uma variação do IGP de 18% e 12% para o primeiro e segundo anos, respectivamente, a taxa real obtida nos dois anos é mais próxima de:
  a) 12,40%.
  b) 10,24%.
  c) 8,12%.
  d) 7,75%.
  e) 6,92%.

Solução:

Ganho nominal (taxa aparente): 42,4% em 2 anos.

Inflação: 18% (1º ano) e 12% (2º ano).

Taxa real = ?

$$f(\text{taxa real}) = \frac{fator \text{ de taxa aparente}}{\text{fator de inflação acumulada}}$$

$$f(\text{taxa real}) = \frac{1,424}{1,18 \times 1,12}$$

$$f(\text{taxa real}) = \frac{1,424}{1,3216}$$

f(taxa real) = 1,07748

Taxa real de 7,75%.

Resposta: D

16) (BNB) A quantia de R$ 5.000,00 foi aplicada por um período de 2 anos, transformando-se em R$ 40.000,00. Se a rentabilidade real no período foi de 100%, qual foi a inflação medida no mesmo período?

 a) 100% ao período.
 b) 200% ao período.
 c) 300% ao período.
 d) 400% ao período.
 e) 500% ao período.

Solução:

Aplicação = 5.000,00 (valor inicial).

Resgate = 40.000,00 (valor final).

$f = \dfrac{\text{valor final}}{\text{valor inicial}}$

$f = \dfrac{40.000}{5.000} = 8$

$f = 8 \rightarrow p\% = 700\%$ (ganho nominal)

ganho real: 100% .... fator f = 2

$f(\text{ganho real}) = \dfrac{f(\text{ganho nominal})}{f(\text{inflação})}$

$f(\text{inflação}) = \dfrac{f(\text{ganho nominal})}{f(\text{ganho real})}$

$f(\text{inflação}) = \dfrac{8}{2} = 4$

f = 4, o porcentual de acréscimo será de 300%.

A inflação será de 300%.

Resposta: C

17) (Economista–CEAL) Antônio aplicou R$ 100 000,00 no início de um ano e resgatou o montante de R$ 124 740,00 ao final de 2 anos. Sabendo-se que a taxa de inflação correspondente ao primeiro ano desta aplicação foi de 10% e, ao segundo ano, de 8%, tem-se que a taxa real de juros correspondente a esta aplicação foi de:

 a) 8,80%.   d) 5,71%.
 b) 6,74%.   e) 5,00%.
 c) 5,94%.

Solução:

Aplicação de 100 000 com resgate: 124 740 em 2 anos.

Inflação: 10% primeiro ano e 8% no segundo.

Taxa real: ?

$$f(\text{taxa efetiva}) = \frac{124.740}{100.000} = 1{,}2474 \text{ (taxa efetiva de 24,74\%)}$$

$$f(\text{taxa real}) = \frac{f(\text{taxa efetiva})}{f(\text{inflação})}$$

$$f = \frac{1{,}2474}{1{,}1 \times 1{,}08}$$

$$f = 1{,}05$$

Logo, taxa real de 5%.

Resposta: E

Questões de Concursos

1) (Sefaz–MT) Em um determinado país, uma mercadoria é vendida, no primeiro dia do ano, a R$ 250,00. Considerando que a inflação acumulada no ano foi de 69,5% e que a mercadoria é reajustada de acordo com a inflação, pode-se então dizer que no final de 12 meses, o preço desta mercadoria será:
   a) R$ 423,75.
   b) R$ 476,65.
   c) R$ 376,75.
   d) R$ 483,85.
   e) R$ 523,85.

2) (Susep) Um indivíduo tinha uma dívida de R$ 1.200,00 três meses atrás. Considerando que o valor dessa dívida hoje é R$ 1.440,00, calcule a porcentagem de aumento da dívida no período.
   a) 12%.
   b) 15%.
   c) 20%.
   d) 25%.
   e) 30%.

3) (BNDES) Um jovem tinha um capital e fez com ele um investimento diversificado. Aplicou 40% do capital em um fundo de Renda Fixa e o restante na Bolsa de Valores. A aplicação em Renda Fixa gerou lucro de 20%, enquanto o investimento na Bolsa, no mesmo período, representou prejuízo de 10%. Com relação ao total investido nesse período, o jovem:
   a) teve lucro de 2%.
   b) teve lucro de 20%.
   c) não teve lucro e nem prejuízo.
   d) teve prejuízo de 2%.
   e) teve prejuízo de 20%.

4) (Sefaz–RS) As taxas dos meses de janeiro, fevereiro e março foram, respectivamente, 2%, 3% e 4%. Indique a taxa de inflação acumulada no trimestre.
   a) 0,00%.
   b) 5,02%.
   c) 9,00%.
   d) 9,26%.
   e) 24,00%.

5) (Contador–RJ) Um comerciante "A" prometeu a seus empregados aumentos capitalizados de 30% em janeiro, 30% em fevereiro e 20% em março. Ao mesmo tempo, um comerciante "B" reuniu seus empregados e prometeu-lhes aumento único de 100% em março. Analisando as duas propostas em março, conclui-se que:
   a) os comerciantes "A" e "B" deram aumentos iguais.
   b) os empregados do comerciante "B" ganharam 20% a mais que os empregados do comerciante "A".
   c) o comerciante "A" terá dado a seus empregados aumento real de 2,8% em relação ao comerciante "B".
   d) os empregados do comerciante "A" tiveram um prejuízo de 4% em relação aos empregados do comerciante "B".

6) (AF–P.Alegre) Devido a um erro no cadastro da Secretaria Municipal de Fazenda, um contribuinte pagou a quantia de R$ 110,00, ao passo que o correto valor a ser arrecadado era igual a R$ 90,00 em 31 de dezembro de 1997. A prefeitura identificou o erro e chamou o contribuinte em 31 de dezembro de 1999 para fazer o ressarcimento do valor cobrado indevidamente, corrigido pela inflação. Suponha que a taxa anual de inflação tenha sido de 5% e 10% em 1998 e 1999 respectivamente. Informe a quantia que será ressarcida ao contribuinte.
a) R$ 21,00.
b) R$ 23,00.
c) R$ 23,10.
d) R$ 126,50.
e) R$ 127,05.

7) (CEF) Se, em determinado ano, do início de setembro ao início de outubro, a onça-troy de ouro teve uma valorização de 25%, enquanto, do início de outubro ao início de novembro sofreu uma desvalorização de 10%, sabendo-se que, no início de novembro a onça-troy foi cotada a 289 dólares, é correto afirmar que o valor, em dólares, da onça-troy no início de setembro do referido ano era superior a:
a) 200 e inferior a 220.
b) 220 e inferior a 240.
c) 240 e inferior a 260.
d) 260 e inferior a 280.
e) 280 e inferior a 300.

8) (TRT) Certa categoria de trabalhadores obteve em junho um reajuste salarial de 50% sobre os salários de abril, descontadas as antecipações. Como ela já havia recebido em maio uma antecipação de 20% (sobre o salário de abril), a porcentagem do aumento obtido em junho, sobre o salário de maio, é de:
a) 20%.
b) 25%.
c) 30%.
d) 35%.
e) 40%.

9) (FR–MS) Em 1998 um fundo de investimentos rendeu 25%; no acumulado de 1998 e 1999 este fundo rendeu 48%. Podemos afirmar que, em 1999, o fundo rendeu:
a) menos de 18%.
b) entre 18% e 19%.
c) entre 19% e 20%.
d) mais de 20%.

10) (ISS-RJ) O PIB de um país que entrou em recessão no fim de 2008 tinha crescido 10% no primeiro trimestre de 2008, 5% no segundo trimestre, tinha ficado estável no terceiro trimestre e tinha caído 10% no último trimestre daquele ano. Calcule a taxa de crescimento do PIB desse país, em 2008.

a) 3,95%.
b) 5%.
c) 4,58%.
d) 1,25%.
e) - 5%.

11) **(ATRF) Em um determinado período de tempo, o valor do dólar americano passou de R$ 2,50 no início para R$ 2,00 no fim do período. Assim, com relação a esse período, pode-se afirmar que:**
a) O dólar se desvalorizou 25% em relação ao real.
b) O real se valorizou 20% em relação ao dólar.
c) O real se valorizou 25% em relação ao dólar.
d) O real se desvalorizou 20% em relação ao dólar.
e) O real se desvalorizou 25% em relação ao dólar.

12) **(Bacen) Os Fundos de Renda Fixa sofrem uma tributação de imposto de renda sobre os ganhos acima da variação da UFIR, com alíquota de 30%, e os Fundos de Commodities sofrem a mesma tributação com alíquota de 25%. Em um período no qual a UFIR aumentou 28%, a rentabilidade bruta dos Fundos de Commodities foi de 42% e a dos de Renda Fixa foi de x%. A rentabilidade líquida dos Fundos de Renda Fixa superará a dos de Commodities se e somente se x for maior que:**
a) 48.
b) 46.
c) 44.
d) 43.
e) 42.

13) **(Sefaz–AP) As ações de certa empresa em crise desvalorizaram 20% a cada mês por três meses seguidos. A desvalorização total nesses três meses foi de:**
a) 60%.
b) 56,6%.
c) 53,4%.
d) 51,2%.
e) 48,8%.

14) **(Contador–IPJB) Se a taxa de inflação acumulada no 1º semestre for de 9%, e a taxa média mensal de inflação permanecer a mesma do 1º semestre, a taxa anual de inflação atingirá:**
a) 15,93%.
b) 16,64%.
c) 16,99%.
d) 17,16%.
e) 18,81%.

15) (MPU) O Governo Federal fixou, por meio de medida provisória, os percentuais de reajuste de 12% e de 15% para o salário mínimo e para as aposentadorias, respectivamente, vigorando a partir de 1º de maio deste ano, correspondendo à reposição das perdas salariais ocorridas de maio/95 a abril/96. No entanto, segundo a Fundação Instituto de Pesquisas Econômicas (FIPE), o índice de inflação correspondente àquele período foi de 20,03%. De acordo com esse índice, para que se recomponha exatamente o poder de compra, seria necessário acrescentar, respectivamente, aos novos valores do salário mínimo e das aposentadorias, um reajuste de:
   a) 8,03% e 5,03%.
   b) 7,85% e 4,87%.
   c) 7,43% e 4,73%.
   d) 7,17% e 4,37%.
   e) 7,03% e 4,33%.

16) (AAP–Previrio) Uma aplicação semestral foi remunerada à taxa de 30%. Se nesse período a inflação foi de 25%, o ganho real desse investimento corresponde a:
   a) 3,5%.
   b) 4,0%.
   c) 4,5%.
   d) 5,0%.

17) (Finep) Um investimento rendeu 10% em um ano em que a inflação acumulada foi de 5%. A rentabilidade real desse investimento, ao ano, foi de, aproximadamente:
   a) 4,2%
   b) 4,8%
   c) 5,0%
   d) 5,6%
   e) 15,5%

18) (Petrobras) Uma aplicação financeira é realizada em período com inflação de 2,5%. Se a taxa real foi de 5,6%, a taxa aparente da aplicação no período foi de:
   a) 3,02%
   b) 3,10%
   c) 8,10%
   d) 8,24%
   e) 8,32%

19) (Petrobras) Em um período no qual a taxa de inflação foi 20%, o rendimento de um fundo de investimento foi 50%. Qual foi, nesse período, o rendimento real?
   a) 20%.
   b) 22,5%.
   c) 25%.
   d) 27,7%.
   e) 30%.

20) (Bacen) Sabendo-se que a taxa efetiva é 0,9% e que a taxa de inflação é 0,7% no mês, o valor da taxa real nesse mês é:
   a) 0,1986%.
   b) 0,2136%.
   c) 0,1532%.
   d) 0,4523%.
   e) 0,1642%.

21) (Sefaz–RJ) Um empréstimo foi feito à taxa de juros real de 20%.
Sabendo-se que a inflação foi de 10% no período, a taxa de juros aparente é:
a) 12%.
b) 22%.
c) 28%.
d) 30%.
e) 32%.

22) (OF-RJ) Um investidor comprou uma casa por $100.000,00 e a vendeu, um ano depois, por $150.000,00. Para que ele tenha uma rentabilidade real de 25% ao ano, a taxa de inflação vigente no período deve ser:
a) 20% a.a
b) 25% a.a
c) 30% a.a.
d) 45% a.a
e) 55% a.a.

23) (CEF) Um capital foi aplicado por 30 dias à taxa mensal de 1,8%. Se a inflação no período foi de 1,1%, a taxa real de juros foi de, aproximadamente:
a) 0,69% a.m.
b) 0,75% a.m.
c) 1,64% a.m.
d) 1,87% a.m.
e) 2,90% a.m.

24) (FR–MS) A taxa de inflação acumulada em 1999 medida pelo IGP-M foi de 20,10%. Um investidor afirma ter auferido, em uma aplicação financeira, um rendimento real de 12% ao longo de 1999, usando o IGP-M como índice de inflação. Sua taxa efetiva de juros auferida em 1999 foi de aproximadamente:
a) 34,5%.
b) 33,8%.
c) 33,1%.
d) 32,1%.

25) (Sefaz–RJ) Para um financiamento no valor de R$ 1000,00, a ser pago ao final de um ano, a taxa de juros real a ser cobrada é igual a 10%, enquanto a taxa de inflação, para esse mesmo período, é de 5%.
A taxa aparente anual para esse financiamento será de:
a) 50%.
b) 20%.
c) 15,5%.
d) 10%.
e) 5%.

26) (TRE–SP) Um investidor aplica no início de um determinado ano o valor de R$ 20.000,00 e resgata depois de um ano montante total relativo a esta aplicação. Se a taxa real de juros referente a esta aplicação foi igual a 5% e a taxa de inflação correspondente ao período de aplicação foi de 10%, o investidor resgatou:
a) R$ 21.800,00.
b) R$ 22.000,00.
c) R$ 22.200,00.
d) R$ 23.000,00.
e) R$ 23.100,00.

27) (ANP) Um investidor abriu uma caderneta de poupança no dia 10/12/2004, com um depósito de R$ 5.000,00. Em 10/01/2005, o Banco onde o investidor abriu sua poupança aplicou uma correção monetária de 0,7% e juros de 0,5%. Após realizar esta operação, o saldo da conta passou a ser, em reais, de:
    a) 5.059,99.
    b) 5.060,18.
    c) 5.061,16.
    d) 5.075,33.
    e) 6.000,00.

28) (AFR–SP) Considerando-se uma taxa de inflação mensal de 0,8%, para que a taxa real no mês seja de 1%, o valor assumido pela taxa efetiva, na capitalização composta, é:
    a) 1,81%.
    b) 1,20%.
    c) 1,46%.
    d) 0,20%.
    e) 2,80%.

29) (Sefaz-RJ) Em um período de um ano, a taxa aparente de juros foi de 15%, e a taxa de inflação, de 5%. Assim, a taxa real foi de:
    a) 7,50%
    b) 9,52%
    c) 8,95%
    d) 20,75%
    e) 10,00%

30) (Sefaz–AM) A taxa anual praticada por uma instituição financeira foi 59,3%. Se a taxa real de juros ao ano foi 35%, a taxa de inflação nesse ano foi:
    a) 18,00%.
    b) 24,30%.
    c) 42,00%.
    d) 59,00%.
    e) 69,43%.

31) (BB) Um financiamento foi contratado, em uma determinada data, consistindo de pagamentos a uma taxa de juros positiva e ainda corrigidos pela taxa de inflação desde a data da realização do compromisso. O custo efetivo desta operação foi de 44% e o custo real efetivo de 12,5%. Tem-se, então, que a taxa de inflação acumulada no período foi de:
    a) 16%.
    b) 20%.
    c) 24%.
    d) 28%.
    e) 30%.

32) **(Sefaz–RS)** Um empresário tomou financiamento a uma taxa de juros efetiva de 23% ao ano. Sabendo-se que a inflação anual tem sido de 15%, indique qual a taxa real anual de juros do financiamento.
    a) – 6,50%.
    b) – 8,00%.
    c) 6,96%.
    d) 8,00%.
    e) 38,00%.

33) **(FR–MS)** De quanto diminui o seu salário real, se o seu salário nominal aumenta de 10% e há uma inflação de 40%?
    a) 12%.
    b) 15%.
    c) 18%.
    d) 21%.
    e) 30%.

34) **(AFR–SP)** A inflação acumulada nos dois últimos anos foi de 18%. Então, a queda em poder de compra (perda real) de um trabalhador que teve apenas 6% de reajuste salarial durante esse tempo foi de, aproximadamente:
    a) 12%.
    b) 11%.
    c) 10%.
    d) 9%.
    e) 8%.

35) **(AF–GO)** Com uma inflação anual de 12%, admitindo-se que o salário foi corrigido em 8%, a variação real do poder de compra de um assalariado é de:
    a) – 3,57%.
    b) + 3,57%.
    c) – 3,70%.
    d) + 3,70%.
    e) – 4,00%.

36) **(AFPS)** O índice de preços ao consumidor de famílias de classe de renda baixa sofreu um aumento de 11,61% em um semestre e 12% no semestre seguinte. Calcule a perda do poder aquisitivo da renda dessas famílias no ano em questão.
    a) 11,61%.
    b) 12%.
    c) 20%.
    d) 23,61%.
    e) 25%.

37) (QC–MM) A que taxa de juros real um beneficiário conseguiria um empréstimo, sabendo-se que a inflação semestral é de 6% e que uma instituição financeira empresta dinheiro à taxa de juros de 14,61% ao ano?
   a) 2,65%.
   b) 2,33%.
   c) 2,16%.
   d) 2,00%.
   e) 1,85%.

38) (Sefaz–AM) Um capital aplicado por dois anos rendeu 154,10% em juros mais atualização monetária calculada com base nas variações do IGP. Considerando uma variação do IGP de 40% e 50% para o primeiro e segundo anos, respectivamente, a taxa real obtida nos dois anos foi:
   a) 7,7%.
   b) 21,0%.
   c) 44,1%.
   d) 64,1%.
   e) 110,0%.

39) (Sefaz–RJ) O art. 1º da Lei nº 11.948 de 28 de junho de 2007, que dispõe sobre o salário mínimo a partir de 1º de abril de 2007, é transcrito a seguir:
   "A partir de 1º de abril de 2007, após a aplicação do percentual correspondente à variação do Índice Nacional de Preços ao Consumidor – INPC, referente ao período entre 1º de abril de 2006 e 31 de março de 2007, a título de reajuste, e de percentual a título de aumento real, sobre o valor de R$ 350,00 (trezentos e cinquenta reais) o salário mínimo será de R$ 380,00 (trezentos e oitenta reais)."
   Considerando que o INPC acumulado no período foi de 3,4%, o percentual a título de aumento real a que a lei se refere foi de:
   a) 5,2%.
   b) 4,8%.
   c) 5,0%.
   d) 5,8%.
   e) 5,5%.

40) (CVM) A inflação acumulada no primeiro semestre de determinado ano foi de 20%. Uma pessoa aplicou R$ 12.000,00 no início deste período e resgatou R$ 18.000,00 no final. A taxa real de retorno no período de aplicação foi de:
   a) 25%.
   b) 27,5%.
   c) 30%.
   d) 45%.
   e) 50%.

41) **(Serpro)** Uma debênture tem o seu valor corrigido pela variação de um índice de preços no período, além de render 12% ao ano. Considerando que o valor do índice no início do período era 220 e um ano depois era 242, obtenha o rendimento total da debênture um ano depois.
   a) 20,5%.
   b) 21,2%.
   c) 22,0%.
   d) 23,2%.
   e) 24,0%.

42) **(CEF)** Verificou-se que a aplicação de um capital no valor de R$ 16.000,00, durante um ano, apresentou um montante no valor de R$ 17.712,00. Se a taxa de inflação no período desta aplicação foi de 8%, tem-se que a taxa de juros real correspondente foi de:
   a) 3,2%.
   b) 3,0%.
   c) 2,8%.
   d) 2,7%.
   e) 2,5%.

43) **(Sefaz–AC)** Em certo período, um capital de R$ 8.000,00 teve um rendimento aparente de R$ 2.400,00. Sabendo que a taxa real de juros no período foi de 4%, então a taxa de inflação no período foi de:
   a) 25%.
   b) 24%.
   c) 23%.
   d) 22%.

44) **(Infraero)** Um capital de valor igual a R$ 10.000,00 é aplicado durante um ano apresentando, no final, um montante igual a R$ 11.275,00. Se a taxa real de juros correspondente a esta aplicação foi de 10%, tem-se que a inflação no período considerado foi de:
   a) 1,75%.
   b) 2,00%.
   c) 2,25%.
   d) 2,50%.
   e) 2,75%.

45) **(Contador–CEAL)** Um investidor aplica R$ 20.000,00 em uma determinada data e resgata o montante de R$ 23.320,00 depois de um ano. Se a taxa real de juros deste investimento foi de 10%, tem-se que a taxa de inflação neste período de aplicação foi igual a:
   a) 6,0%.
   b) 6,6%.
   c) 7,2%.
   d) 7,8%.
   e) 8,4%.

46) **(Infraero)** Uma pessoa adquiriu um CDB – Certificado de Depósito Bancário prefixado com vencimento em 60 dias, cujo valor de resgate era R$ 212.000,00. O valor pago pelo investidor no CDB foi R$ 200.000,00. No mesmo período, a economia registrou uma deflação de 1%. A taxa de juros real paga recebida pelo investidor na operação foi:
a) igual a 5%.
b) maior que 5%, mas inferior a 6%.
c) igual a 6%.
d) maior que 6%, mas inferior a 7%.
e) maior que 7%.

47) **(ISS–SP)** Um capital de R$ 10.000,00 foi aplicado no dia primeiro de junho, e, no último dia de julho, foi resgatado todo o montante de R$ 11.082,30. Nesse período, as taxas de inflação foram, respectivamente:
Junho: 2%
Julho: 2,5%
A taxa real desse investimento, nesse período, foi de:
a) 6,32%.
b) 6,00%.
c) 5,50%.
d) 5,00%.
e) 4,50%.

48) **(AFR–SP)** Um investidor aplicou R$ 80.000,00 no início de um determinado ano, e resgatou no final de dois anos o montante de R$ 98.280,00, esgotando totalmente seu crédito referente a esta operação. Sabe-se que a taxa de inflação referente ao primeiro ano da aplicação foi de 5%, e ao segundo, 4%. Então, a correspondente taxa real de juros, no período desta aplicação, foi de:
a) 11,25%.
b) 12,5%.
c) 12,85%.
d) 13,65%.
e) 13,85%.

49) **(TCE–PB)** Um investidor aplicou R$ 20.000,00 no início de um ano, e resgatou o valor de R$ 23.562,00 no final de dois anos, esgotando totalmente seu crédito. A taxa de inflação correspondente ao primeiro ano foi de 2% e ao segundo ano, de 5%. Então, a taxa real de retorno desta aplicação no período considerado foi de:
a) 7,00%.
b) 7,81%.
c) 10,00%.
d) 10,70%.
e) 10,81%.

50) **(AFR–SP)** Um indivíduo aplicou a quantia de R$ 500,00 em 30/04/01 e resgatou, 2 meses depois, em 30/06/01, a quantia de R$ 545,00. Ao mesmo tempo, as inflações nos mesmos meses de maio e junho de 2001 foram de 0,22% e 1,53%, respectivamente. Então, a taxa de rendimento real no período foi de, aproximadamente:
a) 0,9%.
b) 4,5%.
c) 6,4%.
d) 7,1%.
e) 9%.

51) (FT–Niterói) Com base nos valores assumidos pelo IGP – Índice Geral de Preços –, transcritos na tabela abaixo, pode-se afirmar que as taxas de inflação medidas por este índice no último trimestre do ano X1 e no primeiro mês do ano X2 são, respectivamente:

	Jul/X1	Ago/X1	Set/X1	Out/X1	Nov/X1	Dez/X1	Jan/X2	Fev/X2
IGP	100,0	101,3	102,8	103,7	104,9	106,4	108,2	109,1

a) 2,04% e 2,54%.
b) 3,50%. e 1,69%.
c) 3,60%. e 1,69%.
d) 3,60% e 1,80%.

52) (TCM–RJ) Observe os valores assumidos pelo INPC nos últimos meses, transcritos na tabela abaixo. Pode-se afirmar que as taxas de inflação registradas no último trimestre de 2002 e no primeiro bimestre de 2003 são, respectivamente:

INPC						
2002				2003		
Set	Out	Nov	Dez	Jan	Fev	Mar
1.947,15	1.977,72	2.044,76	2.099,97	2.151,84	2.183,26	2.213,17

a) 6,18% e 2,85%.
b) 6,18%. e 3,97%.
c) 7,85%. e 2,85%.
d) 7,85% e 3,97%.

53) (Contador) Observe a tabela de IPCA apresentada a seguir, onde os índices de inflação estão expressos em termos percentuais:

JAN	FEV	MAR	ABR	MAI	JUN
0,62	0,13	0,22	0,42	0,01	0,23

Com base nesses dados, pode-se dizer que a inflação acumulada no 1º trimestre foi de:
a) 0,33%.
b) 0,81%.
c) 0,97%.
d) 1,03%.
e) 1,33%.

54) (Banrisul) Considere, na tabela abaixo, a inflação medida pelo Índice Geral de preços – Disponibilidade Interna (IGP – DI), publicada pela revista Conjuntura Econômica, da Fundação Getúlio Vargas.

PERÍODO	IGP – DI
1998	146,330
1999	162,894
2000	185,327

Conforme a tabela, a inflação ocorrida no ano de 1999 foi de:
a) 11,32%.
b) 13,77%.
c) 16,56%.
d) 146,33%.
e) 162,89%.

55) (ANTT) Com base nos valores do Índice Geral de Preços do Mercado-IGPM na tabela a seguir, a inflação acumulada no primeiro quadrimestre de 2005 foi de:

	Jan/2005	Fev/2005	Mar/2005	Abr/2005
IGPM	0,39%	0,30%	0,85%	0,86%

a) 2,38%.
b) 2,40%.
c) 2,42%.
d) 2,44%.
e) 2,46%.

56) (Finep) A empresa Agora Vai apresentou a seguinte evolução para as Receitas, Despesas e Lucro nos anos especificados:

R$mil	19X7	19X8	19X9
Receitas	---	215	312
Despesas	159	---	212
Lucro	39	26	100

Sabe-se ainda que os resultados para o índice geral de preços no meio de cada um dos três anos foram, respectivamente, 300, 340 e 380. As informações que faltam, em moeda do último ano, são:
a) 231 e 195.
b) 261 e 220.
c) 245 e 207.
d) 227 e 192.
e) 251 e 212.

57) (CFC) Qual deve ser o acréscimo a ser dado, no valor final do produto, com 12% de ICMS incluso, se este for alterado para 18% e a empresa mantiver o mesmo valor do produto sem o imposto citado?
a) 5,40%.
b) 6,00%.
c) 6,57%.
d) 7,32%.

58) (TCM-RJ) Um determinado índice inflacionário registrou, em determinados períodos, os valores relacionados na tabela que segue:

	Dez/X8	Jan/X9	Jun	Dez/X9
Índice	100,00	101,20	107,85	118,73

Com base nos valores expressos e nos respectivos períodos de referência, é possível afirmar que as taxas de inflação medidas pelo referido índice no ano X9 e no seu primeiro semestre assumirão, respectivamente, os valores de:
a) 17,32% e 6,57%
b) 17,53% e 6,65%.
c) 17,53% e 7,85%.
d) 18,73% e 6,65%.
e) 18,73% e 7,85%

Gabarito:

1. A
2. C
3. A
4. D
5. C
6. C
7. C
8. B
9. B
10. A
11. C
12. D
13. E
14. E
15. D
16. B
17. B
18. D
19. C
20. A
21. E
22. A
23. A
24. A
25. C
26. E
27. B
28. A
29. B
30. A
31. D
32. C
33. D
34. C
35. A
36. C
37. D
38. B
39. C
40. A
41. D
42. E
43. A
44. D
45. A
46. E
47. B
48. B
49. C
50. D
51. B
52. D
53. C
54. A
55. C
56. E
57. D
58. E

CAPÍTULO 2

JUROS SIMPLES

Chamamos de juros a remuneração recebida pela aplicação de um capital C a uma taxa de juros i durante um certo prazo t. Se essa remuneração incide somente sobre o capital C e ao final do prazo t, dizemos que esses juros são juros simples.

Então, se $C \to$ capital inicial aplicado (principal)

$\quad\quad i \to$ taxa porcentual de juros

$\quad\quad t \to$ prazo da aplicação

$\quad\quad J \to$ juros simples recebidos

$$J = C.i.t$$, sendo i referida na mesma unidade de **t**.

Ao valor resgatado ao final da aplicação do capital C, damos o nome de MONTANTE (M).

Assim,

$M = C + J$

Podemos também, escrever que:

p% = i × t é o porcentual de juros da operação.

Então,

J = p% C

e, como o montante (M) é o capital acrescido dos juros, M será o capital (C) acrescido de p%, ou seja, C multiplicado pelo fator de correção **f**.

$$M = C \times f$$

Exemplos:

1) Se R$ 3.000,00 foram aplicados por cinco meses à taxa de juros simples de 4% ao mês, determine:

   a) os juros recebidos.

   b) o montante.

Solução:

p% = i × t

p% = 4% × 5 = 20%

Os juros corresponderão a 20% do capital aplicado.

J = 20% de 3.000 → J = 600,00

Logo, o montante M será o capital inicial acrescido dos juros: M = 3.000 + 600 = 3.600,00.

O montante pode ser calculado também, corrigindo o capital inicial em 20%.

M = 3.000 × 1,2 → M = 3.600,00

Resposta:

a) J = R$ 600,00

b) M = R$ 3.600,00

2) Aplicando R$ 2.000,00 por sete meses a juros simples de taxa anual de 24%, qual o montante resgatado?

Solução:

Repare que o prazo de aplicação está em meses e a taxa ao ano. Devemos transformar um deles em função do outro ou mesmo os dois em função de uma terceira unidade.

Por exemplo, transformando a taxa para mês.

24% a.a. = $\dfrac{24\%}{12}$ = 2% a.m. (taxa proporcional)

(dizemos que 24% a.a. e 2% a.m. são taxas equivalentes a juros simples).

Assim,

p% = i × t → p% = 2% × 7 → p% = 14%

fator: 1,14

M = 2.000 × 1,14 → M = 2.280,00

Resposta: M = R$ 2.280,00

3) Se R$ 5.000,00 foram aplicados a juros simples comerciais por 20 dias a 9% ao mês, qual o montante dessa aplicação?

Solução:

Observação:

Juros simples comerciais ou ordinários adotam o ano comercial (360 dias) e o mês comercial (30 dias).

$t = 20$ dias $= \dfrac{20}{30} = \dfrac{2}{3}$ meses; $i = 9\%$ ao mês

$p\% = i \times t \rightarrow p\% = 9\% \times \dfrac{2}{3} \rightarrow p\% = 6\%$

fator: 1,06

$M = 5.000 \times 1,06 \rightarrow M = 5.300,00$

Resposta: M = R$ 5.300,00

4) Se R$ 3.000,00 foram aplicados por 10 dias a juros simples de taxa de 7% ao mês, qual o montante dessa aplicação?

Solução:

$t = 10\ d = \dfrac{10}{30} = \dfrac{1}{3}\ m$

$i = 7\%$ a.m.

$p\% = 7\% \times \dfrac{1}{3} = \dfrac{7}{3}\ \%$

Observe que $\dfrac{7}{3} = 2,333...$ o que pode dificultar nossas contas (não podemos contar com uma calculadora). Nesse caso é mais conveniente utilizarmos a fórmula.

Assim,

$J = C.i.t \rightarrow J = 3.000 \times \dfrac{7}{100} \times \dfrac{1}{3} \rightarrow J = 70$

$M = C + J \rightarrow M = 3.070,00$

Resposta: M = R$ 3.070,00

5) O capital de R$ 500,00 aplicado durante um ano e meio a juros simples rendeu R$ 180,00. Qual a taxa mensal?

Solução:

$C = 500,00$; $t = 1$ ano e meio $= 18$ meses; $i = ?\%$ a.m.

$J = 180$ (rendimento em uma aplicação financeira são os juros)

$M = C + J = 680$

Mas, $M = C \times f \rightarrow 680 = 500 \times f$

$f = \dfrac{680}{500}$

f = 1,36 → p% = 36%

p% = i × t = 36%

i × 18 = 36% → i = 2% a.m.

Resposta: 2% a.m.

6) A aplicação de R$ 3.000,00 a juros simples de taxa mensal igual a 6% gerou montante igual a R$ 3.420,00. Determine o prazo da aplicação.

Solução:

$C = 3.000,00$; $M = 3.420,00$; $i = 6\%$ ao mês.

$t = ?$

$3.420 = 3.000 \times f$

$f = \dfrac{3.400}{3.000}$

f = 1,14 → p = 14%

$14\% = i \times t \to 14 = 6\% \times t \to t = \dfrac{7}{3}$ m

$t = \dfrac{7}{3} \times 30\ d = 70$ dias

Resposta: 70 dias

7) Rafael aplicou duas quantias com soma R$ 1.500,00, a juros simples, por 4 meses: a primeira à taxa de 2% ao mês e a segunda a 3% ao mês. Ao final do prazo o total de juros foi de R$ 148,00. A maior quantia aplicada é, em reais:
- a) 1.000,00.
- b) 950,00.
- c) 900,00.
- d) 850,00.
- e) 800,00.

Solução:

C; t = 4 meses; i = 2% ao mês

p% = i × t → p% = 2% × 4 → p% = 8%

$$J = 0,08\ C$$

(1.500 − C); t = 4 meses; i = 3% ao mês

p% = i × t → p% = 3% × 4 → p% = 12%

J = 0,12 (1.500 – C)

Total dos juros = 148,00

$$0,08\,C + 0,12\,(1.500 - C) = 148$$

0,08C + 180 – 0,12C = 148

0,04C = 32

C = 800,00 logo, 1.500 – C = 700,00

Resposta: E

PROBLEMAS DE APLICAÇÃO

1) (Banrisul) Para poder adquirir um eletrodoméstico, uma dona de casa fez uma aplicação de R$ 450,00 num fundo que remunera à taxa de juros simples de 3% ao mês.

Após 90 dias, o saldo dessa aplicação financeira será de:

- a) R$ 40,50.
- b) R$ 121,62.
- c) R$ 412,84.
- d) R$ 490,50.
- e) R$ 491,73.

Solução:

C = 450,00; i = 3% ao mês.; t = 90 dias = 3 meses.

p% = i × t → p% = 3% × 3 → p% = 9%

f = 1,09

M = ?

M = C × **f**

M = 450 × 1,09

M = 490,50

Resposta: D

2) (TRT) Calcule o capital que se deve empregar à taxa de 6% a.m., a juros simples, para se obter R$ 6.000,00 de juros em quatro meses.

- a) R$ 10.000,00.
- b) R$ 25.000,00.
- c) R$ 100.000,00.
- d) R$ 180.000,00.
- e) R$ 250.000,00.

Solução:

C = ?

i = 6% ao mês; t = 4 meses; J = 6.000

p% = i × t → p% = 6% × 4 → p% = 24%

logo, J = 24% . C

6.000 = 0,24 × C

C = 25.000

Resposta: B

3) (ISS–RJ) Um investidor aplicou um principal de R$ 1.000,00 para receber um montante de R$ 1.300,00 no prazo de 36 meses. No regime de juros simples, a rentabilidade trimestral do investidor é:

   a) 2,1%.
   b) 2,3%.
   c) 2,5%.
   d) 2,7%.

Solução:

C = 1.000,00; M = 1.300,00; t = 36 meses = 12 trimestres; i = ?% ao trimestre.

M = C × **f**

$\mathbf{f} = \dfrac{1.300}{1.000} = 1,3$

f = 1,3 → p% = 30%

30% = i × t → 30% = i × 12

i = 2,5% ao trimestre

Resposta: C

4) (Contador–Sanepar) Qual é o prazo necessário para um capital quadruplicar de valor, com uma taxa de juros de 8% ao mês, no regime de juros simples?

   a) 1 ano e 6 meses.
   b) 2 anos e 1 mês.
   c) 3 anos, 1 mês e 5 dias.
   d) 3 anos, 1 mês e 15 dias.
   e) 4 anos e 2 meses.

Solução:

Como o capital C quadruplica de valor, M = 4C.

Logo, o fator de correção é **f** = 4, e aí, p% = 300%.

Mas, p% = i × t e i = 8% a.m.

300% = 8% × t → t = 37,5 meses

t = 3 anos 1 mês e 15 dias

Resposta: D

5) Um artigo de preço à vista igual a R$ 700,00 pode ser adquirido com entrada de 20% mais um pagamento para 45 dias. Se o vendedor cobra juros simples de 8% a.m., qual o valor do pagamento devido?

   a) R$ 627,20.
   b) R$ 630,00.
   c) R$ 632,40.
   d) R$ 640,25.
   e) R$ 644,36.

Solução:

Valor à vista = 700.

Entrada: 20% de 700 = 140.

Valor a financiar: 700 − 140 = 560.

(o valor a financiar sempre corresponde à diferença entre o valor à vista e a entrada).

Então, 560,00 serão financiados por 45 dias a 8% a.m.

C = 560,00; t = 45 dias = 1,5 mês; i = 8% ao mês.

O pagamento P a ser efetuado corresponde ao montante de C.

p% = i × t → p% = 8% × 1,5 → p% = 12%

f = 1,12

P = 560 × 1,12 = 627,20

Resposta: A

6) Um equipamento de valor à vista R$ 700,00 pode ser adquirido com dois pagamentos mensais iguais de R$ 360,00, sendo o primeiro no ato, como entrada, e o segundo em 30 dias. Qual a taxa mensal de juros simples cobrada?

   a) 2,86%.
   b) 3,08%.
   c) 4,66%.
   d) 5,88%.
   e) 6,02%.

Solução:

À vista: 700.

Ou, n = 2; P = 360 (0 e 30 dias).

O valor financiado corresponde à diferença entre o valor à vista e a entrada: 700 − 360 = 340.

Portanto, o valor financiado R$ 340,00 irá gerar o compromisso de R$ 360,00 em 30 dias.

C = 340,00; M = 360,00; t = 1 mês; i = ? % a.m.

M = C × f

360 = 340 × f

f = 1,0588

Logo, p% = 5,88%, mas p% = i × t.

5,88 % = i × 1 → i = 5,88% a.m.

Resposta: D

7) Um artigo pode ser comprado à vista com 10% de desconto ou em 2 vezes iguais, "sem juros", sendo a primeira prestação no ato e a segunda em 30 dias. Qual a taxa de juros mensais cobrada efetivamente pelo vendedor?

Solução:

Vamos supor um valor para a compra: 100.

À vista: 90 (valor real do artigo).

Ou 50 (no ato) + 50 (30 d).

Valor a financiar: 90 − 50 = 40 (valor à vista menos a entrada).

Dívida: 40 → valor a pagar = 50 (30d).

$C = 40$; $M = 50$; $t = 30$ dias = 1mês

$i = ?$ % a.m.

$40 \times f = 50 \to f = 1,25 \to p\% = 25\%$

25% = i × t

25% = i × 1

Logo, a taxa de juros mensal é de 25%.

Resposta: 25% a.m.

8) Uma duplicata de R$ 600,00, vencida em 10/04/10, somente foi paga em 22/06/10. Admitindo-se que o banco cobre juros simples exatos de 60% a.a., calcule o montante desembolsado pelo devedor.

Observação:

Chamamos juros exatos àqueles calculados em relação ao ano civil, que é o ano de 366 ou 365 dias, caso seja ou não bissexto.

Solução:

C = 600,00; i = 60% ao ano (juros exatos).

Período: 10/04 até 22/06.

M = ?

Inicialmente, vamos contar o total de dias em atraso. Para isso, vamos excluir o dia do vencimento (não são pagos juros no dia do vencimento) e incluir o do pagamento.

Assim,

11/04 — 30/04 → 20 dias
01/05 — 31/05 → 31 dias
01/06 — 22/06 → 22 dias
_____
                73 dias

t = 73 dias = $\dfrac{73}{365}$ = 0,2 ano

i = 60% a.a.

p% = i × t → p% = 60% × 0,2 → p% = 12%

f = 1,12

M = 600 × 1,12 → M = 672,00

Resposta: R$ 672,00

9) Luiza aplicou seu capital a juros simples exatos de taxa anual de 48%, de 10/03 a 22/05 do mesmo ano, resgatando ao final do período R$ 1.315,20. Os juros recebidos totalizaram, em reais:

a) 215,20.

b) 165,20.

c) 115,20.

d) 65,20.

e) 15,20.

Solução:

i = 48% ao ano (juros exatos).

Período de aplicação: 10/03 a 22/05.

A contagem dos dias inicia em 11/03 e termina em 22/05, totalizando 73 dias.

$$t = 73 \text{ dias} = \frac{73}{365} = 0{,}2a \text{ (ano civil)}$$

M = 1.315,20; J = ?

p% = i × t → p% = 48% × 0,2 → p% = 9,6%

M = C × f

1.315,20 = C × 1,096

C = 1.200,00

Logo, J = M − C

J = 1.315,20 − 1.200

J = 115,20.

Resposta: C

10) Calcular os juros totais recebidos pelos capitais abaixo nas seguintes condições:

$C_1 = 200 \quad\quad i_1 = 4\%$ a.m. $\quad\quad t_1 = 4$ meses

$C_2 = 100 \quad\quad i_2 = 10\%$ a.m. $\quad\quad t_2 = 6$ meses

$C_3 = 400 \quad\quad i_3 = 3\%$ a.m. $\quad\quad t_3 = 9$ meses

Solução:

$$J_T = 200 \times \frac{4}{100} \times 4 + 100 \times \frac{10}{100} \times 6 + 400 \times \frac{3}{100} \times 9$$

$$J_T = 32 + 60 + 108 = 200$$

Os juros totais são de $ 200,00.

Vamos calcular a taxa média relativa às aplicações do exemplo 10.

Chamamos taxa média a uma mesma taxa i_m que, substituindo as taxas i_1, i_2 e i_3 na situação proposta, fornece os mesmos juros totais.

Assim, i_m → taxa média

$$J_T = 200 \times \frac{i_m}{100} \times 4 + 100 \times \frac{i_m}{100} \times 6 + 400 \times \frac{i_m}{100} \times 9$$

Mas, $J_T = 200$

$8i_m + 6i_m + 36i_m = 200$

$50i_m = 200$

$i_m = 4\%$ a.m.

A taxa média é, então, de 4% a.m.

A taxa média pode ser calculada mais diretamente pela fórmula:

$$i_m = \frac{C_1 i_1 t_1 + C_2 i_2 t_2 + ... + C_n i_n t_n}{C_1 t_1 + C_2 t_2 + ... + C_n t_n}$$

A taxa média será a média aritmética ponderada das taxas, onde os pesos serão os produtos de cada capital pelos seus respectivos prazos de aplicação.

Raciocínios semelhantes podem ser usados no cálculo do tempo médio (t_m) e do capital médio (C_m).

$$t_m = \frac{C_1 i_1 t_1 + C_2 i_2 t_2 + ... + C_n i_n t_n}{C_1 i_1 + C_2 i_2 + ... + C_n i_n}$$

O prazo médio será a média aritmética ponderada dos prazos, onde os pesos serão os produtos de cada capital pelas suas respectivas taxas de aplicação.

$$C_m = \frac{C_1 i_1 t_1 + C_2 i_2 t_2 + ... + C_n i_n t_n}{i_1 t_1 + i_2 t_2 + ... + i_n t_n}$$

O capital médio será a média aritmética ponderada dos capitais, onde os pesos serão os produtos de cada taxa pelos seus respectivos prazos de aplicação.

11) Os capitais de R$ 800,00, R$ 1.000,00 e R$ 600,00 foram aplicados à mesma taxa de juros simples, pelos prazos de 90, 120 e 100 dias, respectivamente. Obtenha o prazo médio de aplicação desses capitais.

a) 3 meses.

b) 3 meses e 15 dias.

c) 3 meses e 20 dias.

d) 4 meses.

e) 4 meses e 15 dias.

Solução:

t	C
90 dias = 3 meses	800
120 dias = 4 meses.	1.000
100 dias = $\frac{10}{3}$ meses.	600

O prazo médio será dado pela média aritmética ponderada dos prazos, onde os pesos serão os respectivos capitais, já que a taxa é a mesma em todas as aplicações.

$$t_m = \frac{3 \times 800 + 4 \times 1.000 + \frac{10}{3} \times 600}{800 + 1.000 + 600} = 3,5 \text{ meses}$$

Resposta: B

12) Os capitais de R$ 4.000,00, R$ 3.500,00 e R$ 6.000,00 são aplicados a juros simples, respectivamente, a 4% a.m. durante dois meses e meio, a 6% a.m. durante dois meses e a 5% a.m. durante um mês e 20 dias.

A taxa média mensal da aplicação desses capitais é:

a) 5,22%.
b) 5,00%.
c) 4,89%.
d) 4,75%.
e) 4,33%.

Solução:

C	i	t
4.000	4% a.m.	2,5 m
3.500	6% a.m.	2 m
6.000	5% a.m.	1 m 20 d = $\frac{5}{3}$ m

A taxa média será a média aritmética ponderada das taxas, onde os pesos serão os produtos de cada capital pelos seus respectivos prazos de aplicação.

i	pesos = C × t
4%	4.000 × 2,5 = 10.000
6%	3.500 × 2 = 7.000
5%	6.000 × $\frac{5}{3}$ = 10.000

Os pesos sempre podem ser simplificados com vistas a facilitar os cálculos. Assim,

i	pesos = C × t
4%	10
6%	7
5%	10

$$i_m = \frac{4\% \times 10 + 6\% \times 7 + 5\% \times 10}{10 + 7 + 10} \rightarrow i_m = 4,89\% \text{ a.m.}$$

Resposta: C

Questões de Concursos

1) **(Bacen)** Na capitalização simples, os juros correspondentes à aplicação de R$ 2.000,00 por dois meses, à taxa de 4% ao mês, é:
   a) R$ 320,00.
   b) R$ 2.160,00.
   c) R$ 160,00.
   d) R$ 1.320,00.
   e) R$ 230,00.

2) **(Petrobras)** Certo capital aplicado durante 10 meses rendeu R$ 7.200,00 de juros, à taxa de 1,2% ao mês (juros simples).
   O montante resultante desta operação, em reais, é:
   a) 42.800,00.
   b) 52.800,00.
   c) 60.000,00.
   d) 62.200,00.
   e) 67.200,00.

3) **(Susep)** Um capital de R$ 2.000,00 é aplicado a juros simples durante seis meses e meio a uma taxa de 3% ao mês. Obtenha o montante ao fim do prazo.
   a) R$ 2.360,00.
   b) R$ 2.390,00.
   c) R$ 2.420,00.
   d) R$ 2.423,66.
   e) R$ 2.423,92.

4) **(AFTN)** Um capital no valor de 50, aplicado a juros simples a uma taxa de 3,6% ao mês, atinge, em 20 dias, um montante de:
   a) 51.
   b) 51,2.
   c) 52.
   d) 53,6.
   e) 68.

5) **(Ipea)** Um capital de R$ 10.000,00 se aplicado a juros simples, renderá R$ 5.000,00. Considerando-se uma taxa de 20% ao ano, o prazo de aplicação será de:
   a) 2,0 anos.
   b) 2,5 anos.
   c) 2,8 anos.
   d) 3,0 anos.
   e) 3,5 anos.

6) (Sefaz–RS) Qual é o rendimento obtido por R$ 2.000,00 aplicados por 180 dias à taxa de juros simples de 3% ao mês?
   a) R$ 360,00.
   b) R$ 388,20.
   c) R$ 2.360,00.
   d) R$ 2.388,20.
   e) R$ 10.800,00.

7) (ANTT) Numa operação de financiamento de curto prazo, a CIA BETA tomou R$ 150.000, comprometendo-se a pagar um montante de R$ 160.000 em 30 dias. O custo desse capital foi de:
   a) 5,0%.
   b) 5,5%.
   c) 6,7%.
   d) 7,0%.
   e) 10,0%.

8) (Termomacaé) De quanto é, em reais, o capital aplicado por 6 meses a uma taxa de juros simples de 3% ao mês, e que rendeu R$ 12.600,00?
   a) 55.700,00.
   b) 62.600,00.
   c) 68.888,89.
   d) 69.666,67.
   e) 70.000,00.

9) (Finep) Uma aplicação de R$ 23.390,00 resultou, em quatro meses, no montante de R$ 26.383,92.
   A taxa mensal de juros simples que permitiu esse resultado foi:
   a) 4,14%
   b) 3,20%
   c) 3,18%.
   d) 3,10%
   e) 2,88%

10) (TRT) Certa quantia foi depositada durante um mês na caderneta de poupança. No fim do período, o banco liberou para o aplicador a importância de R$ 2.268,00. Se a renda obtida corresponde a 35% da aplicação, quanto foi depositado pelo aplicador?
    a) R$ 1.320,00.
    b) R$ 1.380,00.
    c) R$ 1.680,00.
    d) R$ 1.860,00.
    e) R$ 1.900,00.

11) **(AGPP–SP)** Um investidor aplicou uma determinada importância à taxa de juros simples de 24% ao ano. Ao final de 165 dias, ele resgatou o montante de R$ 1.753,80. Considerando-se o ano comercial de 360 dias, o capital original aplicado equivalia, em R$, a:
   a) 1.610,00.
   b) 1.580,00.
   c) 1.550,00.
   d) 1.530,00.
   e) 1.510,00.

12) **(Petrobras)** O Banco WS emprestou a um de seus clientes a quantia de R$ 12.000,00, a uma taxa de 5% ao mês, no regime de juros simples, para pagamento único no final de 90 dias.
   De acordo com as condições do empréstimo, o cliente deverá pagar ao Banco, em reais, o montante total de:
   a) 12.600,00.
   b) 12.800,00.
   c) 13.200,00.
   d) 13.600,00.
   e) 13.800,00.

13) **(TCI–RJ)** Uma pessoa aplicou R$ 500,00 pelo prazo de três anos, com uma taxa de juros simples de 8% ao ano. O valor do saldo credor, em R$, dessa pessoa, no final do terceiro ano, é:
   a) 524,00.
   b) 580,00.
   c) 620,00.
   d) 680,00.

14) **(Sefaz–RJ)** O valor a ser pago por um empréstimo de R$ 4.500,00, a uma taxa de juros simples de 0,5% ao dia, ao final de 78 dias, é de:
   a) R$ 6.255,00.
   b) R$ 5.500,00.
   c) R$ 6.500,00.
   d) R$ 4.855,00.
   e) R$ 4.675,50.

15) **(CEF)** Um capital de R$ 15.000,00 foi aplicado a juros simples à taxa bimestral de 3%. Para que seja obtido um montante de R$ 19.050,00, o prazo dessa aplicação deverá ser de:
   a) 1 ano e 10 meses.
   b) 1 ano e 9 meses.
   c) 1 ano e 8 meses.
   d) 1 ano e 6 meses.
   e) 1 ano e 4 meses.

16) (Petrobras) Um investidor aplicou R$ 50.000,00 em um banco pelo período de 180 dias, obtendo um rendimento de R$ 8.250,00, na data de resgate da aplicação. Sabendo que a aplicação inicial foi feita pelo método de juros simples, a taxa equivalente anual (ano de 360 dias) correspondente a essa aplicação, também em juros simples, foi de:
   a) 33,00%.
   b) 31,667%.
   c) 22,00%.
   d) 19,1667%.
   e) 9,1667%.

17) (TRF) Um indivíduo devia R$ 1.200,00 três meses atrás. Calcule o valor da dívida hoje considerando juros simples a uma taxa de 5% ao mês, desprezando os centavos.
   a) R$ 1.380,00.
   b) R$ 1.371,00.
   c) R$ 1.360,00.
   d) R$ 1.349,00.
   e) R$ 1.344,00.

18) (Sefaz–RJ) A taxa de juros simples de 0,05% ao dia equivale à taxa semestral de:
   a) 15,00%.
   b) 9,00%.
   c) 18,00%.
   d) 1,50%.
   e) 12,00%.

19) (TRF) Indique qual o capital que aplicado a juros simples à taxa de 3,6% ao mês rende R$ 96,00 em 40 dias.
   a) R$ 2.000,00.
   b) R$ 2.100,00.
   c) R$ 2.120,00.
   d) R$ 2.400,00.
   e) R$ 2.420,00.

(TCI–RJ) Responda às duas questões seguintes, sabendo-se que a taxa i é equivalente à taxa i* se, ao final de determinado período, quando aplicadas ao mesmo capital, ambas produzirem o mesmo montante. Considere o regime de juros simples.

20) O capital que, aplicado à taxa de juros de 12% a.a., transforma-se, ao final de 10 meses, em R$ 616,00 é, em R$, igual a:
   a) 520,00.
   b) 540,00.
   c) 560,00.
   d) 580,00.

21) A juros de 10% a.a., uma dívida que ao final de 2 anos atingir R$ 2.400,00 pode ser imediatamente liquidada, em R$, pelo seguinte valor:
   a) 2.200,00.
   b) 2.000,00.
   c) 1.980,00.
   d) 1.960,00.

22) (Petrobras) Calcule o prazo, em meses, de uma aplicação de R$ 20.000,00 que propiciou juros de R$ 9.240,00 à taxa de juros simples de 26,4% ao ano.
   a) 1,75.
   b) 4,41.
   c) 5.
   d) 12.
   e) 21.

23) (Termomacaé) Um investidor realizou uma aplicação de R$ 25.000,00 pelo prazo de 6 meses e, ao final da aplicação, obteve um lucro de R$ 1.500,00. Para que isso ocorresse, a taxa de juros simples mensal usada na aplicação foi:
   a) 1,00%.
   b) 1,25%.
   c) 1,33%.
   d) 1,50%.
   e) 1,66%.

24) (ISS–SP) Um capital de R$ 15.000,00 foi aplicado a juros simples e, ao final de 2 bimestres, produziu o montante de R$ 16.320,00. A taxa mensal dessa aplicação foi de:
   a) 6,6%.
   b) 4,8%.
   c) 4,2%.
   d) 3,6%.
   e) 2,2%.

25) (REFAP) O valor de resgate de uma aplicação com prazo de vencimento de 4 meses, a partir da data da aplicação, é R$ 60.000,00.
   Considerando-se que a taxa de juros (simples) é de 5% ao mês, para obter este resgate, o valor aplicado pelo investidor, em reais, foi:
   a) 72.000,00.
   b) 57.000,00.
   c) 55.000,00.
   d) 50.000,00.
   e) 48.000,00.

26) (Segas) Um banco remunera as aplicações de seus clientes a uma taxa de juros simples de 18% ao ano. Uma pessoa aplicou um capital neste banco, em uma determinada data, e verificou que no final do período de aplicação o total de juros correspondia a 21% do valor do capital aplicado. O prazo dessa aplicação foi de:
   a) 14 meses
   b) 15 meses
   c) 16 meses.
   d) 18 meses
   e) 20 meses.

27) (CVM) O banco "X" emprestou R$ 10.120,00 por um período de 15 meses. No final deste prazo, o devedor pagou juros no valor total de R$ 4.554,00. Então, a taxa anual de juros simples utilizada nesta operação foi de:
   a) 30%.
   b) 36%.
   c) 45%.
   d) 60%.
   e) 75%.

28) (MPU) A Empresa Beta S.A. precisa gerar uma receita de R$ 22.500,00, aplicando R$ 100.000,00 a uma taxa de juros de 2,5% a.m. Considerando que o captador remunera a juros simples, o dinheiro deverá ficar aplicado por:
   a) 3 meses.
   b) 6 meses.
   c) 7 meses.
   d) 9 meses.
   e) 12 meses.

29) (Petrobras) Um capital C será aplicado a juros simples de 1,5% ao mês, durante 8 meses. Ao final desse período, o montante será resgatado. Entretanto, o gerente do fundo reterá 4% desse montante como taxa de administração. Deseja-se que o resgate final seja de exatamente R$ 1.344,00. O valor C, em reais, a ser aplicado, será uma quantia
   a) menor do que 800,00.
   b) entre 800,00 e 1.000,00.
   c) entre 1.000,00 e 1.200,00.
   d) entre 1.200,00 e 1.400,00.
   e) maior do que 1.400,00.

30) (AF–Campinas) Certa pessoa aplicou seu Capital a juros. Ao final de 5 meses, sacou seu Capital e juros no montante de R$ 6.075,00 (seis mil e setenta e cinco reais). Calcular o Capital inicial aplicado, sabendo-se que a taxa foi de 3% (três por cento) ao ano.
   a) R$ 6.000,00.
   b) R$ 6.050,00.
   c) R$ 5.500,00.
   d) R$ 5.000,00.
   e) R$ 5.800,00.

31) (Petrobras) Um investidor aplicou a importância de R$ 2.000,00, gerando uma remuneração de R$ 400,00 ao final de um período de 1 ano. De acordo com o regime de juros simples com capitalização anual, a taxa anual de juros dessa operação foi:
   a) 5%.
   b) 10%.
   c) 12%.
   d) 20%.
   e) 25%.

32) **(TCM-RJ)** Um indivíduo pretende aplicar R$ 3.000,00 em uma determinada operação, para a qual projeta uma rentabilidade de 15% ao ano, dentro do regime dos juros simples. Caso não realize qualquer outra movimentação financeira, além do aporte inicial, seu saldo total, ao final de um prazo de 24 meses, será de:
a) R$ 3.030,00.
b) R$ 3.300,00.
c) R$ 3.360,00.
d) R$ 3.450,00.
e) R$ 3.900,00.

33) **(Petrobras)** Um equipamento pode ser adquirido com o pagamento de uma entrada de 30% do valor à vista e mais uma prestação de R$ 1.386,00 para 60 dias. Se a taxa de juros simples cobrada no financiamento é de 5% ao mês, o valor à vista, em reais, é:
a) 1.800.
b) 2.000.
c) 2.100.
d) 2.200.
e) 2.500.

34) **(Sefaz–PI)** Durante o mês de maio, um capital de R$ 2.000,00 foi aplicado no *open market* (sistema de juros simples) a uma taxa de 30% ao mês, tendo produzido um montante de R$ 2.240,00. O número de dias a que esse capital esteve empregado foi de:
a) 8.
b) 10.
c) 12.
d) 13.
e) 15.

35) **(TJ–RO)** Um investidor que aplicou um capital durante 25 meses, à taxa de juros simples de 2,0% ao mês, resgatou, no final da operação, R$ 25.000,00 de juros. Qual o valor, em reais, aplicado por esse investidor?
a) 32.500,00.
b) 37.500,00.
c) 42.500,00.
d) 50.000,00.
e) 52.500,00.

36) **(Infraero)** Uma pessoa tomou dinheiro emprestado a juros simples durante 18 meses, tendo pago, ao final do período, o principal e mais R$ 14.400,00 a título de juros. Se ela tivesse tomado emprestado um capital duas vezes maior, à mesma taxa de juros e no mesmo período, ela teria pago um montante de R$ 80.000,00. O valor do capital que ela efetivamente tomou emprestado na operação correspondeu a, em R$:
a) 51.200,00.
b) 40.000,00.
c) 28.800,00.
d) 25.600,00.
e) 20.520,00.

37) **(Petrobras)** Joana pediu à sua mãe um empréstimo de R$ 36.000,00 para ser pago no final de 7 meses. Ficou combinado entre elas que a remuneração do empréstimo seria de 36% a.a., calculado pelo regime de juros simples. Na data combinada para o pagamento do empréstimo, Joana pediu mais 30 dias de prazo para quitar a dívida. Sua mãe concordou em ampliar o prazo, mas cobrou, por esses 30 dias adicionais, sobre o montante devido por Joana no 7º mês, uma taxa de juros simples de 6% at. Joana pagará à sua mãe, findo o 8º mês, em reais, o montante de:
   a) 43.560,00.
   b) 44.431,20.
   c) 44.640,00.
   d) 44.866,80.
   e) 46.173,60.

38) **(Eletronorte)** Se uma aplicação de R$ 5.000,00 proporcionou juros de R$ 1.200,00 no prazo de 180 dias, tem-se que a taxa anual de juros simples desse investimento é de:
   a) 38%.
   b) 40%.
   c) 48%.
   d) 58%.
   e) 68%.

39) **(Sefaz–AM)** Em um empréstimo de R$ 20.000,00 feito por um mês, uma empresa pagou o montante de R$ 25.000,00. A taxa de juros ao mês desse empréstimo foi de:
   a) 8%.
   b) 20%.
   c) 25%.
   d) 80%.
   e) 125%.

40) **(ANP)** Precisando de capital de giro para sua empresa, um pequeno empresário obteve, no Banco em que opera, um empréstimo de R$ 30.000,00 para ser quitado em 45 dias a uma taxa de juros simples de 2,5% ao mês.
   No vencimento da operação deverá pagar, em reais:
   a) 33.000,00.
   b) 32.225,00.
   c) 31.125,00.
   d) 30.250,00.
   e) 28.195,00.

41) **(Sefaz–MS)** Um banco oferece a seus clientes um tipo de aplicação financeira com as seguintes características:
   - Prazo: 4 meses
   - Remuneração: juros simples à taxa de 1,5% ao mês
   - Imposto de Renda: 20% do juro, pago no final da aplicação.

   Um cliente pagou R$ 36,00 de imposto de renda. Seu montante líquido (montante menos o imposto de renda) foi:
   a) R$ 3.168,00.
   b) R$ 3.156,00.
   c) R$ 3.144,00.
   d) R$ 3.132,00.

42) **(BNDES)** Um investidor aplicou, no Banco Atlântico, R$ 10.000,00, por um período de 17 dias, a uma taxa de juros simples de 1,2% ao mês. No dia do resgate, a rentabilidade obtida pelo investidor, em reais, foi:
   a) 60,00.
   b) 64,20.
   c) 65,60.
   d) 66,00.
   e) 68,00.

43) **(BR)** Certo capital, aplicado por 10 meses, a uma taxa de 18% ao ano (juros simples), rende R$ 72.000,00 de juros.
   Este capital aplicado, em reais, é:
   a) 360.000,00.
   b) 400.000,00.
   c) 480.000,00.
   d) 500.000,00.
   e) 510.000,00.

(ANEEL) Leia o texto abaixo para responder às duas questões a seguir.

O pai de João emprestou-lhe a quantia de R$ 8.000,00 pelo prazo de dois anos, cobrando-lhe apenas juros de 11% ao ano, em regime de juros simples.

44) o final do prazo combinado, se João quiser quitar a dívida com seu pai, ele deverá pagar-lhe uma quantia:
   a) inferior a R$ 9.100,00.
   b) superior a R$ 9.100,00 e inferior a R$ 9.300,00.
   c) superior a R$ 9.300,00 e inferior a R$ 9.500,00.
   d) superior a R$ 9.500,00 e inferior a R$ 9.700,00.
   e) superior a R$ 9.700,00.

45) Assinale a opção que apresenta uma taxa de juros proporcional à taxa de juros paga por João.
   a) 0,03% ao dia.
   b) 0,90% ao mês.
   c) 2,70% ao trimestre.
   d) 3,60% ao quadrimestre.
   e) 5,50% ao semestre.

46) **(Petrobras)** Se o capital for igual a 2/3 do montante e o prazo de aplicação for de 2 anos, qual será a taxa de juros simples considerada?
   a) 25% a.a.
   b) 16,67% a.a.
   c) 25% a.m.
   d) 16,67% a.m.
   e) 1,04% a.m.

47) **(Sefaz–MS)** Um artigo custa, à vista, R$ 200,00 e pode ser comprado a prazo com uma entrada de R$ 100,00 e um pagamento de R$ 120,00 um mês após a compra. Os que compram a prazo pagam juros mensais de taxa:
   a) 5%.
   b) 10%.
   c) 20%.
   d) 25%.
   e) 30%.

48) **(TCM-RJ)** Em um estabelecimento comercial são oferecidas duas formas de pagamento: à vista, com desconto de 10%, ou parcelado em duas prestações fixas mensais, com a primeira vencendo na data da compra e a segunda, trinta dias depois. Com base nessas informações é possível afirmar que a taxa de juros embutida no parcelamento será de:
   a) 25% a.m.
   b) 20% a.m.
   c) 15% a.m.
   d) 12,5% a.m.
   e) 10% a.m.

49) **(BB)** Uma geladeira é vendida à vista por R$ 1.000,00 ou em duas parcelas, sendo a primeira como uma entrada de R$ 200,00 e a segunda, dois meses após, no valor de R$ 880,00. Qual a taxa mensal de juros simples utilizada?
   a) 6%.
   b) 4%.
   c) 2%.
   d) 5%.
   e) 3%.

50) **(ISS–SP)** Em uma loja, um aparelho de som é vendido por R$ 1.800,00 à vista. Nico comprou esse aparelho a prazo por R$ 2.250,00, dando R$ 300,00 de entrada e o restante ao completar 3 meses. A taxa anual de juros simples cobrada nessa transação foi de:
   a) 120%.
   b) 100%.
   c) 80%.
   d) 60%.
   e) 50%.

51) **(Sefaz–ES)** Uma loja de eletrodomésticos vende uma televisão por R$ 1.500,00 à vista. A prazo, a loja vende por R$ 1.800,00, sendo R$ 300,00 de entrada e o restante após 1 ano. Sabendo-se que a loja de eletrodomésticos opera com juros simples, a taxa de juros cobrada, ao ano, é de:
   a) 10,00%.
   b) 16,66%.
   c) 20,00%.
   d) 25,00%.
   e) 40,00%.

52) **(AFR–SP)** Uma geladeira é vendida à vista por R$ 900,00, ou a prazo, em duas prestações de R$ 470,00 cada uma, sendo a primeira dada como entrada e a outra 30 dias depois. Então, a taxa mensal de juros efetiva do financiamento é de, aproximadamente:
a) 5%.
b) 6%.
c) 7%.
d) 8%.
e) 9%.

53) **(BNDES)** Uma loja oferece duas opções de pagamento na compra de uma bicicleta: R$ 200,00 à vista, ou a prazo, em duas prestações mensais iguais de R$ 120,00, sendo a primeira delas paga no ato da compra. Tomando-se a opção de pagamento à vista como referência, a taxa mensal de juros cobrada pela loja na venda a prazo é:
a) 20%.
b) 25%.
c) 40%.
d) 50%.
e) 60%.

54) **(Sefaz–SP)** Um investidor aplicou o capital de R$ 24.000,00, resgatando todo o montante após um ano. Sabe-se que a taxa real de juros desta aplicação e a taxa de inflação do período correspondente foram iguais a 10% e 2,5%, respectivamente. O montante resgatado pelo investidor foi de:
a) R$ 25.800,00.
b) R$ 26.400,00.
c) R$ 26.460,00.
d) R$ 27.000,00.
e) R$ 27.060,00.

55) **(ISS–SP)** Um capital de R$ 10.000,00, aplicado à taxa de juros simples de 9% ao semestre, ao final de 1 ano e 9 meses produzirá o montante de:
a) R$ 20.800,00.
b) R$ 18.750,00.
c) R$ 13.150,00.
d) R$ 12.800,00.
e) R$ 11.080,00.

56) **(ANEEL)** Uma loja de equipamentos elétricos lançou uma promoção especial: um transformador que custava R$ 200.000,00 à vista poderia, opcionalmente, ser adquirido a prazo, por R$ 240.000,00, sendo que o cliente deveria pagar R$ 30.000,00 de entrada e o restante após um ano da data da compra. Considerando o regime de juros simples, a taxa de juros anual cobrada pela loja é aproximadamente igual a:
a) 22,93%.
b) 23,23%.
c) 23,53%.
d) 23,83%.
e) 24,13%.

57) (AFTN) O preço à vista de uma mercadoria é de $ 1.000,00. O comprador pode, entretanto, pagar 20% de entrada no ato e o restante em uma única parcela de $ 1.001,60 vencível em 90 dias. Admitindo-se o regime de juros simples comerciais, a taxa de juros anuais cobrada na venda a prazo é de:
a) 98,4%.
b) 99,6%.
c) 100,8%.
d) 102,0%.
e) 103,2%.

58) (APOFP–SP) Um capital unitário aplicado a juros gerou um montante de 1,1 ao fim de 2 meses e 15 dias. Qual a taxa de juros simples anual de aplicação deste capital?
a) 48%.
b) 10%.
c) 4%.
d) 54%.
e) 60%.

59) (Serpro) Uma conta no valor de R$ 1.000,00 deve ser paga em um banco na segunda-feira, dia 5. O não pagamento no dia do vencimento implica uma multa fixa de 2% sobre o valor da conta mais o pagamento de uma taxa de permanência de 0,1% por dia útil de atraso, calculada como juros simples, sobre o valor da conta. Calcule o valor do pagamento devido no dia 19 do mesmo mês considerando que não há nenhum feriado bancário no período.
a) R$ 1.019,00.
b) R$ 1.020,00.
c) R$ 1.025,00.
d) R$ 1.029,00.
e) R$ 1.030,00.

60) (AFRF) Uma conta no valor de R$ 2.000,00 deve ser paga em um banco na segunda-feira, dia 8. O não pagamento no dia do vencimento implica uma multa fixa de 2% sobre o valor da conta mais o pagamento de uma taxa de permanência de 0,2% por dia útil de atraso, calculada como os juros simples, sobre o valor da conta. Calcule o valor do pagamento devido no dia 22 do mesmo mês, considerando que não há nenhum feriado bancário no período.
a) R$ 2.080,00.
b) R$ 2.084,00.
c) R$ 2.088,00.
d) R$ 2.096,00.
e) R$ 2.100,00.

61) (TJ) Em um boleto bancário consta o pagamento de R$ 70,00 a ser efetuado até o vencimento. Sabendo-se que após o vencimento é cobrado 0,5% de juros simples por dia de atraso, acrescido de multa de R$ 5,00, se esse pagamento for efetuado com 15 dias de atraso, a quantia a ser paga deverá ser de:
a) R$ 80,25.
b) R$ 127,50.
c) R$ 75,15.
d) R$ 75,35.
e) R$ 82,50.

62) **(Sefaz–RJ)** Um capital é aplicado durante 120 dias, a uma taxa de juros simples ordinário de 15% ao ano, produzindo um montante de R$ 8.400,00.
Nessas condições, o capital aplicado, desprezando os centavos, é:
a) R$ 6.500,00.
b) R$ 8.000,00.
c) R$ 8.017,00.
d) R$ 8.820,00.
e) R$ 7.850,00.

63) **(Susep)** Um capital é aplicado a juros simples durante três meses e dez dias a uma taxa de 3% ao mês. Calcule os juros em relação ao capital inicial.
a) 9%.
b) 10%.
c) 10,5%.
d) 11%.
e) 12%.

64) **(AFC)** Um capital é aplicado a juros simples à taxa de 4% ao mês por quarenta e cinco dias. Calcule os juros como porcentagem da capital aplicado.
a) 4%.
b) 4,5%.
c) 5%.
d) 6%.
e) 6,12%.

65) **(CEF)** Um certo capital aplicado a juros simples durante 15 meses rendeu um determinado juro. Se aplicarmos o triplo desse capital à mesma taxa, em que prazo o juro obtido será igual ao dobro do obtido na primeira aplicação?
a) 5 meses.
b) 7 meses e meio.
c) 10 meses.
d) 12 meses.
e) 18 meses.

66) **(Sanepar)** Em quantos anos um capital aplicado à taxa de 5% ao ano, no regime de juros simples, produz juros iguais à metade do capital inicial?
a) 10.
b) 11.
c) 12.
d) 9.
e) 8.

67) **(Contador–PE)** Um capital é aplicado a juros simples a uma taxa de 3% ao mês. Em quanto tempo este capital aumentaria 14% em relação ao seu valor inicial?
a) 3 meses e meio.
b) 4 meses.
c) 4 meses e 10 dias.
d) 4 meses e meio.
e) 4 meses e 20 dias.

68) **(APO–RJ)** O prazo que uma pessoa deve aguardar para ganhar em uma aplicação o equivalente a 1/5 do seu valor investido, a uma taxa de juros simples de 16% ao ano, é de:
   a) 3 anos e 2 meses.
   b) 1 ano e 2 meses.
   c) 2 anos e 1mês.
   d) 2 anos e 3 meses.
   e) 1 ano e 3 meses.

69) **(BB)** Um capital foi aplicado a juros simples, à taxa anual de 36%. Para que seja possível resgatar-se o quádruplo da quantia aplicada, esse capital deverá ficar aplicado por um período mínimo de:
   a) 7 anos, 6 meses e 8 dias.
   b) 8 anos e 4 meses.
   c) 8 anos, 10 meses e 3 dias.
   d) 11 anos e 8 meses.
   e) 11 anos, 1 mês e 10 dias.

70) **(BB)** Em quanto tempo um capital, aplicado à taxa de 2,5% ao mês, rende juros equivalentes a 2/5 de seu valor?
   a) 11 meses.
   b) 1 ano.
   c) 1 ano e 3 meses.
   d) 1 ano e 4 meses.
   e) 1 ano e 6 meses.

71) **(ISS–SP)** Dois capitais foram investidos a juros simples em uma mesma data: um, no valor de R$ 6.250,00, foi aplicado à taxa de 2% a.m., e o outro, no valor de R$ 6.000,00, à taxa de 2,5% a.m. Os montantes produzidos por esses capitais serão iguais ao completar-se um período de:
   a) 1 ano e 3 meses.
   b) 1 ano.
   c) 10 meses.
   d) 8 meses.
   e) 6 meses.

72) **(ICMS–RO)** Dois capitais foram aplicados a uma taxa de juros simples de 2% ao mês. O primeiro capital ficou aplicado durante o prazo de um ano e o segundo, durante 8 meses. A soma dos capitais e a soma dos correspondentes juros são iguais a R$ 27.000,00 e R$ 5.280,00, respectivamente. O valor do módulo da diferença entre os dois capitais é igual a:
   a) R$ 5.000,00.
   b) R$ 4.000,00.
   c) R$ 3.000,00.
   d) R$ 2.500,00.
   e) R$ 2.000,00.

73) **(CEF)** Um capital foi aplicado a juros simples e, ao completar um período de um ano e quatro meses, produziu um montante equivalente a 7/5 de seu valor. A taxa mensal dessa aplicação foi de:
   a) 2%.
   b) 2,2%.
   c) 2,5%.
   d) 2,6%.
   e) 2,8%.

74) **(TRE)** O número de bimestres necessários para triplicar um capital aplicado a uma taxa de 150% ao semestre, em regime de juros simples, é:
   a) 6.
   b) 5.
   c) 4.
   d) 3.
   e) 2.

75) **(Sefaz-RJ)** O número de anos para que um capital quadruplique de valor, a uma taxa de 5% ao mês, juros simples, é de:
   a) 6,00.
   b) 4,50.
   c) 7,50.
   d) 3,80.
   e) 5,00.

76) **(TCI–RJ)** No regime de juros simples, o número necessário de meses para um capital dobrar de valor, com uma taxa de juros de 5% ao mês, é:
   a) 15.
   b) 20.
   c) 25.
   d) 30.

77) **(ISS–RJ)** O número de meses necessário, para que um capital dobre de valor com uma taxa de juros simples de 2% a.m., é de:
   a) 40.
   b) 50.
   c) 60.
   d) 70.

78) **(Contador–PE)** Indique a taxa de juros simples mensal que é equivalente à taxa de 9% ao trimestre.
   a) 2%.
   b) 3%.
   c) 4%.
   d) 4,5%.
   e) 6%.

79) **(AFTN)** Indique nas opções abaixo qual a taxa unitária anual equivalente à taxa de juros simples de 5% ao mês.
   a) 5,0.
   b) 1,0.
   c) 60,0.
   d) 12,0.
   e) 0,6.

80) **(IBGE)** Um técnico do IBGE tomou um empréstimo bancário de R$ 36.000,00 pelo prazo de 5 anos e, ao final desse tempo, deverá restituir ao banco a importância de R$ 38.700,00.
   Qual é a taxa anual de juros simples nesse empréstimo?
   a) 1,2%.
   b) 1,5%.
   c) 2,3%.
   d) 2,5%.
   e) 3,0%.

81) **(An.Adm–CREA)** Uma aplicação financeira de R$ 4.000,00 a juros simples gerou, 5 meses depois, um montante de R$ 4.850,00. A taxa mensal de juros utilizada na aplicação foi:
   a) 4,00%.
   b) 4,25%.
   c) 6,75%.
   d) 20,00%.
   e) 21,25%.

82) **(BESC)** Uma loja vende, à vista, com desconto de 20% ou, para pagamento um mês após a compra, sem desconto e "sem juros". Os que optam pelo pagamento a prazo pagam, na verdade, juros de taxa mensal igual a:
   a) 25%.
   b) 24%.
   c) 22,5%.
   d) 21%.
   e) 20%.

83) **(Petrobras)** Um artigo custa R$ 100,00 à vista e pode ser pago em duas prestações de R$ 60,00 cada, vencendo a primeira no ato da compra e a segunda, um mês após. Quanto vale, aproximadamente, a taxa mensal dos juros pagos pelos que compram a prazo?
   a) 5%.
   b) 10%.
   c) 15%.
   d) 20%.
   e) 50%.

84) **(TRT)** Uma loja vende seus produtos com pagamento em duas prestações mensais iguais, "sem juros". A primeira prestação é paga no ato da compra e a segunda, um mês após. Entretanto um desconto de 10% é concedido se o cliente pagar à vista. Na realidade, essa loja cobra, nas vendas a prazo, juros mensais de:
   a) 10%.
   b) 20%.
   c) 25%.
   d) 30%.
   e) 50%.

85) **(Susep)** Uma loja oferece um desconto de 50% a quem pagar à vista e oferece um desconto de 20% a quem pagar integralmente um mês após a compra. Na realidade, essa loja cobra, de quem prefere pagar um mês após a compra, juros mensais de:
   a) 15%.
   b) 30%.
   c) 45%.
   d) 60%.
   e) 75%.

86) **(APO–RJ)** Uma loja vende uma mercadoria à vista, com 30% de desconto, ou em duas parcelas iguais, sem juros, sendo a 1ª no ato da compra e a 2ª 30 dias depois. Qual é a taxa de juros ao mês cobrada por essa loja, nas vendas a prazo?
   a) 150%.
   b) 100%.
   c) 80%.
   d) 30%.
   e) 20%.

87) **(Eletrobras)** Uma empresa pode pagar por serviços prestados $ 2.000,00 a prazo, em 60 dias, ou à vista, com 15% de desconto. Se ela optar por financiar o pagamento, a taxa real embutida neste financiamento será de:
   a) 14,75%.
   b) 15,00%.
   c) 16,93%.
   d) 17,65%.
   e) 18,25%.

88) **(Contador–CBPF)** A compra de um certo artigo de escritório pode ser efetuada de duas formas:
   À vista, com desconto de 15% sobre o preço do item ou
   Em duas vezes iguais, com a primeira prestação no ato da compra e a segunda após 30 dias.
   Com base nessas informações, a taxa de juros efetiva mensal cobrada na segunda forma de pagamento é:
   a) zero.
   b) 15%.
   c) 25,50%.
   d) 33,33%.
   e) 42,86%.

89) **(Cia Docas–RJ)** Um comerciante anuncia uma mercadoria por certo valor e oferece a seus fregueses duas formas de pagamento: à vista com 10% de desconto, ou o preço anunciado reajustado em 20% e dividido em duas parcelas iguais, sendo uma no ato da compra e a outra 30 dias depois. Qual é a taxa mensal de juros efetivamente cobrada no pagamento parcelado?
   a) 15%.
   b) 17%.
   c) 30%.
   d) 50%.
   e) 100%.

90) **(Ag.Adm.–MC)** Uma loja vende à vista com desconto de 10% sobre o preço de tabela e aceita pagamento com cheque pré-datado para pagamento em 30 dias, com acréscimo de 20% sobre o preço de tabela. Qual é, aproximadamente, a taxa mensal dos juros pagos pelos que compram com cheque pré-datado?
   a) 10%.
   b) 20%.
   c) 33%.
   d) 36%.
   e) 40%.

91) **(TRT–SC)** Para adquirir um produto, cujo preço da tabela é de R$ 480,00, uma pessoa pode optar por duas propostas:
   1. pagamento à vista, com 25% de desconto sobre o preço da tabela.
   2. pagamento em 30 dias, com acréscimo de 15% sobre o preço da tabela.
   Com base nessas informações, pode-se concluir que a diferença, em reais, entre as duas opções de pagamento é igual a:
   a) 360.
   b) 192.
   c) 180.
   d) 96.
   e) 72.

92) **(FEDF)** Uma escola oferece as seguintes opções para o pagamento da taxa de matrícula, quando efetuada no dia 5 de dezembro:
   I – desconto de 10% para pagamento à vista;
   II – pagamento em duas vezes, sendo 50% no ato da renovação da matrícula e 50% um mês após, isto é, no dia 5 de janeiro.
   Um pai de aluno não quer ter lucro nem prejuízo, optando por qualquer uma das duas modalidades de pagamento, no ato da renovação de matrícula. Para tanto, se optar por II, deve investir a diferença entre os valores que seriam pagos em 5 de dezembro, nas modalidades I e II, em uma aplicação financeira com uma taxa mensal de rendimento de:
   a) 5%.
   b) 10%.
   c) 20%.
   d) 25%.
   e) 30%.

93) **(PMDF)** O preço de um televisor de 20 polegadas da marca Alpha é de R$ 400,00. O vendedor propõe a um comprador as seguintes alternativas de pagamento:

I – pagamento em 30 dias, com acréscimo de 5% sobre o preço da tabela;

II – pagamento à vista, com 4% de desconto sobre o preço da tabela.

Considere X como sendo a diferença entre os preços do televisor para pagamento em 30 dias e para pagamento à vista. Assim, X representa uma porcentagem do preço à vista do televisor igual a:

a) 9%.
b) 9,25%.
c) 9,375%.
d) 9,5%.
e) 9,725%.

94) **(MPRSD)** Uma pessoa investe em um banco um capital C, durante 9 meses, a uma taxa de juros simples de 27% ao ano. No final do período, ela resgata todo o montante e o investe totalmente em outro banco, a uma taxa de juros simples de 36% ao ano, durante 10 meses. Verificando-se que o montante referente ao segundo investimento foi igual a R$ 18.759,00, tem-se que o valor de C, em R$, é igual a:

a) 13.000,00.
b) 14.000,00.
c) 11.000,00.
d) 10.000,00.
e) 12.000,00.

95) **(Contador–CEAL)** O preço de venda de um televisor é igual a R$ 1 200,00. O comprador poderá adquiri-lo por meio de uma das seguintes opções, financeiramente equivalentes:

I – À vista com 10% de desconto;

II – Dois pagamentos iguais a R$ 600,00, sendo o primeiro no ato da compra e o segundo um mês após.

O comprador propõe ao vendedor adquirir o aparelho por meio de um só pagamento a vencer em um mês. Utilizando a taxa de juros implícita na segunda parcela da opção II, este pagamento único, para que a equivalência financeira seja mantida, teria que ser de:

a) R$ 1 200,00.
b) R$ 1 350,00.
c) R$ 1 500,00.
d) R$ 1 600,00.
e) R$ 1 800,00.

96) **(Contador–ENAP)** Em uma aplicação de capital a juros simples, 60% do capital foram aplicados à taxa de 3% ao mês enquanto os 40% restantes foram investidos à taxa de 4% ao mês. Calcule o capital aplicado, dado que ao fim de um semestre o montante era de R$ 14.448,00.

a) R$ 12.000,00.
b) R$ 12.100,00.
c) R$ 12.200,00.
d) R$ 12.300,00.
e) R$ 12.400,00.

97) (TFR) Paulo aplicou dois capitais a juros simples comerciais: o primeiro à taxa de 72% a.a., durante seis meses, e o segundo à taxa de 84% a.a., durante oito meses. Sabendo-se que a soma dos capitais iniciais aplicados era de R$ 3.000,00 e que o valor dos rendimentos das aplicações somou R$ 1.360,00, o valor do menor capital inicial era de R$:
a) 1.350.
b) 1.400.
c) 1.420.
d) 1.450.
e) 1.600.

98) (AF–BA) Um investidor sabe que, se ele aplicar R$ 20.000,00 a uma determinada taxa de juros simples, durante 8 meses, obterá, no final do período, um montante no valor de R$ 24.000,00. Caso esse investidor resolva aplicar outro capital, com a mesma taxa de juros simples acima, da seguinte maneira: 1/3 durante 6 meses; 1/5 durante 5 meses, e o restante, durante 4 meses, verificará que a soma dos juros obtidos é igual a R$ 1.460,00. O valor deste outro capital, em reais, é:
a) 24.000,00.
b) 18.000,00.
c) 15.000,00.
d) 12.000,00.
e) 9.000,00.

99) (Sefaz–AM) Carla aplicou 3/5 de um certo capital C a uma taxa de 10% ao ano e aplicou o restante a uma taxa de 15% ao ano. Ao final de um ano Carla recebeu R$ 2.400,00 de juros. O valor de C é:
a) R$ 6.400,00.
b) R$ 14.400,00.
c) R$ 16.000,00.
d) R$ 18.400,00.
e) R$ 20.000,00.

100) (Segas) A soma dos valores de dois capitais é igual a R$ 32.000,00. O primeiro capital foi aplicado durante 16 meses, apresentando um total de juros igual a R$ 3.600,00. O segundo capital foi aplicado durante 20 meses, apresentando um total de juros igual a R$ 5.100,00. Se ambos foram aplicados a juros simples, à mesma taxa, o capital de maior valor apresentou um montante igual a:
a) R$ 22.100,00.
b) R$ 23.900,00.
c) R$ 24.200,00.
d) R$ 24.700,00.
e) R$ 24.900,00.

101) (AFR–PB) Um investidor aplica em um determinado banco R$ 10.000,00 a juros simples. Após 6 meses, resgata totalmente o montante de R$ 10.900,00 referente a esta operação e o aplica em outro banco, durante 5 meses, a uma taxa de juros simples igual ao dobro da correspondente à primeira aplicação. O montante no final do segundo período é igual a:
a) R$ 12.862,00.
b) R$ 12.750,00.
c) R$ 12.650,00.
d) R$ 12.550,00.
e) R$ 12.535,00.

102) **(AFR–SP)** Uma pessoa aplicou um capital em um Banco que remunera os depósitos de seus clientes a uma taxa de juros simples de 12% ao ano. Completando 6 meses, ela retirou o montante correspondente a esta aplicação e utilizou R$ 20.000,00 para liquidar uma dívida nesse valor. O restante do dinheiro, aplicou em um outro Banco, durante um ano, a uma taxa de juros simples de 1,5% ao mês. No final do período, o montante da segunda aplicação apresentou um valor igual a R$ 28.933,60. A soma dos juros das duas aplicações é igual a:
   a) R$ 10.080,00.
   b) R$ 8.506,80.
   c) R$ 7.204,40.
   d) R$ 6.933,60.
   e) R$ 6.432,00.

103) **(TRE–SP)** Um capital no valor de R$ 80.000,00 é aplicado a uma taxa de juros simples, durante 8 meses, resultando em um montante de R$ 96.000,00 no final do período. Aplicando outro capital no valor de R$ 100.000,00, durante um certo período t, com a mesma taxa de juros simples anterior, o montante apresentado no final do período seria igual a R$ 115.000,00. Então, t é igual a:
   a) 4 meses.
   b) 5 meses.
   c) 6 meses.
   d) 7,5 meses.
   e) 10 meses.

104) **(CVM)** Um investidor fez uma aplicação em um título com rentabilidade pós-fixada por um prazo de três meses a uma taxa de juros simples de 18% ao ano. O índice de correção a ser aplicado ao montante passou de 80, no início, a 83,2, no fim do prazo. Qual o valor mais próximo da rentabilidade total do título nesse prazo?
   a) 8,5%
   b) 7,7%
   c) 8%.
   d) 7,844%
   e) 8,68%

105) **(CVM)** Determinado capital aplicado a juros simples durante 18 meses rendeu R$ 7.200,00. Sabe-se que, se o dobro deste capital fosse aplicado a juros simples com a mesma taxa anterior, geraria, ao final de dois anos, o montante de R$ 40.000,00. O valor do capital aplicado na primeira situação foi:
   a) R$ 24.000,00.
   b) R$ 20.800,00.
   c) R$ 15.200,00.
   d) R$ 12.500,00.
   e) R$ 10.400,00.

106) **(TRE–SC)** Um certo capital, aplicado a juros simples durante nove meses, rendeu um determinado juro. Se aplicarmos o triplo desse capital à mesma taxa, em que prazo o juro obtido será igual ao dobro do obtido na primeira aplicação?
a) 6 meses.
b) 8 meses e meio.
c) 12 meses.
d) 15 meses.

107) **(Sefaz–SP)** Um capital no valor de R$ 12.500,00 é aplicado a juros simples, durante 12 meses, apresentando um montante igual a R$ 15.000,00. Um outro capital é aplicado, durante 15 meses, a juros simples a uma taxa igual à da aplicação anterior, produzindo juros no total de R$ 5.250,00. O valor do segundo capital supera o valor do primeiro em:
a) R$ 10.000,00.
b) R$ 8.500,00.
c) R$ 7.500,00.
d) R$ 6.000,00.
e) R$ 5.850,00.

108) **(TCM–RJ)** Uma pessoa aplicou duas quantias que somadas montam R$ 1.000,00, a juros simples: a primeira à taxa de 3% a.m. e a segunda a 5% a.m. Em cinco meses, renderam juntas juros totais de R$ 210,00. O valor de cada uma delas é, respectivamente:
a) R$ 250,00 e R$ 750,00.
b) R$ 300,00 e R$ 700,00.
c) R$ 350,00 e R$ 650,00.
d) R$ 400,00 e R$ 600,00.
e) R$ 450,00 e R$ 550,00.

109) **(CEF)** João investiu o capital de R$ 12.000,00 à taxa de juros simples de 24% ao ano. Três meses após a aplicação de João, Maria investiu o capital de R$ 11.600,00 à taxa de juros simples de 24% ao semestre. Após um certo tempo, o montante da aplicação efetuada por João era igual ao montante da aplicação efetuada por Maria. Neste momento, a soma dos valores dos juros destas duas aplicações era:
a) R$ 4.240,00.
b) R$ 3.840,00.
c) R$ 3.200,00.
d) R$ 2.960,00.
e) R$ 2.320,00.

110) **(CVM)** Em determinada data, uma pessoa aplica R$ 10.000,00 à taxa de juros simples de 2% ao mês. Decorridos 2 meses, outra pessoa aplica R$ 8.000,00 à taxa de juros simples de 4% ao mês. No momento em que o montante referente ao valor aplicado pela primeira pessoa for igual ao montante referente ao valor aplicado pela segunda pessoa, o total dos juros correspondente à aplicação da primeira pessoa será de:
a) R$ 4.400,00.
b) R$ 4.000,00.
c) R$ 3.600,00.
d) R$ 3.200,00.
e) R$ 2.800,00.

111) **(APO–RJ)** Uma pessoa aplicou 1/8 do seu capital a juros simples (comercial) de 36% ao ano, pelo prazo de um ano, e o restante do dinheiro, a uma taxa de juros de 42% ao ano, pelo mesmo prazo, e regime de capitalização. Sabendo-se que uma das aplicações rendeu R$ 3.096,00 de juros mais que a outra, de quanto era o seu capital inicial?
   a) R$ 9.636,00.
   b) R$ 8.536,00.
   c) R$ 8.586,00.
   d) R$ 9.600,00.
   e) R$ 8.500,00.

112) **(AFTN)** Dois capitais foram aplicados a uma taxa de 72% a.a., sob regime de juros simples. O primeiro pelo prazo de quatro meses e o segundo por cinco meses. Sabendo-se que a soma dos juros totalizou $ 39.540 e que os juros do segundo capital excederam os juros do primeiro em $ 12.660, a soma dos dois capitais era de:
   a) $ 140.000.
   b) $ 143.000.
   c) $ 145.000.
   d) $ 147.000.
   e) $ 115.000.

113) **(CVM)** Determinado capital foi aplicado a prazo fixo durante um período à taxa de juros simples de 30% ao ano. Decorrido o prazo, o montante no valor total de R$ 23.400,00 foi aplicado por mais um período igual ao da aplicação inicial, à taxa de juros simples de 36% ao ano. Sendo o montante final de R$ 26.910,00, o capital da primeira aplicação corresponde a:
   a) R$ 18.000,00.
   b) R$ 20.700,00.
   c) R$ 20.800,00.
   d) R$ 21.000,00.
   e) R$ 22.000,00.

114) **(ATE–RO)** Um investidor aplicou R$ 200.000,00 a uma taxa de 3% a.m., durante determinado período. Ao encerrar esta primeira operação, os juros foram resgatados e os R$ 200.000,00 mantidos aplicados, desta vez a uma taxa de 5% a.m. Sabendo-se que 20 meses após a primeira aplicação o valor total dos juros recebidos foi de R$ 168.000,00, os valores dos juros pagos em cada período e o prazo, da primeira operação, no regime de juros simples, respectivamente, são:
   a) R$ 48.000,00; R$ 120.000,00 / 12 meses.
   b) R$ 48.000,00; R$ 120.000,00 / 8 meses.
   c) R$ 49.580,00; R$ 118.420,00 / 8 meses.
   d) R$ 118.420,00; R$ 49.580,00 / 8 meses.
   e) R$ 120.000,00; R$ 48.000,00 / 12 meses.

115) **(AFRF)** Uma pessoa tem que pagar dez parcelas no valor de R$ 1.000,00 cada, que vencem todo dia 5 dos próximos dez meses. Todavia, ela combina com o credor um pagamento único equivalente no dia 5 do décimo mês para quitar a dívida. Calcule este pagamento considerando juros simples de 4% ao mês.
a) R$ 11.800,00.
b) R$ 12.006,00.
c) R$ 12.200,00.
d) R$ 12.800,00.
e) R$ 13.486,00.

116) **(TCM–RJ)** Guilherme utilizou o limite de crédito do seu cheque especial, no mês de março passado, nos seguintes valores e respectivos prazos: R$ 500,00 durante 5 dias, R$ 700,00 durante 8 dias e R$ 800,00 durante 3 dias. A taxa de juros simples ordinários cobrada pelo banco de Guilherme nessa linha de crédito é de 9% a.m.. Nessas condições, o total de juros pago por Guilherme ao final do referido mês equivale a:
a) R$ 13,20.
b) R$ 30,50.
c) R$ 31,50.
d) R$ 59,06.

117) **(EPE)** A tabela abaixo apresenta um resumo das operações de um correntista em um determinado mês.

Dia do mês	Operação	Valor (em reais)
1	Depósito	100,00
6	Saque	200,00
11	Saque	500,00
21	Depósito	100,00
26	Saque	200,00

O contrato com o banco prevê pagamento de juros simples, numa taxa de 12% ao mês, para cada dia que o correntista permanece com saldo negativo, e este valor só é cobrado no mês seguinte.
Considerando que, no início do mês, o saldo era de R$ 500,00, e que o mês em questão tem exatos 30 dias, pode-se afirmar que o valor, em reais, a ser cobrado de juros no mês seguinte é:
a) 4,00.
b) 6,66.
c) 8,00.
d) 12,00.
e) 80,00.

118) **(Contador–TRE)** Um capitalista colocou metade de seu capital a juros simples pelo prazo de dois anos e o restante, nas mesmas condições, pelo período de quatro anos. Sabendo-se que, ao final das aplicações, os montantes eram de R$ 1.160,00 e R$ 1.420,00, respectivamente, o capital inicial do capitalista era de:
a) R$ 5.400,00.
b) R$ 900,00.
c) R$ 1.800,00.
d) R$ 2.700,00.

119) **(AFTN)** João colocou metade do seu capital a juros simples pelo prazo de seis meses e o restante, nas mesmas condições, pelo período de quatro meses. Sabendo-se que ao final das aplicações os montantes eram de $ 117.000 e $ 108.000, respectivamente, o capital inicial do capitalista era de:
a) $ 150.000.
b) $ 160.000.
c) $ 170.000.
d) $ 180.000.
e) $ 200.000.

120) **(PMSP)** Um investidor aplica um capital a juros simples, durante 10 meses, apresentando montante no valor de R$ 30.000,00 no final do período. Caso este capital tivesse sido aplicado durante 16 meses a juros simples, e com a mesma taxa de juros anterior, o valor do montante no final deste período teria sido de R$ 33.600,00. O valor do capital aplicado pelo investidor é igual a:
a) R$ 21.000,00.
b) R$ 22.500,00.
c) R$ 23.600,00.
d) R$ 24.000,00.
e) R$ 25.000,00.

121) **(Sefaz–SC)** Dois capitais, em juros simples, estão entre si assim como 4 está para 6. Para que, em período de tempo igual, seja obtido o mesmo rendimento, a taxa de aplicação do menor capital deve superar a do maior em:
a) 50%.
b) 60%.
c) 40%.
d) 20%.
e) 70%.

122) **(CEMIG)** Um pequeno investidor emprestou $\frac{2}{3}$ do seu capital a um comerciante à taxa de 30% a.a., e a outro, o restante desse capital, à taxa de 3% a.m. No final de 1 ano, ele recebeu a quantia de R$ 1.920,00. Sabendo que esses empréstimos foram em regime de juros simples, o capital desse investidor era de:
a) R$ 20.000,00.
b) R$ 8.000,00.
c) R$ 6.000,00.
d) R$ 4.000,00.

123) **(Contador-RJ)** A firma BML queria comprar determinados equipamentos. Como opção, ela poderia:
I – comprá-los à vista com desconto de x%;
II – comprá-los a prazo sem desconto, pagando a metade no ato da compra e a outra metade um mês após.
BML tinha dinheiro suficiente para escolher qualquer opção de compra. Caso escolhesse "II", guardaria o dinheiro para pagar a segunda metade em uma caderneta de poupança que lhe renderia 40% ao mês. O valor de x, a partir do qual a alternativa "I" seria melhor para BML, é, aproximadamente:
a) 12%.
b) 15%.
c) 20%.
d) 25%.

(APO-RJ-Adaptado) Considere o texto a seguir para responder às duas questões seguintes.

Uma mercadoria com preço de tabela de R$ 8 000,00 é vendida à vista com desconto de x %, ou em duas parcelas iguais de R$ 4 000,00, sendo a primeira no ato da compra e a segunda, um mês após a compra. Suponha-se que o comprador dispõe do dinheiro necessário para pagar à vista e que ele sabe que a diferença entre o preço à vista e a primeira parcela pode ser aplicada no mercado financeiro a uma taxa de 25% ao mês.

124) O valor de x que torna indiferente comprar à vista ou a prazo é:
   a) 10,5%.
   b) 11,5%.
   c) 12,5%.
   d) 13,5%.
   e) 10,0%.

125) Se x = 15, a opção mais vantajosa de compra e o respectivo valor de ganho são:
   a) a prazo – R$ 200,00.
   b) a prazo – R$ 1 000,00.
   c) à vista – R$ 200,00.
   d) à vista – R$ 1.000,00.
   e) à vista – R$ 400,00.

126) (AFRF) Os capitais de R$ 3.000,00, R$ 5.000,00 e R$ 8.000,00 foram aplicados todos no mesmo prazo, a taxas de juros simples de 6% ao mês, 4% ao mês e 3,25% ao mês, respectivamente. Calcule a taxa média de aplicação desses capitais.
   a) 4,83% ao mês.
   b) 3,206% ao mês.
   c) 4,4167% ao mês.
   d) 4% ao mês.
   e) 4,859% ao mês.

127) (AFRF) Os capitais de R$ 7.000,00, R$ 6.000,00, R$ 3.000,00 e R$ 4.000,00 são aplicados respectivamente às taxas de juros de 6%, 3%, 4%, e 2% ao mês, no regime de juros simples durante o mesmo prazo. Calcule a taxa média proporcional anual de aplicação destes capitais.
   a) 4%.
   b) 8%.
   c) 12%.
   d) 24%.
   e) 48%.

128) (AFRF) Os capitais de R$ 2.000,00, R$ 3.000,00, R$ 1.500,00 e R$ 3.500,00 são aplicados à taxa de 4% ao mês, juros simples, durante dois, três, quatro e seis meses, respectivamente. Obtenha o prazo médio de aplicação destes capitais.
   a) quatro meses.
   b) quatro meses e cinco dias.
   c) três meses e vinte e dois dias.
   d) dois meses e vinte dias.
   e) oito meses.

129) **(Ssfaz–RJ)** Os valores de R$ 50.000 e R$ 100.000 foram aplicados à mesma taxa de juros simples durante 12 e 6 meses, respectivamente.
O prazo médio da aplicação conjunta desses capitais, em meses, é:
a) 8.
b) 12.
c) 10.
d) 9,2.
e) 7,5.

130) **(AFRF)** Os capitais de R$ 2.500,00, R$ 3.500,00, R$ 4.000,00 e R$ 3.000,00 são aplicados a juros simples durante o mesmo prazo às taxas mensais de 6%, 4%, 3% e 1,5%, respectivamente. Obtenha a taxa média mensal de aplicação destes capitais.
a) 2,9%.
b) 3%.
c) 3,138%.
d) 3,25%.
e) 3,5%.

131) **(TRF)** Três capitais nos valores respectivos de 100, 250 e 150 são aplicados a juros simples no mesmo prazo às taxas de 3%, 4% e 2% ao mês, respectivamente. Obtenha a taxa média mensal de aplicação desses capitais.
a) 3,4%.
b) 3,2%.
c) 3,0%.
d) 2,8%.
e) 2,6%.

132) **(Susep)** Três capitais nos valores de 250, 350 e 400 unidades monetárias são aplicados às taxas de juros simples mensais de 4%, 3% e 2%, respectivamente, durante o mesmo prazo. Obtenha a média aritmética ponderada das taxas de juros mensais de aplicação destes capitais usando os valores dos capitais aplicados como pesos.
a) 3%.
b) 2,95%.
c) 2,9%.
d) 2,85%.
e) 2,8%.

133) **(Petrobras)** João contraiu uma dívida de cartão de crédito no valor de R$ 1.000,00 e negociou essa dívida com a operadora, combinando pagar em 10 parcelas mensais e fixas de R$ 130,00, sendo a primeira delas com vencimento marcado para 30 dias após a data da negociação. Ele pagou as cinco primeiras parcelas no prazo previsto, porém ficou desempregado e não pagou as demais. Um ano após a negociação, conseguiu emprego e procurou a operadora para fazer uma nova negociação. Sabendo-se que nessa negociação a operadora cobrou juros simples mensais de 10%, a dívida de João, em reais, é:
a) 650,00.
b) 750,00.
c) 815,00.
d) 870,00.
e) 910,00.

134) (AFTN) A quantia de R$ 10.000,00 foi aplicada a juros simples exatos do dia 12 de abril ao dia 5 de setembro do corrente ano (1998). Calcule os juros obtidos, à taxa de 18% ao ano, desprezando os centavos.
a) R$ 705,00.
b) R$ 720,00.
c) R$ 725,00.
d) R$ 715,00.
e) R$ 735,00.

135) (Sefaz–CE) Um capital é aplicado a juros simples do dia 10 de fevereiro ao dia 24 de abril, do corrente ano (1998), a uma taxa de 24% ao ano. Nessas condições, calcule o juro simples exato ao fim do período, como porcentagem do capital inicial, desprezando as casas decimais superiores à segunda.
a) 4,70%.
b) 4,75%.
c) 4,80%.
d) 4,88%.
e) 4,93%.

136) (TCM–RJ) Marcos fez uma aplicação de R$ 10.000,00, a uma taxa de juros simples exatos de 18,25% ao ano, do dia 15 de março ao dia 25 de abril do mesmo ano.
Ao final desse prazo, o saldo de Marcos, desprezando os centavos, era de:
a) R$ 10.200,00.
b) R$ 10.202,00.
c) R$ 10.205,00.
d) R$ 10.207,00.

137) (AFR–PB) Certas operações podem ocorrer por um período de apenas alguns dias, tornando conveniente utilizar taxa diária e obtendo os juros segundo a convenção do ano civil ou do ano comercial. Então, se um capital de R$ 15.000,00 foi aplicado por 5 dias à taxa de juros simples de 9,3% ao mês, em um mês de 31 dias, o módulo da diferença entre os valores dos juros comerciais e dos juros exatos é:
a) R$ 7,50.
b) R$ 15,00.
c) R$ 22,50.
d) R$ 30,00.
e) R$ 37,50.

138) (Sefaz-ES) Um banco comercial empresta R$ 10.000,00 a um cliente, pelo prazo de três meses, com uma taxa de 5% ao mês, juros simples, cobrados antecipadamente. Dessa forma, o valor líquido liberado pelo banco é de R$ 8.500,00, e o cliente deve pagar os R$ 10.000,00 no final do 3º mês. Além disso, o banco exige um saldo médio de R$ 1.000,00 ao longo de todo o prazo do empréstimo.
Com base nestas informações podemos afirmar que a taxa de rentabilidade mensal do banco nessa operação, a juros simples, é:
a) 6,67%.
b) 9,80%.
c) 11,11%.
d) 20,00%.
e) 33,33%.

139) **(Bacen)** Uma pessoa recebeu um empréstimo de um banco comercial de R$ 10.000,00 para pagar R$ 12.000,00 ao final de cinco meses, mas foi obrigada a manter R$ 2.000,00 de saldo em sua conta durante a vigência do empréstimo. Considerando que a pessoa retirou os R$ 2.000,00 do empréstimo recebido e os utilizou para pagamento do montante no final, indique a taxa real de juros paga.
   a) 20% ao semestre.
   b) 4% ao mês, considerando juros simples.
   c) 10% ao mês, considerando juros simples.
   d) 20% ao período.
   e) 5% ao mês, juros simples.

140) **(AFPS)** Uma pessoa física recebeu um empréstimo de um banco comercial no valor de R$ 10.000,00 por um prazo de três meses para pagar de volta este valor acrescido de 15% de juros ao fim do prazo. Todavia, a pessoa só pode usar em proveito próprio 75% do empréstimo, porque, por uma força do contrato, usou o restante para fazer uma aplicação no próprio banco que rendeu R$ 150,00 ao fim dos três meses. Indique qual foi a taxa efetiva de juros paga pela pessoa física sobre a parte do empréstimo que utilizou em proveito próprio.
   a) 12% ao trimestre.
   b) 14% ao trimestre.
   c) 15% ao trimestre.
   d) 16% ao trimestre.
   e) 18% ao trimestre.

141) **(Contador-RJ)** A caixa de funcionários de uma empresa empresta a juros de 10%, cobrados no ato do empréstimo e não no vencimento. Então, um funcionário que toma um empréstimo de R$ 10.000,00, em vez de receber R$ 10.000,00 para pagar R$ 11.000,00, acaba recebendo R$ 9.000,00 para pagar R$ 10.000,00.
   A taxa de juros verdadeiramente cobrada é aproximadamente:
   a) 11,11%.
   b) 11,10%.
   c) 10,11%.
   d) 10,10%.

142) **(AFRM-AR)** Um investidor deseja depositar uma determinada quantia em um banco, para ter o direito de retirar R$ 22.000,00 no prazo de cinco meses e R$ 30.000,00 no prazo de 10 meses. Sabendo-se que o banco remunera seus depósitos com uma taxa de juros simples de 2% ao mês, o menor valor a ser depositado por esse investidor é:
   a) 20.000,00.
   b) 60.200,00.
   c) 48.500,00.
   d) 38.750,00.
   e) 45.000,00.

Gabarito:

1	C	30	A	59	E	88	E	117	C
2	E	31	D	60	A	89	E	118	C
3	B	32	E	61	A	90	C	119	D
4	B	33	A	62	B	91	B	120	D
5	B	34	C	63	B	92	D	121	A
6	A	35	D	64	D	93	C	122	C
7	C	36	D	65	C	94	E	123	B
8	E	37	B	66	A	95	B	124	E
9	B	38	C	67	E	96	A	125	E
10	C	39	C	68	E	97	B	126	D
11	B	40	C	69	B	98	D	127	E
12	E	41	C	70	D	99	E	128	A
13	C	42	E	71	C	100	A	129	A
14	A	43	C	72	C	101	E	130	E
15	D	44	E	73	C	102	D	131	B
16	A	45	E	74	C	103	C	132	D
17	A	46	A	75	E	104	E	133	E
18	B	47	C	76	B	105	E	134	B
19	A	48	A	77	B	106	A	135	C
20	C	49	D	78	B	107	B	136	C
21	B	50	A	79	E	108	D	137	A
22	E	51	D	80	B	109	A	138	A
23	A	52	E	81	E	110	A	139	E
24	E	53	D	82	A	111	D	140	E
25	D	54	E	83	E	112	B	141	A
26	A	55	C	84	C	113	C	142	E
27	B	56	C	85	D	114	B		
28	D	57	C	86	A	115	A		
29	D	58	A	87	D	116	C		

CAPÍTULO 3

DESCONTOS SIMPLES

Vamos supor que você tenha em mãos um cheque pré-datado para dois meses no valor de R$ 120,00 e necessite antecipá-lo para hoje. Essa será uma operação de desconto e é claro que receberá, por ele, um valor inferior a R$ 120,00. Esse cheque, então, estará sendo descontado.

Assim, em uma operação de descontos chamamos:

$N \to$ valor nominal (ou de face): valor do título na data do vencimento.

$A \to$ valor atual (ou valor descontado): valor do título na data do desconto.

O valor do desconto é a diferença entre o valor nominal e o valor atual.

Há duas formas de se efetuar uma operação de desconto de um título: o desconto comercial, bancário ou por fora e o desconto racional, matemático ou por dentro.

Adotada a taxa i de desconto e o prazo t de antecipação, relativos ao mesmo período de tempo, o porcentual de desconto será **p% = i × t**, sendo f o fator de correção associado a um acréscimo de p%.

DESCONTO COMERCIAL, BANCÁRIO OU POR FORA

O desconto comercial, bancário ou por fora (D) é um juro calculado sobre o valor nominal.

D: juro sobre N $\to$ D = p% . N

Assim, D = N i t e aí, como $D = N - A_D$ se tem que $A_D = N - D$.

Exemplos:

1) Voltando ao problema inicial desse capítulo, vamos imaginar que o cheque de valor nominal R$ 120,00 e prazo de dois meses vá ser antecipado adotando-se o desconto comercial em um mercado de taxa mensal simples igual a 10%. Qual o valor desse cheque hoje?

Solução:

$N = 120,00$; $i_D = 10\%$ ao mês; $t = 2$ meses.
p% = i × t = 10% × 2 = 20%.
$A_D = ?$

Como D é um juro sobre N, D corresponde a 20% de N, e
A_D corresponde a 100% − 20% = 80% de N,
$A_D = 0,8 \cdot 120 \rightarrow A_D = 96$
$A_D = 96 \rightarrow D = N - A_D \rightarrow D = 24$.

Resposta: R$ 96,00

TAXA DE JUROS SIMPLES NUMA OPERAÇÃO DE DESCONTO COMERCIAL

Na operação de desconto comercial do cheque de R$ 120,00 com vencimento em dois meses, à taxa simples de 10% ao mês, o valor atual foi R$ 96,00.

Vamos aplicar o valor atual de R$ 96,00 a juros simples nas condições do desconto:

$A = 96$
p% = i × t = 10% × 2 = 20% $\rightarrow f = 1,2$

O valor de resgate dessa aplicação será: 96 × 1,2 = 115,20.

Observe que esse valor de resgate não corresponde ao valor nominal do título.

Para que chegássemos aos R$ 120,00, deveríamos aplicar os R$ 96,00 a uma taxa maior que 10% ao mês. A essa taxa chamamos taxa de juros simples efetiva numa operação de desconto comercial (i_{ef})

Calculando a i_{ef}, temos:

$96,00 \xrightarrow{t = 2m} 120,00$

f = fator de correção $\rightarrow 96 \times f = 120 \rightarrow f = \dfrac{120}{96}$

$f = 1,25 \rightarrow p = 25\%$
$p = i_{ef} \times t \rightarrow 25\% = i_{ef} \times 2 \rightarrow i_{ef} = 12,5\%$ ao mês.
Assim,

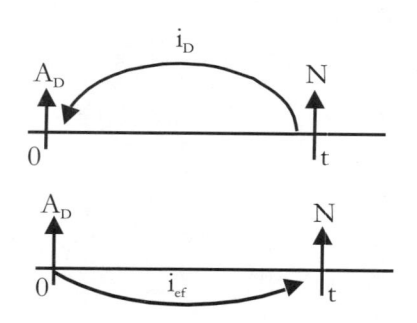

$$i_{ef} > i_D$$

i_{ef}: $\begin{cases} \text{taxa efetiva de juros} \\ \text{taxa implícita da operação} \\ \text{taxa de rentabilidade para o banco} \\ \text{custo real (efetivo) da operação.} \end{cases}$

DESCONTO RACIONAL, MATEMÁTICO OU POR DENTRO

É o desconto (d) que determina um valor atual A_d que, corrigido nas condições de mercado, tem para montante o valor nominal N. Ou seja, d são os juros de que o capital A_d necessita para gerar montante N.

Assim, numa operação de desconto racional d:

$$N \text{ é montante de } A_d \rightarrow N = A_d \times f \rightarrow A_d = \frac{N}{f}$$

e

$$d: \text{juro sobre } A_d \rightarrow d = p\% \cdot A_d$$

Exemplo:

1) Vamos, agora, descontar o cheque de R$ 120,00 adotando o desconto racional e mantendo as mesmas condições.

Solução:

$N = 120$

$p\% = i \times t = 10\% \times 2 = 20\% \rightarrow f = 1,2$

$A_d = ?$

N é montante de A_d

$N = A_d \times 1,2 \rightarrow 120 = A_d \times 1,2 \rightarrow A_d = 100$

$d = N - A_d$

$d = 120 - 100 \rightarrow d = 20$

Observe que, mantidas as mesmas condições,

$d = 20$ e $D = 24$, ou seja, $d < D$.

Resposta: R$ 100,00

RELAÇÃO ENTRE OS DESCONTOS

Desenvolvendo as fórmulas conhecidas do desconto comercial (*D*) e do desconto racional (*d*), chegamos à conclusão de que *D* é montante de *d* nas condições da operação de desconto.

$$D \text{ é montante de } d \rightarrow D = d \times f$$

Uma fórmula que também pode ser útil relaciona o valor nominal (*N*) com os descontos comercial (*D*) e racional (*d*).

$$N = \frac{D \times d}{D - d}$$

Exemplo:

1) O quociente entre os descontos comercial e racional é de 1,06, nas mesmas condições de aplicação. Qual será o prazo de antecipação se a taxa de juros simples for de 2% ao mês?

Solução:

$\frac{D}{d} = 1,06$; $i = 2\%$ ao mês; $t = ?$

$D = 1,06\ d$

Como D é montante de $d \rightarrow f = 1,06 \rightarrow p\% = 6\%$

$6\% = i \times t \rightarrow 6\% = 2\% \times t \rightarrow t = 3$ m.

Resposta: três meses

PROBLEMAS DE APLICAÇÃO

1) (ATE–MS) Uma promissória no valor nominal de R$ 5.000,00 sofre um desconto comercial simples a uma taxa de desconto de 4% ao mês. Qual o valor do desconto, dado que a nota foi resgatada três meses antes do seu vencimento?

 a) R$ 416,70.
 b) R$ 524,32.
 c) R$ 535,71.
 d) R$ 555,00.
 e) R$ 600,00.

Solução:

N = 5.000,00; D; i = 4% ao mês; t = 3 meses

D = ?

p% = i × t → p% = 4% × 3 → p% = 12%

D = 12%.N

D = 12% × 5.000

D = 600,00

Resposta: E

2) (Sefaz–SC) O valor nominal de um título de crédito descontado quatro meses e meio antes de seu vencimento, a uma taxa de desconto de 6% ao ano que sofreu um desconto simples por fora no valor de R$ 225,00, vale:

a) R$ 100.000,00.
b) R$ 1.000,00.
c) R$ 10.000,00.
d) R$ 40.000,00.
e) R$ 30.000,00.

Solução:

N = ?; t = 4,5 meses; i = 6% ao ano = 0,5% ao mês; D = 225,00

p% = i × t → p% = 0,5% × 4,5 → p% = 2,25%

D = p%.N → 225 = 2,25%.N

$N = \dfrac{225}{0,0225} \to N = 10.000,00$

Resposta: C

3) (TFR) O desconto comercial de um título foi de R$ 150,00, adotando-se uma taxa de juros simples de 30% ao ano. Quanto tempo faltaria para o vencimento do título, se o valor nominal do referido título fosse de R$ 4.000,00?

a) 45 dias.
b) 40 dias.
c) 35 dias.
d) 30 dias.
e) 25 dias.

Solução:

D = 150,00; i = 30% ao ano = 2,5% ao mês; N = 4.000,00; t = ?

p% = i × t → p% = 2,5% × t

D = p%.N

150 = 4.000 × 2,5% × t → 150 = 4.000 × 0,025 × t → 150 = 100 × t

$t = \dfrac{150}{100} \to t = 1,5$ mês

t = 45 dias.

Resposta: A

4) Descontando por fora uma promissória de valor nominal R$ 7.350,00 à taxa simples de 3,6% a.m. mais IOF de 1,6% sobre o nominal, dois meses e 10 dias antes do seu vencimento, qual o líquido recebido?

   a) R$ 6.615,00.
   b) R$ 6.638,00.
   c) R$ 6.655,00.
   d) R$ 6.672,00.
   e) R$ 6.684,00.

Solução:

N = 7.350,00; . i = 3,6% ao mês; IOF = 1,6% sobre N

t = 2 meses 10 dias = 70 dias = $\frac{70}{30}$ m → $t = \frac{7}{3}$ meses.

Valor líquido = V = ?

Nesse caso o porcentual p% do desconto total será dado por p% = $i \times t$ + IOF + ... (outros porcentuais que venham a incidir sobre o nominal).

Então p% = 3,6% × $\frac{7}{3}$ + 1,6% = 10%

Total dos descontos de 10%.N

Valor líquido de 90%.N

V = 0,9 × 7.350

V = 6.615,00

Resposta: A

5) Um título de valor nominal R$ 600,00 foi descontado comercialmente 60 dias antes do seu vencimento à taxa simples de 8% ao mês. Calcule a taxa mensal de juros simples efetiva dessa operação.

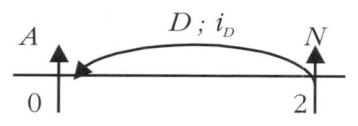

Solução:

N = 600,00; i = 8% ao mês; t = 60 dias = 2 meses

p% = i × t = 8% × 2 = 16%

$D = 16\% \cdot N$

A_D → 100% − 16% = 84% sobre N

A_D = 84% . 600 → A_D = 504

A_D = 504,00; t = 2 meses; N = 600

i_{ef} = ?% a.m.

504 × f = 600

$f = \dfrac{600}{504} \to f = 1{,}190476 \to p\% = 19{,}0476\%$

mas, $p\% = i \times t \to 19{,}0476\% = i_{ef} \times 2 \to i_{ef} \cong 9{,}52\%$ a.m.

Resposta: 9,52% a.m.

Outra solução.

A taxa de juros simples efetiva em uma operação de desconto comercial também pode ser calculada pela fórmula:

$$i_{ef} = \dfrac{i_D}{1 - i_D \times t}$$

Escritas, as taxas, na forma unitária.

Assim, i_D = 8% ao mês = 0,08 a.m.; t = 60 dias = 2 meses

$$i_{ef} = \dfrac{0{,}08}{1 - 0{,}08 \times 2}$$

$i_{ef} = \dfrac{0{,}08}{0{,}84}$

$i_{ef} = 0{,}0952 \times 100\% = 9{,}52\%$ a.m.

Resposta: 9,52% a.m.

6) (TTN) O valor atual racional de um título cujo valor de vencimento é de: $ 256.000,00, daqui a sete meses, sendo a taxa de juros simples, utilizada para o cálculo, de 4% ao mês, é:
   a) $ 200.000,00.
   b) $ 220.000,00.
   c) $ 180.000,00.
   d) $ 190.000,00.

Solução:

d; N = 256.000,00; t = 7 meses; i = 4% ao mês

$p\% = i \times t \to p\% = 4\% \times 7 \to p\% = 28\%$

$A_d = \dfrac{N}{f} \to A_d = \dfrac{N}{1{,}28}$

$A_d = \dfrac{256.000}{1{,}28} \to A_d = 200.000$

Resposta: A

7) (BB) Um título vale $ 20.000,00 no vencimento. Entretanto, poderá ser resgatado antecipadamente, com um desconto racional (por dentro) simples de taxa 12,5% ao trimestre. Quanto tempo antes do vencimento o valor do resgate seria de $ 16.000,00?

a) 1,6 trimestre.
b) 4 meses.
c) 5 meses.
d) 6 meses.
e) 150 dias.

Solução:

N = 20.000,00; d; i = 12,5% ao trimestre; A_d = 16.000,00

t = ?

$N = A_d \times f \rightarrow f = \dfrac{N}{A_d}$

$f = \dfrac{20.000}{16.000} \rightarrow f = 1,25$

p% = 25% → p% = i × t

25% = 12,5% × t

t = 2 trimestres = 6 meses

Resposta: D

8) (Contador–PE) Uma nota promissória é resgatada dois meses antes do seu vencimento com um desconto comercial simples de R$ 330,00 a uma taxa de 5% ao mês. Calcule o valor do desconto caso este fosse um desconto racional simples à mesma taxa.

a) R$ 360,00.
b) R$ 330,00.
c) R$ 300,00.
d) R$ 270,00.
e) R$ 240,00.

Solução:

t = 2 meses; D = 330,00; i = 5% ao mês; d = ?

p% = i × t = 5% × 2 = 10%

D é montante de d → D = d × f

330 = d × 1,1 → d = 300

Resposta: C

9) (AFTN) Uma empresa descontou uma duplicata em um banco que adota uma taxa de 84% a.a. e o desconto comercial simples. O valor do desconto foi de $ 10.164. Se na operação fosse adotado o desconto racional simples, o valor do desconto seria reduzido em $ 1.764. Nessas condições, o valor nominal da duplicata é de:
   a) $ 45.000.
   b) $ 46.700.
   c) $ 47.300.
   d) $ 48.400.
   e) $ 50.000.

Solução:

i = 84% ao ano; D = 10.164; d = D − 1.764

d = 10.164 − 1.764 → d = 8.400

N = ?

D é montante de d → D = d × f

$10.164 = 8.400 \times f \to f = \dfrac{10.164}{8.400} \to f = 1,21$

p% = 21%

$D = 21\%.N \to 10.164 = 21\%.N \to N = \dfrac{10.164}{0,21}$

N = 48.400

Outra solução:

$N = \dfrac{D \times d}{D - d} \to N = \dfrac{10.164 \times 8.400}{1.764}$

N = 48.400,00

Resposta: D

10) (TTN) Admita-se que uma duplicata tenha sido submetida a dois tipos de desconto. No primeiro caso, a juros simples, a uma taxa de 10% a.a., vencível em 180 dias, com desconto comercial (por fora). No segundo caso, com desconto racional (por dentro), mantendo as demais condições. Sabendo-se que a soma dos descontos, por fora e por dentro, foi de R$ 635,50, o valor nominal do título era de R$:
   a) 6.510,00.
   b) 6.430,00.
   c) 6.590,00.
   d) 5.970,00.
   e) 6.240,00.

Solução:

i = 10% ao ano; t = 180 dias = 0,5 ano

p% = i × t → p% = 10% × 0,5 → p% = 5%

f = 1,05

D + d = 635,50: N = ?

D é montante de d → D = d × 1,05

$\begin{cases} D + d = 635,50 \\ D = d \times 1,05 \end{cases}$

Substituindo na primeira equação o valor de D: d × 1,05 + d = 635,50

2,05 × d = 635,50 → d = 310,00 → D = 325,50

D = 5%.N → 325,50 = 5%.N → N = $\dfrac{325.50}{0,05}$

N = 6.510

Resposta: A

11) Deseja-se substituir um título de valor nominal R$ 7.500,00, vencível em 3 meses, por outro com vencimento em 5 meses. Sabendo-se que esses títulos podem ser descontados à taxa simples de 5% ao mês, qual o valor nominal comercial do novo título?

Solução:

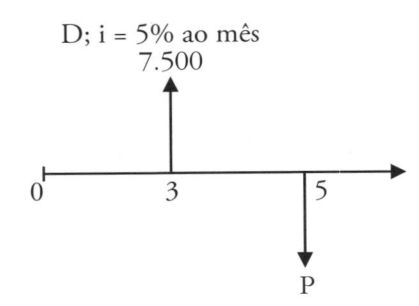

Como o título para 5 meses irá substituir o título para 3 meses, dizemos que esses títulos são equivalentes. Então, têm o mesmo valor atual quando descontados em uma mesma data, fixada pelo problema, que é chamada **data de referência** ou **data focal**. No caso de o problema não indicar essa data fica convencionada de data 0.

Vamos, então, descontar esses títulos na data zero e igualar os seus valores atuais.

N = 7.500,00; i = 5% ao mês; t = 3 meses

p% = i × t → p% = 5% × 3 → p% = 15%

D = 15%.N

A = 85% × 7.500

N = P
p% = i × t → p% = 5% × 5 → p% = 25%
D = 25%.N
A = 75%. P

Como são equivalentes: 85% × 7.500 = 75%.P

$$P = \frac{85\% \times 7.500}{75\%} \to P = 8.500,00$$

Resposta: R$ 8.500,00

12) Luíza tem uma dívida de R$ 1.000,00 com vencimento para 40 dias, mas deseja substituir esse compromisso por um pagamento no ato de R$ 300,00 mais um título para 70 dias. Se a taxa de desconto comercial é de 6% ao mês e a data de referência é o instante 0, qual o valor desse novo título?

Solução:

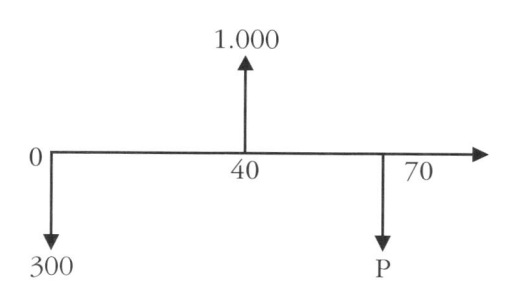

D; i = 6% ao mês = $\frac{6\%}{30}$ = 0,2% ao dia; data de referência: 0

N = 1.000,00; t = 40 dias
p% = i × t → p% = 0,2% × 40 → p% = 8%
D = 8%.N → A = 92% × 1.000
A = 920,00

N = P (data 70 dias) e 300,00 (data 0)
p% = i × t → p% = 0,2% × 70 → p% = 14%
D = 14%.P → A = 86%.P

Como os sistemas de pagamentos serão equivalentes:
920 = 300 + 0,86P → 0,86P = 620
P = 720,93

Resposta: R$ 720,93

13) Uma dívida no valor de R$ 2.600,00 é negociada para pagamento em três prestações ao final do segundo, do quinto e do décimo mês. Se a taxa de juros simples da operação é de 4% ao mês, o valor da primeira prestação é R$ 648,00 e o valor da segunda prestação é o dobro do valor da terceira. O valor, em reais, da terceira prestação, adotado o desconto racional simples, é:

a) 840,00.
b) 860,00.
c) 900,00.
d) 920,00.
e) 950,00.

Solução:

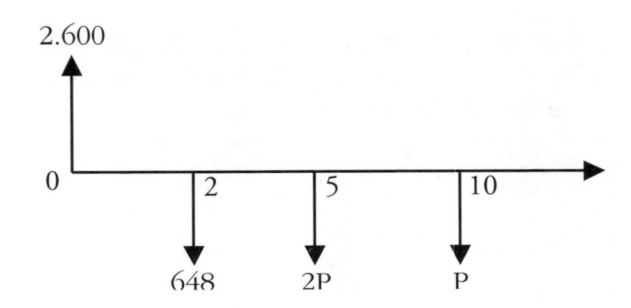

d; i = 4% ao mês; data referência é 0

Vamos descontar todas as prestações para a data 0, adotando o desconto racional, e igualar ao valor da dívida.

$N = 648,00$; $p\% = i \times t \rightarrow p\% = 4\% \times 2 = 8\% \rightarrow f = 1,08$

$N = 2P$; $p\% = i \times t \rightarrow p\% = 4\% \times 5 = 20\% \rightarrow f = 1,2$

$N = P$; $p\% = i \times t \rightarrow p\% = 4\% \times 10 = 40\%$. $\rightarrow f = 1,4$

Como no desconto racional $A_d = \dfrac{N}{f}$,

$2.600 = \dfrac{648}{1,08} + \dfrac{2P}{1,2} + \dfrac{P}{1,4}$

$2.600 = 600 + \dfrac{P}{0,6} + \dfrac{P}{1,4}$ .... $2.000 = \dfrac{10P}{6} + \dfrac{10P}{14}$

Mmc(6, 14) = 42

$2.000 \times 42 = 10P \times 7 + 10P \times 3$

$2.000 \times 42 = 100P$

P = 840

Resposta: A

Questões de Concursos

1) (Bacen) O valor do desconto simples por fora, de um título de R$ 2.000,00, com vencimento para 120 dias à taxa de 3% ao mês, é, em reais:
   a) 320,00.
   b) 120,00.
   c) 240,00.
   d) 340,00.
   e) 420,00.

2) (Sefaz–MS) Determine o valor atual de um título descontado (desconto simples por fora) dois meses antes do vencimento, sendo a taxa de desconto 10% a.m. e o valor de face igual a R$ 2.000,00.
   a) R$ 1.580,00.
   b) R$ 1.600,00.
   c) R$ 1.640,00.
   d) R$ 1.680,00.
   e) R$ 1.720,00.

3) (Petrobras) Uma empresa, com problemas de liquidez, encaminhou ao Banco XDS títulos que totalizavam R$ 20.000,00, com vencimento para 27 dias a partir da data da negociação, e a operação foi fechada com uma taxa de desconto comercial simples de 16% a.m. (considerando o ano comercial).
   O valor liberado, em reais, foi mais próximo de:
   a) 22.880,00.
   b) 22.222,00.
   c) 19.881,00.
   d) 17.120,00.
   e) 16.444,00.

4) (Sefaz–SP) O valor do desconto de um título, em um banco, é igual a 2,5% do seu valor nominal. Sabe-se que este título foi descontado 50 dias antes de seu vencimento, segundo uma operação de desconto comercial simples e considerando a convenção do ano comercial. A taxa anual de desconto correspondente é igual a:
   a) 12%.
   b) 15%.
   c) 18%.
   d) 20%.
   e) 24%.

5) (Sefaz–CE) Qual o valor hoje de um título de valor nominal de R$ 24.000,00, vencível ao fim de seis meses, a uma taxa de 40% ao ano, considerando um desconto simples comercial?
   a) R$ 19.200,00.
   b) R$ 20.000,00.
   c) R$ 20.400,00.
   d) R$ 21.000,00.
   e) R$ 21.600,00.

6) (Petrobras) A Empresa Gasosa, buscando capital de giro, resolve descontar R$ 45.000,00 em duplicatas, com uma antecipação de 10 dias de seu vencimento. Esta operação será realizada na modalidade de desconto comercial simples, a uma taxa de 10% a.m. O montante, em reais, obtido pela Empresa Gasosa, nessa operação, será:
   a) 40.500,00.
   b) 43.500,00.
   c) 43.650,00.
   d) 44.100,00.
   e) 44.550,00.

7) (Sefaz–RJ) Um título com valor de R$ 5.000,00, com 1 mês para seu vencimento, é descontado no regime de juros simples a uma taxa de desconto "por fora" de 3% ao mês. O valor presente do título é igual a:
   a) R$ 5.500,00.
   b) R$ 5.150,00.
   c) R$ 4.997,00.
   d) R$ 4.850,00.
   e) R$ 4.500,00.

8) (Sefaz–AP) Pedro desconta um título de R$ 7.000,00 com vencimento de 60 dias em um banco que cobra taxa de desconto simples "por fora" de 4% ao mês. Pedro receberá:
   a) R$ 6.720,00.
   b) R$ 6.471,89.
   c) R$ 6.451,20.
   d) R$ 6.440,00.
   e) R$ 6.160,00.

9) (Petrobras) Um título no valor de R$ 1.500,00, com 90 dias a decorrer até o seu vencimento, está sendo negociado, com uma taxa de desconto comercial simples de 20% a.a. Considerando-se o ano comercial com 360 dias, tem-se que o valor liberado foi, em reais, de:
   a) 900,00
   b) 1.250,00
   c) 1.425,00
   d) 1.575,00
   e) 1.800,00

10) (Termomacaé) A Empresa Genetical Center apresentou para desconto no Banco Atlântico S/A uma duplicata no valor de R$ 12.000,00, com vencimento para 25 dias. Sabendo-se que o banco cobra uma taxa de desconto simples de 3% ao mês, o valor líquido liberado pelo banco, em reais, foi:
    a) 10.999,37.
    b) 11.333,33.
    c) 11.366,66.
    d) 11.666,33.
    e) 11.700,00.

11) (Petrobras) A fim de antecipar o recebimento de cheques pré-datados, um lojista paga 2,5% a.m. de desconto comercial. Em março, ele fez uma promoção de pagar somente depois do Dia das Mães e recebeu um total de R$ 120.000,00 em cheques pré-datados, com data de vencimento para 2 meses depois.
    Nesta situação, ele pagará, em reais, um desconto total de:
    a) 6.000,00.
    b) 5.200,00.
    c) 5.000,00.
    d) 4.500,00.
    e) 4.000,00.

12) **(BB)** Uma duplicata foi descontada em R$ 700,00, pelos 120 dias de antecipação. Se foi usada uma operação de desconto comercial simples, com a utilização de uma taxa anual de desconto de 20%, o valor atual do título era de:
   a) R$ 7 600,00.
   b) R$ 8 200,00.
   c) R$ 9 800,00.
   d) R$ 10 200,00.
   e) R$ 10 500,00.

13) **(ISS-RJ)** Um título sofre um desconto simples por fora de R$ 2.500,00 quatro meses antes do seu vencimento a uma taxa de desconto de 2,5% ao mês. Qual é o valor mais próximo do valor nominal do título?
   a) R$ 22.500,00.
   b) R$ 25.000,00.
   c) R$ 17.500,00.
   d) R$ 20.000,00.
   e) R$ 27.500,00.

14) **(CVM)** Um título de valor de face de R$ 100.000,00 vence no dia 31 de julho. Calcule o desconto comercial simples no dia 11 do mesmo mês, a uma taxa de desconto de 6% ao mês:
   a) R$ 4.000,00.
   b) R$ 3.000,00.
   c) R$ 2.000,00.
   d) R$ 1.500,00.
   e) R$ 1.000,00.

15) **(CVM)** Uma nota promissória no valor nominal de R$ 50.000,00 vence no dia 30 de abril. Uma negociação para resgatá-la no dia 10 de abril, a uma taxa de desconto comercial simples de 4,5% ao mês, implicaria num desembolso de:
   a) R$ 44.000,00.
   b) R$ 45.500,00.
   c) R$ 47.000,00.
   d) R$ 48.500,00.
   e) R$ 50.000,00.

16) **(Petrobras)** Considerando-se uma operação de desconto de 60 dias, para um título com um valor de resgate de R$ 12.000,00 e valor liberado de R$ 11.500,00 a taxa mensal de desconto comercial simples utilizada foi de:
   a) 2,08%.
   b) 2,15%.
   c) 2,70%.
   d) 3,03%.
   e) 4,34%.

17) **(Sefaz–RS)** Necessitando de capital de giro para manter seu negócio em atividade, um empresário desconta junto a seu banco uma duplicata de valor nominal igual a R$ 15.000,00, 21 dias antes de seu vencimento. Sabendo que o banco aplica uma taxa de desconto bancário simples de 2% ao mês, assinale a alternativa que contém o valor descontado (o valor atual) dessa operação.
   a) R$ 14.820,00.
   b) R$ 14.790,00.
   c) R$ 14.775,00.
   d) R$ 14.760,00.
   e) R$ 14.730,00.

18) (TRE–SP) Ao descontar em um banco, 2 meses antes de seu vencimento, um título de valor nominal igual a R$ 30.000,00, uma empresa recebe na data da operação de desconto comercial simples o valor de R$ 28.500,00. Utilizando a mesma taxa de desconto anterior e ainda a operação de desconto comercial simples, descontando um título de valor nominal de R$ 24.000,00, 3 meses antes de seu vencimento, receberá:
a) R$ 20.000,00.
b) R$ 21.000,00.
c) R$ 22.000,00.
d) R$ 22.200,00.
e) R$ 22.500,00.

19) (CVM) Certa empresa desconta em um banco três duplicatas na mesma data, à taxa de desconto comercial simples de 6% ao mês, conforme abaixo:

DUPLICATA	VALOR NOMINAL (R$)	PRAZO ATÉ O VENCIMENTO
1	10.000,00	30 dias
2	12.000,00	75 dias
3	20.000,00	90 dias

O valor líquido recebido pela empresa foi de:
a) R$ 42.000,00.
b) R$ 39.000,00.
c) R$ 36.720,00.
d) R$ 36.000,00.
e) R$ 25.620,00.

20) (Petrobras) Uma pequena empresa acertou com um de seus fornecedores a aquisição de materiais que este deixará de comercializar. Em virtude de serem parceiros comerciais de longa data e de se tratar de valor relativamente pequeno, ficou combinado que o montante devido em relação a essa compra seria pago de uma só vez, dois anos após a celebração do contrato, e não incidiria correção monetária sobre a quantia devida. Estabeleceu-se, todavia, que o referido montante seria acrescido de juros que convencionaram em meio por cento ao mês sobre o regime de juros simples. Assim, atingindo-se o prazo combinado, a empresa pagou a seu fornecedor a quantia total de R$ 5.600,00. Considerando essas informações, o valor, em reais, da compra realizada foi:
a) 2.545,45.
b) 2.800,00.
c) 4.516,13.
d) 5.000,00.
e) 5.533,60.

21) (Petrobras) Um banco descontou uma duplicata no valor de R$ 5.000,00 para a Loja Arbe, com um prazo de vencimento para 10 dias. A taxa de desconto comercial simples cobrada pelo banco foi de 4,2% a.m. (ano comercial). O valor do desconto, em reais, foi de:
a) 68,00.
b) 70,00.
c) 97,00.
d) 140,00.
e) 201,00.

22) **(Economista–CEAL)** Em uma certa data, uma empresa desconta em um banco os seguintes títulos:

Título A: Valor nominal de R$ 10.000,00, descontado 60 dias antes de seu vencimento.

Título B: Valor nominal de R$ 15.000,00, descontado 90 dias antes de seu vencimento e com a mesma taxa de desconto comercial usada para o título A.

Sabendo-se que a soma dos valores recebidos pela empresa através destas duas operações foi de R$ 23.050,00, tem-se que a taxa de desconto comercial simples utilizada pelo banco, ao ano, foi de:
- a) 18%.
- b) 24%.
- c) 30%.
- d) 36%.
- e) 42%.

23) **(BNDES)** Uma empresa fez o desconto de duplicatas de sua emissão junto a uma instituição financeira. O valor nominal dos títulos descontados montava a R$ 60.000,00. A taxa de desconto simples, cobrada pela instituição financeira, é de 2% ao mês. Houve também a cobrança de despesas bancárias no valor de R$ 1.000,00. O prazo de vencimento dos títulos era de 60 dias. O valor creditado pelo banco na conta corrente da empresa foi de:
- a) R$ 55.000,00.
- b) R$ 55.500,00.
- c) R$ 56.600,00.
- d) R$ 57.600,00.
- e) R$ 59.000,00.

24) **(Petrobras)** Uma empresa desconta um título de valor nominal R$ 20.000,00 e vencimento em 28 de dezembro em um banco que adota o desconto comercial simples de taxa 4,5% ao mês. Se a antecipação ocorre no dia 10 do mesmo mês, o valor creditado na conta da empresa é igual a:
- a) R$ 19.100,00.
- b) R$ 19.280,00.
- c) R$ 19.460,00.
- d) R$ 19.540,00.
- e) R$ 19.620,00.

25) **(Petrobras)** Uma empresa descontou um título com valor nominal igual a R$ 12.000,00, quatro meses antes de seu vencimento, mediante uma taxa de desconto simples igual a 3% ao mês. Sabendo que a empresa pagará ainda uma tarifa de 8% sobre o valor nominal, a empresa deverá receber, em reais:
- a) 12.000,00.
- b) 10.000,00.
- c) 9.600,00.
- d) 9.200,00.
- e) 9.000,00.

26) **(Sefaz-RJ)** Um título com valor de R$ 15.000,00 a vencer em 4 meses é descontado no regime de juros simples a uma taxa de desconto "por fora" de 6,25% ao mês. O valor presente do título é igual a:
- a) R$ 11.250.
- b) R$ 11.769.
- c) R$ 10.850.
- d) R$ 9.750.
- e) R$ 12.000.

27) **(BNDES)** Uma promissória sofrerá desconto comercial 2 meses e 20 dias antes do vencimento, à taxa simples de 18% ao ano.

O banco que descontará a promissória reterá, a título de saldo médio, 7% do valor de face durante o período que se inicia na data do desconto e que termina na data do vencimento da promissória. Há ainda IOF de 1% sobre o valor nominal. Para que o valor líquido, recebido no momento do desconto, seja R$ 4.620,00, o valor nominal, em reais, desprezando-se os centavos, deverá ser:
   a) 5.104.
   b) 5.191.
   c) 5.250.
   d) 5.280.
   e) 5.344.

28) **(Sefaz–RJ)** Um banco desconta (desconto simples por fora), dois meses antes do vencimento, promissórias com taxa de desconto de 5% ao mês e exige que 20% do valor de face da promissória sejam aplicados em um CDB que rende 6% nesses dois meses. A taxa bimestral de juros cobrada pelo banco é de, aproximadamente:
   a) 9,2%.
   b) 12,6%.
   c) 11,1%.
   d) 10,3%.
   e) 18,4%.

29) **(TCM–RJ)** A empresa Topa-Tudo submete o seguinte borderô de duplicatas a uma instituição financeira para desconto:

Duplicatas (unidades)	Prazo de Vencimento (dias)	Valor Total por Vencimento (R$)
10	13	50.000,00
08	22	40.000,00
05	25	20.000,00

A taxa de desconto utilizada pela instituição financeira é de 3,5% ao mês e independe dos prazos de vencimento dos títulos. Assim, o prazo médio da operação de desconto é, em dias, de:
   a) 20.
   b) 18,73.
   c) 18,45.
   d) 17,43.

30) **(AFC)** Considere três títulos de valores nominais iguais a R$ 5.000,00, R$ 3.000,00 e R$ 2.000,00. Os prazos e as taxas de desconto bancário simples são, respectivamente, três meses a 6% ao mês, quatro meses a 9% ao mês e dois meses a 60% ao ano. Desse modo, o valor mais próximo da taxa média mensal de desconto é igual a:
   a) 7%.
   b) 6%.
   c) 6,67%.
   d) 7,5%.
   e) 8%.

31) (CEF) Uma empresa desconta no Banco Alpha, em uma mesma data, dois títulos com valores nominais diferentes. O de maior valor nominal foi descontado 2 meses antes do seu vencimento e o respectivo valor do desconto foi igual a R$ 480,00. O outro título foi descontado 4 meses antes de seu vencimento e o valor do desconto também foi igual a R$ 480,00.

Sabendo-se que o Banco trabalha com uma taxa de desconto comercial simples de 30% ao ano, tem-se que a soma dos valores recebidos pela empresa, referente a estes dois títulos, na data em que ocorrem os descontos, foi de:
   a) R$ 14.400,00.
   b) R$ 13.440,00.
   c) R$ 12.840,00.
   d) R$ 12.480,00.
   e) R$ 10.200,00.

32) (TCM–RJ) Dois títulos de crédito vencíveis em, respectivamente, oito e seis meses foram descontados juntos pela modalidade do desconto comercial simples a uma taxa de desconto de 5% ao mês, sofrendo um desconto total de R$ 640,00. Se a operação fosse realizada dois meses depois, o valor do desconto totalizaria R$ 450,00. A soma dos valores nominais dos títulos é de:
   a) R$ 1.090,00.
   b) R$ 1.800,00.
   c) R$ 1.900,00.
   d) R$ 2.000,00.
   e) R$ 2.100,00.

33) (APO–RJ) Uma companhia necessita captar R$ 10.000,00 para saldar um compromisso assumido. Para isto, procura um banco e oferece um título, cujo valor de emissão é de R$ 6.000,00, prazo de 24 meses e taxa de juros de 4% a.m.(juros simples). Quanto restará para ser captado se a taxa de desconto (desconto simples por fora) praticada pelo banco é de 5% a.m. e faltam quatro meses para o vencimento do título?
   a) R$ 590,12.
   b) R$ 594,48.
   c) R$ 598,00.
   d) R$ 592,00.

34) (Petrobras) A Empresa Y tem um prazo de 45 dias para pagamento de um fornecedor, no valor de R$ 1.000,00, com a opção de efetuar o pagamento à vista, com 20% de desconto. A taxa efetiva de financiamento que a empresa vai utilizar para efetuar o pagamento no prazo máximo permitido será:
   a) 12,0%.
   b) 13,5%.
   c) 16,0%.
   d) 20,0%.
   e) 25,0%.

35) (Tec. Cont.–RJ) Um cliente assinou uma duplicata, aceitando as seguintes condições impostas por seu banco:
1º) o prazo do título era de 50 dias;
2º) a taxa de desconto simples era de 12% ao mês.
Neste caso, qual a taxa de rentabilidade mensal para o Banco?
a) 12%.
b) 15%.
c) 18%.
d) 20%.
e) 25%.

36) (Sefaz–MS) Uma empresa descontou em um banco uma duplicata de R$ 2.000,00 dois meses e meio antes de seu vencimento, a uma taxa de desconto comercial de 4% a.m. A taxa efetiva de juros da operação no período foi:
a) 10% .
b) 10,44%.
c) 10,77%.
d) 11,11%.

37) (CEF) Um determinado Banco realiza operações de desconto utilizando a taxa de desconto simples de 2,8% a.m. A taxa efetiva mensal cobrada numa operação com prazo de 45 dias é de, aproximadamente:
a) 4,05%.
b) 3,80%.
c) 2,90%.
d) 2,88%.
e) 2,69%.

38) (CVM) Determinado título é descontado 6 meses antes de seu vencimento à taxa de desconto comercial simples de 6% ao mês. A taxa efetiva semestral correspondente a esta operação é de:
a) 24%.
b) 32%.
c) 36%.
d) 42,50%.
e) 56,25%.

39) (AFC) Um indivíduo obteve um desconto de 10% sobre o valor de face de um título ao resgatá-lo um mês antes de seu vencimento em um banco. Como esta operação representou um empréstimo realizado pelo banco, obtenha a taxa de juros simples em que o banco aplicou os seus recursos nessa operação.
a) 9% ao mês.
b) 10% ao mês.
c) 11,11 % ao mês.
d) 12,12% ao mês.
e) 15% ao mês.

40) (Serpro) No mercado futuro de juros, um título no valor nominal de R$ 100,00 tem hoje, um mês antes do seu vencimento, um PU (preço unitário) de R$ 91,00, ou seja, o título sofre um desconto de 9%. Qual a taxa de juros mensal que o mercado está projetando?
   a) 9,00%.
   b) 9,89%.
   c) 10,00%.
   d) 10,05%.
   e) 11,00%.

41) (Contador–Sanepar) Se a taxa de desconto comercial simples for de 4% ao mês e o prazo de vencimento de uma duplicata for de 54 dias, qual a taxa mensal de juros simples da operação?
   a) 3,57%.
   b) 4,00%.
   c) 4,31%.
   d) 4,54%.
   e) 5,21%.

42) (FT–Niterói) Patrícia foi a um banco descontar uma duplicata com valor de face igual a R$ 10.000,00 e vencimento em 90 dias. A taxa de desconto praticada pela instituição é 4% ao mês (mês comercial). O valor líquido recebido por Patrícia nesta operação e seu custo real mensal a juros simples, desprezando-se o recolhimento tributário, são, respectivamente:
   a) R$ 8.800,00 e 4,55% a.m.
   b) R$ 8.800,00 e 4,00% a.m.
   c) R$ 8.400,00 e 4,76% a.m.
   d) R$ 8.400,00 e 4,00% a.m.

43) (AFC) Marcos descontou um título 45 dias antes de seu vencimento e recebeu R$ 370.000,00. A taxa de desconto comercial simples foi de 60% ao ano. Assim, o valor nominal do título e o valor mais próximo da taxa efetiva da operação são, respectivamente, iguais a:
   a) R$ 550.000,00 e 3,4% ao mês.
   b) R$ 400.000,00 e 5,4% ao mês.
   c) R$ 450.000,00 e 64,8% ao ano.
   d) R$ 400.000,00 e 60% ao ano.
   e) R$ 570.000,00 e 5,4% ao mês.

44) (Contador–RJ) Uma duplicata de R$ 20.000,00 foi descontada pela modalidade de desconto comercial simples 120 dias antes do vencimento. Sabendo-se que o valor líquido liberado pelo banco foi de R$ 18.000,00 e que o banco cobrou uma comissão de 2% sobre o valor nominal da duplicata, a taxa mensal de desconto e a taxa linear efetiva da operação são respectivamente:
   a) 2,0% ao mês e 2,18% ao mês.
   b) 2,0% ao mês e 2,78% ao mês.
   c) 2,5% ao mês e 2,0% ao mês.
   d) 2,5% ao mês e 2,48% ao mês.
   e) 2,4% ao mês e 1,98% ao mês.

45) (BB) Uma empresa foi a um banco e descontou duplicatas no valor total de R$ 18.000,00, 108 dias antes do seu vencimento. Sabendo-se que o banco cobrou comissão de 0,5% sobre o valor total das duplicatas, e que a taxa de desconto foi de 30% ao ano, a taxa anual real da operação para o cliente está entre:
a) 36% e 38%.
b) 34% e 36%.
c) 32% e 34%.
d) 30% e 32%.
e) 28% e 30%.

46) (ISS–SP) Uma nota promissória de valor nominal R$ 7.200,00 foi resgatada 50 dias antes do vencimento, à taxa mensal de 2,4%, com desconto simples comercial. A taxa efetiva mensal cobrada nessa transação foi de:
a) 2,9%.
b) 2,8%.
c) 2,6%.
d) 2,5%.
e) 2,2%.

47) (BB) Uma LTN, cujo prazo a decorrer até o seu vencimento é de 36 dias, está sendo negociada com uma rentabilidade efetiva linear de 24% ao ano. A taxa de desconto anual embutida é de:
a) 23,44%.
b) 23,48%.
c) 23,52%.
d) 23,46%.
e) 23,50%.

48) (BB) Uma operação com LTN, que tem 39 dias para o seu vencimento, está sendo negociada a uma taxa de rentabilidade de 1,20% ao mês. A taxa de desconto anual correspondente será de:
a) 13,58%.
b) 13,78%.
c) 13,98%.
d) 14,18%.
e) 14,48%.

49) (APO –RJ) Uma Empresa dispõe de uma duplicata de R$ 12.000,00, com vencimento em três meses. Ao procurar um banco e propor o desconto da duplicata, é informada que a taxa de desconto simples por fora é de 10% a.m. e ainda há a cobrança de uma taxa fixa de R$ 20,00 (cobrada na data de desconto) a título de taxa de administração. Que taxa de juros simples mensal equivalente foi cobrada pelo banco, referente ao adiantamento dos recursos?
a) 14,10%.
b) 14,40%.
c) 14,15%.
d) 14,60%.

50) **(Eletrobras)** No desconto de uma duplicata com 3 meses de antecedência, um banco pratica uma taxa de desconto comercial de 4% a.m. Então, a taxa efetiva de desconto, ou seja, aquela que leva, pelo desconto racional, ao mesmo valor obtido pelo desconto comercial, é:
   a) 3,82%.
   b) 3,98%.
   c) 4,00%.
   d) 4,20%.
   e) 4,55%.

51) **(AFRFB)** Um banco deseja operar a uma taxa efetiva de juros simples de 24% ao trimestre para operações de cinco meses. Deste modo, o valor mais próximo da taxa de desconto comercial trimestral que o banco deverá cobrar em suas operações de cinco meses deverá ser igual a:
   a) 19%.
   b) 18,24%.
   c) 17,14%.
   d) 22%.
   e) 24%.

52) **(TCM–RJ)** Uma empresa detém uma duplicata com valor de face de R$ 1.000,00 e vencimento em dois meses, a contar de hoje.

   Em um determinado banco, essa duplicata, ao ser operada em desconto (simples comercial), sofre uma retenção de 12% do seu valor nominal, a título de saldo médio, que permanece bloqueado na conta da empresa do dia da operação até a data de vencimento do título. O valor líquido recebido pela empresa nessa operação foi igual a R$ 800,00.

   A taxa de desconto simples comercial mensal praticada pelo banco e a taxa efetiva mensal (taxa real), com base no regime de juros simples, paga pela empresa, são, respectivamente, em torno de:
   a) 4,00% e 4,35%.
   b) 4,00% e 5,00%.
   c) 4,35% e 6,52%.
   d) 4,55% e 5,00%.

53) **(BNB)** Em uma operação de desconto racional simples com antecipação de 5 meses, o valor descontado foi de R$ 8.000,00 e a taxa de desconto foi 5% ao mês. Qual o valor de face desse título?
   a) R$ 10.000,00.
   b) R$ 10.666,67.
   c) R$ 32.000,00.
   d) R$ 40.000,00.
   e) R$ 160.000,00.

54) **(BB)** Um título de $ 8.000,00 sofreu um desconto racional de $ 2.000,00, oito meses antes do vencimento. Qual a taxa anual empregada?
   a) 28%.
   b) 37,5%.
   c) 45%.
   d) 50%.
   e) 52,5%.

55) **(AFT)** Um título sofre um desconto simples por dentro de R$ 10.000,00 cinco meses antes do seu vencimento a uma taxa de desconto de 4% ao mês. Qual o valor mais próximo do valor nominal do título?
   a) R$ 60.000,00.
   b) R$ 46.157,00.
   c) R$ 56.157,00.
   d) R$ 50.000,00.
   e) R$ 55.000,00.

56) **(Sefaz–SP)** Um comerciante poderá escolher uma das opções abaixo para descontar, hoje, um título que vence daqui a 45 dias.
   I.   Banco A: a uma taxa de 2% ao mês, segundo uma operação de desconto comercial simples, recebendo no ato o valor de R$ 28.178,50.
   II. Banco B: a uma taxa de 2,5% ao mês, segundo uma operação de desconto racional simples.
   Utilizando a convenção do ano comercial, caso opte por descontar o título do Banco B, o comerciante receberá no ato do desconto o valor de:
   a) R$ 28.401,60.
   b) R$ 28.160,00.
   c) R$ 28.000,00.
   d) R$ 27.800,00.
   e) R$ 27.200,00.

57) **(EPE)** Seja um título com valor nominal de R$ 4.800,00, vencível em dois meses, que está sendo liquidado agora. Sendo de 10% a.m. a taxa de desconto simples adotada, é correto afirmar que o desconto:
   a) comercial ou "por fora" é de R$ 960,00.
   b) comercial ou "por fora" é de R$ 480,00.
   c) comercial ou "por fora" é de R$ 200,00.
   d) racional ou "por dentro" é de R$ 1.008,00.
   e) racional ou "por dentro" é de R$ 480,00.

58) **(AFR–PB)** Ao descontar em um banco, 2 meses antes de seu vencimento, um título de valor nominal igual a R$ 30.000,00, uma empresa recebe na data da operação de desconto comercial simples o valor de R$ 28.500,00. Utilizando a mesma taxa de desconto anterior e ainda a operação de desconto comercial simples, descontando um título de valor nominal de R$ 24.000,00, 3 meses antes de seu vencimento, receberá:
   a) R$ 20.000,00.
   b) R$ 21.000,00.
   c) R$ 22.000,00.
   d) R$ 22.200,00.
   e) R$ 22.500,00.

59) **(Contador–RJ)** Duas letras foram descontadas a uma taxa simples de desconto de 10% ao mês. O valor nominal da primeira letra é R$ 10.000,00 maior que o valor nominal da segunda e foi descontada na modalidade de desconto comercial simples seis meses antes do vencimento; a segunda foi descontada na modalidade de desconto racional simples cinco meses antes do vencimento. Se o valor total do desconto sofrido pelas duas letras é de R$ 34.000,00, os valores nominais das letras são, respectivamente:
   a) R$ 40.000,00 e R$ 30.000,00.
   b) R$ 20.600,00 e R$ 30.600,00.
   c) R$ 34.000,00 e R$ 32.000,00.
   d) R$ 44.000,00 e R$ 34.000,00.
   e) R$ 48.000,00 e R$ 38.000,00.

60) **(Segas)** Um título foi descontado 42 dias antes de seu vencimento a uma taxa de desconto de 30% ao ano. Considerando-se o critério do desconto racional simples e a convenção do ano comercial, foi obtido um desconto de R$ 700,00. Caso a operação tivesse sido a do desconto comercial simples, o valor do desconto seria superior ao do primeiro caso em:
   a) R$ 44,10.
   b) R$ 39,20.
   c) R$ 34,30.
   d) R$ 29,40.
   e) R$ 24,50.

61) **(AFRF)** O desconto racional simples de uma nota promissória, cinco meses antes do vencimento, é de R$ 800,00, a uma taxa de 4% ao mês. Calcule o desconto comercial simples correspondente, isto é, considerando o mesmo título, a mesma taxa e o mesmo prazo.
   a) R$ 960,00.
   b) R$ 666,67.
   c) R$ 973,32.
   d) R$ 640,00.
   e) R$ 800,00.

62) **(PMSP)** Dois títulos de valores nominais iguais são descontados 45 dias antes de seus vencimentos. Em um dos títulos foi utilizada a operação do desconto racional simples e no outro, a operação do desconto comercial simples. Em ambos os casos, considerou-se a taxa de desconto de 3% ao mês e a convenção do mês comercial. Se o valor do desconto correspondente ao título em que se utilizou a operação do desconto racional simples foi igual a R$ 900,00, então o valor do desconto do outro título foi igual a:
   a) R$ 909,00.
   b) R$ 918,00.
   c) R$ 922,50.
   d) R$ 931,50.
   e) R$ 940,50.

63) (TCM–RJ) Um título de crédito foi descontado pela modalidade de desconto comercial simples seis meses antes de seu vencimento a uma taxa de desconto de 10% ao mês, totalizando um desconto de R$ 30.000,00. Se fosse aplicada a modalidade de desconto racional simples, o valor do desconto totalizaria:
   a) R$ 18.250,00.
   b) R$ 18.750,00.
   c) R$ 19.200,00.
   d) R$ 19.750,00.
   e) R$ 20.500,00.

64) (Bacen) Um título deve sofrer um desconto comercial simples de R$ 560,00 três meses antes do seu vencimento. Todavia uma negociação levou à troca do desconto comercial por um desconto racional simples. Calcule o novo desconto, considerando a taxa de 4% ao mês.
   a) R$ 500,00.
   b) R$ 540,00.
   c) R$ 560,00.
   d) R$ 600,00.
   e) R$ 620,00.

65) (AFRF) Um título sofre um desconto comercial de R$ 9.810,00 três meses antes do seu vencimento a uma taxa de desconto simples de 3% ao mês. Indique qual seria o desconto à mesma taxa se o desconto fosse simples e racional.
   a) R$ 9.810,00.
   b) R$ 9.521,34.
   c) R$ 9.500,00.
   d) R$ 9.200,00.
   e) R$ 9.000,00.

66) (Susep) Um título sofre desconto simples comercial de R$ 1.856,00, quatro meses antes do seu vencimento a uma taxa de desconto de 4% ao mês. Calcule o valor do desconto correspondente à mesma taxa, caso fosse um desconto simples racional.
   a) R$ 1.600,00.
   b) R$ 1.650,00.
   c) R$ 1.723,75.
   d) R$ 1.800,00.
   e) R$ 1.856,00.

67) (ISS–SP) Em uma operação de resgate de um título, a vencer em 4 meses, a taxa anual empregada deve ser de 18%. Se o desconto comercial simples excede o racional simples em R$ 18,00, o valor nominal do título é:
   a) R$ 5.900,00.
   b) R$ 5.750,00.
   c) R$ 5.600,00.
   d) R$ 5.450,00.
   e) R$ 5.300,00.

68) **(TCI) Dois títulos com o mesmo valor nominal foram descontados cinco meses antes do vencimento, aplicando-se uma taxa simples de desconto de 2% ao mês. O primeiro foi descontado pela modalidade de desconto racional simples, e o segundo pelo desconto comercial simples. Se o desconto sofrido totalizou R$ 23.100,00, o valor nominal de cada título é de:**
   a) R$ 111.000,00.
   b) R$ 112.000,00.
   c) R$ 114.000,00.
   d) R$ 117.000,00.
   e) R$ 121.000,00.

69) **(AFPS) Um título no valor nominal de R$ 10.900,00 deve sofrer um desconto comercial simples de R$ 981,00 três meses antes do seu vencimento. Todavia uma negociação levou à troca do desconto comercial por um desconto racional simples. Calcule o novo desconto, considerando a mesma taxa de desconto mensal.**
   a) R$ 890,00.
   b) R$ 900,00.
   c) R$ 924,96.
   d) R$ 981,00.
   e) R$ 1.090,00.

70) **(APO–RJ) O quociente entre os descontos comercial e racional de um título é de 1,044. Sendo $i = i_c$ e considerando-se a taxa de 0,55% a.d., o prazo de antecipação desse título é de:**
   a) 8 dias.
   b) 10 dias.
   c) 15 dias.
   d) 25 dias.

71) **(Sefaz–AM) A diferença entre o desconto comercial simples e o desconto racional simples devido a uma promissória, à taxa de 5% a.m., 2 meses antes de seu vencimento é igual a R$ 40,00. O valor nominal dessa promissória é:**
   a) R$ 400,00.
   b) R$ 440,00.
   c) R$ 2.400,00.
   d) R$ 4.000,00.
   e) R$ 4.400,00.

72) **(TRE–SP) Uma duplicata é descontada em um banco 45 dias antes do seu vencimento com a utilização de uma taxa de desconto igual a 2% ao mês para qualquer tipo de operação utilizada e segundo a convenção do ano comercial. Seja DF o valor do desconto caso a operação seja o desconto comercial simples, e DD o valor do desconto, caso a operação seja o desconto racional simples. Verificou-se que (DF − DD) é igual a R$ 19,80. Então, o valor nominal da duplicata é:**
   a) R$ 22.660,00.
   b) R$ 23.320,00.
   c) R$ 24.380,00.
   d) R$ 24.720,00.
   e) R$ 25.750,00.

73) **(AFC) Determinar a taxa de juros mensal para que sejam equivalentes, hoje, os capitais de R$ 1.000,00 vencível em dois meses e R$ 1.500,00 vencível em três meses, considerando-se o desconto simples comercial.**
   a) 15%.
   b) 20%.
   c) 25%.
   d) 30%.
   e) 33,33%.

74) (AFTN) João deve a um banco R$ 190.000,00 que vencem daqui a 30 dias. Por não dispor de numerário suficiente, propõe a prorrogação da dívida por mais 90 dias. Admitindo-se a data focal atual (zero) e que o banco adota a taxa de desconto comercial simples de 72% a.a., o valor do novo título será de:
a) R$ 235.000,00.
b) R$ 238.000,00.
c) R$ 240.000,00.
d) R$ 243.000,00.
e) R$ 245.000,00.

75) (AFRFB) Edgar precisa resgatar dois títulos. Um no valor de R$ 50.000,00 com prazo de vencimento de dois meses, e outro de R$ 100.000,00 com prazo de vencimento de três meses. Não tendo condições de resgatá-los nos respectivos vencimentos, Edgar propõe ao credor substituir os dois títulos por um único, com vencimento em quatro meses. Sabendo-se que a taxa de desconto comercial simples é de 4% ao mês, o valor nominal do novo título, sem considerar os centavos, será igual a:
a) R$ 159.523,00.
b) R$ 159.562,00.
c) R$ 162.240,00.
d) R$ 162.220,00.
e) R$ 163.230,00.

76) (AFRF) Indique qual o capital hoje equivalente ao capital de R$ 4.620,00 que vence dentro de cinquenta dias, mais o capital de R$ 3.960,00, que vence dentro de cem dias, e mais o capital de R$ 4.000,00 que venceu há vinte dias, à taxa de juros simples de 0,1% ao dia.
a) R$ 10.940,00.
b) R$ 11.080,00.
c) R$ 12.080,00.
d) R$ 12.640,00.
e) R$ 12.820,00.

77) (Petrobras) Uma dívida feita hoje, de R$ 5.000,00, vence daqui a 9 meses a juros simples de 12% a.a. Sabendo-se, porém, que o devedor pretende pagar R$ 2.600,00 no fim de 4 meses e R$ 1.575,00 um mês após, quanto faltará pagar, aproximadamente, em reais, na data do vencimento? (Considere que a existência da parcela muda a data focal.)
a) 1.000,00.
b) 1.090,00.
c) 1.100,00.
d) 1.635,00.
e) 2.180,00.

78) (BB) José vai receber os R$ 10.000,00 da venda de seu carro em duas parcelas de R$ 5.000,00, sendo a primeira dentro de 30 dias e a segunda dentro de 60 dias. Considerando uma taxa de desconto de 2% ao mês, o valor atual, em reais, que José deveria receber hoje, com a certeza de estar recebendo o mesmo valor que irá receber no parcelamento, é de:
a) 9.709,65.
b) 9.719,65.
c) 9.729,65.
d) 9.739,65.
e) 9.749,65.

79) (AFTN) Uma pessoa possui um financiamento (taxa de juros simples de 10% a.m.). O valor total dos pagamentos a serem efetuados, juros mais principal, é de $ 1.400,00. As condições contratuais preveem que o pagamento deste financiamento será efetuado em duas parcelas. A primeira parcela, no valor de setenta por cento do total de pagamentos, será paga ao final do quarto mês, e a segunda parcela, no valor de trinta por cento do total dos pagamentos, será paga ao final do décimo primeiro mês. O valor que mais se aproxima do valor financiado é:
a) $ 816,55.
b) $ 900,00.
c) $ 945,00.
d) $ 970,00.
e) $ 995,00.

80) (TCM–RJ) Uma pessoa tomou um empréstimo de R$ 15.000,00 a juros simples de 10% ao mês. O empréstimo deverá ser reembolsado por meio de duas parcelas iguais: a primeira dois meses e a segunda cinco meses depois de contratado o empréstimo. O valor de cada parcela, considerando-se o desconto racional, é igual a:
a) R$ 9.800,00.
b) R$ 10.000,00.
c) R$ 10.200,00.
d) R$ 11.000,00.
e) R$ 12.000,00.

81) (Petrobras) Um equipamento está sendo vendido a prazo, da seguinte forma: R$ 500,00 de entrada no ato da compra, mais duas parcelas, sendo a primeira, no valor de R$ 440,00, a ser paga em 30 dias após a compra, e a segunda, no valor de R$ 180,00, a ser paga em 60 dias após a compra. A taxa de juros simples praticada no mercado é de 10% a.m. O valor à vista desse equipamento é, em reais, de:
a) 535,00.
b) 580,00.
c) 1.050,00.
d) 1.100,00.
e) 1.120,00.

82) (BB) Uma empresa desconta em um banco um título com vencimento daqui a 4 meses, recebendo no ato o valor de R$ 19.800,00. Sabe-se que a operação utilizada foi a de desconto comercial simples. Caso tivesse sido aplicada a de desconto racional simples, com a mesma taxa de desconto anterior i (i > 0), o valor que a empresa receberia seria de R$ 20.000,00. O valor nominal deste título é de:
a) R$ 21.800,00.
b) R$ 22.000,00.
c) R$ 22.400,00.
d) R$ 22.800,00.
e) R$ 24.000,00.

83) (Sefaz-RJ)

Ano	A	B
1	60.000	X
4	65.000	78.000
7	100.000	50.000

A tabela acima indica dois fluxos de caixa. Sabendo-se que a taxa é de 10% ao ano, juros simples, o valor de X que torna os dois fluxos de caixa equivalentes é:
a) 67.500.
b) 88.500.
c) 76.575.
d) 78.500.
e) 81.250.

84) (OF-RJ) Um consumidor deve pagar $300 daqui a dois meses, e $600 daqui a cinco meses. Considerando um regime de juros simples de 30% ao semestre, o valor do pagamento único a ser efetuado no mês três, que liquida a dívida, é:
a) $ 765 ,00.
b) $ 960,35.
c) $ 560,00.
d) $ 860,45.
e) $ 900,00.

85) (Sefaz-RJ) Um banco oferece dois fluxos de caixa como na tabela abaixo a um cliente, que não consegue ler o valor do primeiro mês no fluxo de caixa A, e, portanto o marca como X. O valor de X que tornaria os dois fluxos de caixa idênticos, a uma taxa de 2% ao mês, juros simples, é:

Mês	A	B
1	X	3000
6	4400	5500
11	6000	9000

a) R$ 6.500,00.
b) R$ 6.800,00.
c) R$ 6.750,00.
d) R$ 7.100,00.
e) R$ 7.000,00.

Gabarito:

1. C	23. C	45. B	67. E
2. B	24. C	46. D	68. E
3. D	25. C	47. A	69. B
4. C	26. A	48. D	70. A
5. A	27. C	49. B	71. E
6. B	28. B	50. E	72. A
7. D	29. C	51. C	73. B
8. D	30. A	52. B	74. A
9. C	31. B	53. A	75. A
10. E	32. C	54. D	76. C
11. A	33. D	55. A	77. B
12. C	34. E	56. C	78. A
13. B	35. B	57. A	79. B
14. A	36. D	58. D	80. B
15. D	37. C	59. A	81. C
16. A	38. E	60. E	82. B
17. B	39. C	61. A	83. E
18. D	40. B	62. E	84. D
19. D	41. C	63. B	85. A
20. D	42. A	64. A	
21. B	43. B	65. E	
22. D	44. B	66. A	

Capítulo 4

Juros Compostos

Chamamos de juros compostos à remuneração que o capital C recebe após n períodos de aplicação, quando a cada período, a partir do segundo, os juros são calculados sobre o montante do capital C no período anterior.

Assim, o montante M de um capital C aplicado à taxa unitária i de juros compostos, a cada período de tempo, por n períodos, é dado por:

$$M = C(1 + i)^n$$

O fator $(1 + i)^n$ é chamado fator de capitalização.

Exemplos:

1) Qual o montante produzido por R$ 10.000,00, à taxa de juros compostos de 6% ao mês, durante cinco meses?

Solução:

$M = ?$

$C = 10.000,00$; $i = 6\%$ ao mês = 0,06 ao mês (taxa unitária ou decimal)

Sendo a taxa mensal dizemos que o período de capitalização é mensal, ou seja, a aplicação vai sendo corrigida nessa taxa ao final de cada mês.

$t = 5$ meses $\rightarrow n = 5$ (número de períodos de capitalização).

$M = C \times (1 + i)^n$

$M = 10.000 \times (1 + 0,06)^5$

$M = 10.000 \times 1,06^5$

Devemos calcular $1,06^5$. Para isso usaremos a tabela I que se encontra no final do livro e normalmente acompanha as provas elaboradas pela ESAF. Na tabela localizamos a taxa $i = 6\%$ e a seguir descemos até $n = 5$ encontrando 1,338225.

Então $1,06^5 = 1,338225$.

Logo, $M = 10.000 \times 1,338225 = 13.382,25$

Resposta: R$ 13.382,25

Podemos esquematizar essa aplicação da seguinte forma:

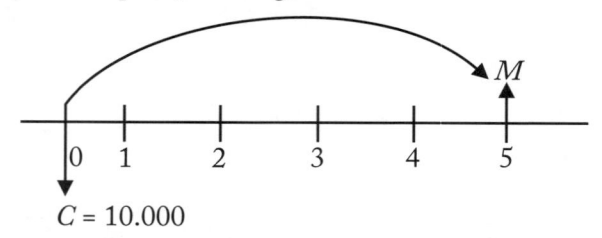

```
                              M
     |----|----|----|----|----↑
     0    1    2    3    4    5
     C = 10.000
```

Como vamos deslocar o capital C, cinco períodos para a direita, multiplicamos C por $(1+i)^5$, que é o fator de capitalização.

$$M = C \cdot (1+i)^5$$

2) Calcule o montante da aplicação de R$ 10.000 à taxa composta de 8% ao trimestre durante um ano.

Solução:

$C = 10.000,00$; $i = 8\%$ ao trimestre $= 0,08$ ao trimestre; $t = 1$ ano

$M = ?$

Como a taxa de juros é trimestral, dizemos que o período de capitalização é trimestral (os juros são creditados, na taxa dada, ao final de cada trimestre). Com isso o número n de períodos de capitalização é igual a 4 (já que em um ano há quatro trimestres).

$t = 1$ ano $= 4$ trimestres $\rightarrow n = 4$

$M = C(1+i)^n$

$M = 10.000 \times (1,08)^4$

$M = 10.000 \times 1,360488$

$M = 13.604,88$

Resposta: R$ 13.604,88

3) Guilherme aplicou R$ 1.000,00 por um ano e meio à taxa de juros compostos de 6% ao bimestre. Qual o montante dessa aplicação?

Solução:

$C = 1.000,00$; $i = 6\%$ ao bimestre $= 0,06$ ao bimestre

$t = 1$ ano e meio $= 18$ meses $= 9$ bimestres $\rightarrow n = 9$

$M = 1.000 \times (1{,}06)^9$

$M = 1.000 \times 1{,}689479$

$M = 1.689{,}48$

Resposta: R$ 1.689,48

4) Determinar o capital C que aplicado à taxa composta de 9% a.m. rende juros de R$ 82.316,20 numa aplicação de quatro meses.

Solução:

$J = 82.316{,}20$; $i = 9\%$ ao mês

$t = 4$ meses $\to n = 4$

$C = ?$

Como $J = M - C$ temos que $J = C(1 + i)^n - C$

$$J = C[(1 + i)^n - 1]$$

$82.316{,}20 = C[1{,}09^4 - 1]$

$82.316{,}20 = C[1{,}411581 - 1]$

$C = \dfrac{82.316{,}20}{0{,}411581}$

$C = 200.000$

Resposta: R$ 200.000,00

5) Qual o capital que aplicado à taxa composta de 2% a.m. durante um semestre gera montante igual a R$ 225.232,40?

Solução:

$M = 225.232{,}40$; $i = 2\%$ ao mês $= 0{,}02$ ao mês

$t = 1$ semestre $= 6$ meses $\to n = 6$

$C = ?$

$M = C(1 + i)^n \;\rho\; C = \dfrac{M}{(1 + i)^n}$

$C = \dfrac{225.232{,}40}{1{,}02^6}$

$C = \dfrac{225.232{,}40}{1{,}126162}$

$C = 200.000{,}00$

Resposta: R$ 200.000,00

6) Determine o tempo necessário para o capital de R$ 20.000,00 gerar um montante de R$ 28.142,00 quando aplicado à taxa composta de 5% ao mês.

Solução:

$C = 20.000,00$; $i = 5\%$ ao mês = $0,05$ ao mês; $M = 28.142,00$; $n = ?$

$M = C(1 + i)^n$

$28.142 = 20.000 \times (1,05)^n$

$1,05^n = \dfrac{28.142}{20.000} \rightarrow 1,05^n = 1,4071$

Precisamos procurar na coluna da taxa $i = 5\%$ o valor $1,4071$ e verificar qual o n correspondente. Fazendo isso encontramos $n = 7$.

Resposta: 7 meses

7) A que taxa mensal de juros compostos devemos aplicar R$ 40.000,00 para obtermos montante igual a R$ 56.197,12 ao fim de um trimestre?

Solução:

$C = 40.000,00$; $M = 56.197,12$

$t = 1$ trimestre = 3 meses $\rightarrow n = 3$; $i = ?\%$ ao mês

$56.197,12 = 40.000 \times (1 + i)^3$

$(1+ i)^3 = \dfrac{56.197,12}{40.000} \rightarrow (1+ i)^3 = 1,404928$

Precisamos procurar na linha onde $n = 3$ o valor $1,404928$ e verificar qual a taxa que corresponde a esse valor.

Fazendo isso, encontramos $i = 12\%$.

Resposta: 12% a.m.

8) Determinar a taxa de juros compostos mensal que aplicada ao capital de R$ 10.000,00 durante quatro meses gera montante de R$ 12.295,97.

Solução:

$C = 10.000,00$; $M = 12.295,97$

$t = 4$ meses $\rightarrow n = 4$

$i = ?\%$ ao mês

$12.295,97 = 10.000 \times (1 + i)^4$

$(1+i)^4 = \dfrac{12.295,97}{10.000} \to (1+i)^4 = 1,229597$

Devemos procurar na linha de $n = 4$ o valor 1,229597. Como esse valor não consta da tabela, devemos localizá-lo entre os dois valores constantes da tabela mais próximos e fazer uma interpolação linear.

A interpolação linear é feita da seguinte forma:

Como   1,215506 < 1,229597 < 1,262477

   $i = 5\%$ i $i = 6\%$

então, a taxa i procurada é um valor tal que $5\% < i < 6\%$.

Vamos montar uma regra de três simples e direta, a partir do quadro:

Taxa	Fator
5%	1,215506
i	1,229597
6%	1,262477

Observamos que quando a taxa varia de 6% – 5% = 1% o fator varia de 1,262477 – 1,215506 = 0,046971.

1% _____ 0,046971

Para uma variação na taxa de $i - 5\% = x\%$ o fator varia de 1,229597 – 1,215506 = 0,014091.

x% _____ 0,01409

Formamos, então, a regra de três e calculamos x.

1% _____ 0,046971
x% _____ 0,014091

$x = \dfrac{0,014091}{0,046971} \cong 0,3$

Então $i = 5\% + 0,3\% = 5,3\%$

Resposta: 5,3% a.m.

PROBLEMAS DE APLICAÇÃO

1) (AFR–SP) Um capital de R$ 2.000,00 foi aplicado à taxa de 3% ao mês, durante três meses. Os montantes correspondentes obtidos segundo capitalização simples e composta, respectivamente, valem:

   a) R$ 2.180,00 e R$ 2.185,45.
   b) R$ 2.180,00 e R$ 2.480,00.
   c) R$ 2.185,45 e R$ 2.480,00.
   d) R$ 2.785,45 e R$ 2.480,00.
   e) R$ 6.180,00 e R$ 4.394,00.

Solução:

C = 2.000,00; i = 3% ao mês; t = 3 meses

M(juros simples) = ?

p% = i × t → p% = 3% × 3 → p% = 9%

M = 2.000 × 1,09 → M = 2.180,00

M(juros compostos) = ?

M = 2.000 × 1,03³ → M = 2.000 × 1,092727

M = 2.185,45

Resposta: A

2) (Contador–RJ) Uma pessoa tomou dois empréstimos. O primeiro por três meses a juros efetivos compostos de 5% ao mês e o segundo por 10 meses a juros efetivos compostos de 4% ao mês. Sabendo-se que pagou ao todo R$ 11.181,14 de juros, qual o valor do primeiro empréstimo, sabendo-se que ele foi igual à metade do segundo?
   a) R$ 10.000,00.
   b) R$ 10.090,00.
   c) R$ 10.100,00.
   d) R$ 10.125,00.
   e) R$ 10.150,00.

Solução:

1º empréstimo: C; t = 3 meses; i = 5% ao mês

2º empréstimo: 2C; t = 10 meses; i = 4% ao mês

J_T = 11.181,14

C = ?

J_1 = C [1,05³ − 1]

J_1 = C × 0,157625

J_2 = 2C [1,04¹⁰ − 1] → J_2 = 2C × 0,480244

J_2 = C × 0,960488

$J_T = J_1 + J_2$

C × 0,157625 + C × 0,960488 = 11.181,14

C × 1,118113 = 11.181,14

C = 10.000

Resposta: A

3) (BNB) João recebeu em uma operação de empréstimo o valor líquido de R$ 95.000,00. O pagamento se dará através de um único pagamento ao final de 2 meses. A taxa de juros anunciada foi de 10% ao mês. Sabe-se, porém, que no momento da liberação do empréstimo foram deduzidos alguns valores, referentes a taxas administrativas e tributos, totalizando 5% do valor bruto. Qual o custo bimestral efetivo dessa operação?

a) 21,00% ao bimestre.
b) 25,00% ao bimestre.
c) 26,00% ao bimestre.
d) 27,05% ao bimestre.
e) 27,40% ao bimestre.

Solução:

Descontos sobre o valor do empréstimo: 5%

Logo, 95.000 correspondem a 95% do valor do empréstimo.

Sendo V o valor do empréstimo,

95%. V = 95.000 → V = 100.000

V = 100.000,00; i = 10% ao mês; t = 2 meses

M = 100 000 × 1,1² → M = 121 000,00

Custo efetivo bimestral:

Valor liberado   valor a ser pago
95 000   121 000

$$f(custo) = \frac{121.000}{95.000} = 1,2740$$

p% = 27,40%

Resposta: E

4) (AFR–SP) Uma pessoa aplica 40% de seu capital, na data de hoje, a uma taxa de juros simples de 30% ao ano, durante 6 meses. Aplica o restante, na mesma data, à taxa de juros compostos de 10% ao trimestre, durante 1 semestre. Sabendo-se que a soma dos montantes obtidos através destas duas operações é igual a R$ 65.230,00, tem-se que o valor do capital inicial total que esta pessoa possui na data de hoje é de:

a) R$ 50.000,00.
b) R$ 52.500,00.
c) R$ 55.000,00.
d) R$ 57.500,00.
e) R$ 60.000,00.

Solução:

C: capital total

40%C; i = 30% ao ano (Juros Simples); t = 6 meses = 0,5 ano

$\quad$ p% = i × t → p% = 30% × 0,5 → p% = 15%

$M_1 = 0{,}4C \times 1{,}15$

$M_1 = 0{,}46C$

60%C; i = 10% ao trimestre (Juros Compostos); t = 1 semestre → n = 2

$M_2 = 0{,}6C \times 1{,}1^2 \rightarrow M_2 = 0{,}6C \times 1{,}21$

$M_2 = 0{,}726C$

$M_T = 65\ 230$

0,46C + 0,726C = 65 230 → 1,186C = 65 230

C = 55 000,00

Resposta: C

Questões de Concursos

1) (Sefaz–RJ) Um investidor aplicou R$ 1.000,00 durante dois anos a uma taxa de 20% ao ano, juros compostos.
   Ao final desse período, esse investimento totalizava:
   a) R$ 694,44.
   b) R$ 1.400,00.
   c) R$ 1.440,00.
   d) R$ 1.514,12.
   e) R$ 2.200,00.

2) (ISS–RJ) Considere um saldo de R$ 100,00, no início do ano 1, aplicado tanto a juros simples quanto a juros compostos de 10% a.a. No final do segundo ano, a diferença entre os saldos das aplicações é igual a:
   a) R$ 1,00.
   b) R$ 1,10.
   c) R$ 10,00.
   d) R$ 11,00.

3) (IRB) Duas aplicações de R$ 10.000,00 cada são iniciadas pelo prazo de três anos à taxa anual de 15%. Suponha que a primeira aplicação seja feita a juros anuais simples e a segunda aplicação a juros anuais compostos, os respectivos valores futuros são:
   a) R$ 15.000,00 e R$ 17.513,00.
   b) R$ 11.500,00 e R$ 13.257,00.
   c) R$ 12.000,00 e R$ 15.458,00.
   d) R$ 14.500,00 e R$ 15.209,00.
   e) R$ 13.000,00 e R$ 34.725,00.

4) (Finep) Um investidor aplicou R$ 50.000,00 pelo prazo de 4 meses em um CDB que rende 2,0% ao mês de juros compostos.
   O montante obtido no vencimento da aplicação, em reais, foi:
   a) 52.020,00.
   b) 53.060,40.
   c) 54.121,61.
   d) 60.123,56.
   e) 60.155,91.

5) **(Petrobras)** Um investidor aplicou a quantia de R$ 20.000,00 a uma taxa de 3% ao mês, por um período de 60 dias. Considerando que a aplicação foi realizada com capitalização composta mensal, no final do período o investidor acumulará, em reais, um valor bruto de:
   a) 21.218,00.
   b) 21.320,00.
   c) 22.208,00.
   d) 23.620,00.
   e) 24.310,00.

6) **(Petrobras)** Um capital de R$ 1.600,00 é aplicado à taxa mensal de 5%, em regime de juros compostos. Após um período de 2 meses, a quantia correspondente aos juros resultantes dessa aplicação será, em reais, igual a:
   a) 160,00.
   b) 162,00.
   c) 164,00.
   d) 166,00.
   e) 168,00.

7) **(APOFP)** Um capital C é aplicado à taxa de juros compostos de 2% ao mês. Qual o valor mais próximo do montante ao fim de um ano e meio?
   a) 1,27C.
   b) 1,32C.
   c) 1,43C.
   d) 1,40C.
   e) 1,37C.

8) **(Bacen)** Um capital de R$ 4.000,00, aplicado à taxa de 2% ao mês, durante três meses, na capitalização composta, gera um montante de:
   a) 6.000,00.
   b) 4.240,00.
   c) 5.500,00.
   d) 4.244,83.
   e) 6.240,00.

9) **(ISS–SP)** Uma pessoa toma emprestados R$ 15.000,00 a juros compostos de 2% a.m., pelo prazo de 2 meses. O montante que ele deverá devolver é:
   a) R$ 15.706,00.
   b) R$ 15.700,00.
   c) R$ 15.618,00.
   d) R$ 15.606,00.
   e) R$ 15.600,00.

10) **(CEF)** Um capital de R$ 2.000,00 foi aplicado à taxa de 3% a.m. por 60 dias e, o de R$ 1.200,00, à taxa de 2% a.m. por 30 dias. Se a aplicação foi a juros compostos:
   a) o montante total recebido foi de R$ 3.308,48.
   b) o montante total recebido foi de R$ 3.361,92.
   c) o montante total recebido foi de R$ 4.135,64.
   d) a diferença positiva entre os montantes recebidos foi de R$ 897,80.
   e) a diferença positiva entre os montantes recebidos foi de R$ 935,86.

11) **(BNDES)** O montante gerado por um capital de R$ 20.000,00, aplicado a uma taxa de 5% ao mês, ao final de quatro meses, com capitalização mensal, será, em reais, de:
   a) 14.310,00.
   b) 24.000,00.
   c) 24.310,12.
   d) 25.525,63.
   e) 25.675,18.

12) **(FT–CE)** Obtenha o capital inicial que, aplicado a juros compostos durante 12 meses, à taxa de 4% ao mês, atinge o montante de R$ 1.000,00 (aproxime o resultado para reais).
   a) R$ 625,00.
   b) R$ 630,00.
   c) R$ 636,00.
   d) R$ 650,00.
   e) R$ 676,00.

13) **(IRB)** Um capital de 1.000 unidades monetárias foi aplicado durante um mês a 3% ao mês, tendo o montante ao fim do mês sido reaplicado no segundo mês a 4% ao mês e o montante ao fim do segundo mês sido reaplicado no terceiro mês a 5% ao mês. Indique o montante ao fim do terceiro mês.
   a) 1.170.
   b) 1.124,76.
   c) 1.120.
   d) 1.116,65.
   e) 1.110.

14) **(CEF)** Pretendendo guardar uma certa quantia para as festas de fim de ano, uma pessoa depositou R$ 2.000,00 em 05/06/97 e R$ 3.000,00 em 05/09/97. Se o banco pagou juros compostos à taxa de 10% ao trimestre, em 05/12/97 essa pessoa tinha um total de:
   a) R$ 5.320,00.
   b) R$ 5.480,00.
   c) R$ 5.620,00.
   d) R$ 5.680,00.
   e) R$ 5.720,00.

15) (Sefaz–RJ) A taxa de juros mensal, juros compostos, que faz com que um capital aumente de R$ 1.500,00 para R$ 1.653,75 em dois meses é de:
   a) 2%.
   b) 8%.
   c) 3%.
   d) 10%.
   e) 5%.

16) (Petrobras) Um jovem executivo recebeu R$ 10.000,00 de bonificação por um trabalho bem-sucedido. Decidiu aplicar a quantia em um fundo de investimentos, pelo prazo de 4 meses, a uma taxa composta de 3% ao mês. O valor total que o jovem poderá resgatar, em reais, após esse prazo, é de:
   a) 11.255,09.
   b) 11.552,90.
   c) 12.152,29.
   d) 12.525,19.
   e) 12.952,25.

17) (Contador–AGU) Um valor (principal) de R$ 1.000 acaba de ser aplicado. Para o montante acumulado ao final de dois anos, é INCORRETO afirmar que:
   a) com uma taxa de juros de 10% ao ano no regime de juros simples, o montante é de R$ 1.200.
   b) com uma taxa de juros de 12% ao ano no regime de juros compostos, o montante é de R$ 1.254.
   c) com uma taxa de juros de 3% ao semestre no regime de juros simples, o montante é de R$ 1.120.
   d) com uma taxa de juros de 2% ao semestre no regime de juros compostos, o montante é de R$ 1.062.
   e) com uma taxa de juros de 10% ao ano no regime de juros compostos, o montante é de R$ 1.210.

18) (Petrobras) Um investimento rende juros mensais de taxa 2%, com capitalização mensal. Ao final de 3 meses, o percentual de juros, em relação ao capital inicial, é mais próximo de:
   a) 6,00%.
   b) 6,08%.
   c) 6,12%.
   d) 6,18%.
   e) 6,24%.

19) (CVM) Um financiamento no valor de R$ 100.000,00 possui uma carência de 18 meses, incidindo sobre o valor financiado, nesse prazo, uma taxa de juros compostos de 1% ao mês. Calcule o valor mais próximo do saldo devedor ao fim do prazo de carência.
   a) R$ 100.000,00.
   b) R$ 112.000,00.
   c) R$ 112.683,00.
   d) R$ 119.615,00.
   e) R$ 118.000,00.

20) **(Casa da Moeda)** O montante acumulado em 12 meses, a partir de um capital de R$ 12.000,00 aplicado a uma taxa de 5% ao mês, no regime de juros compostos, em reais, será:
   a) 18.615,94.
   b) 19.200,00.
   c) 20.524,07.
   d) 21.550,28.
   e) 22.627,79.

21) **(Ag. Fiscal–P. Alegre)** Após uma auditoria, foi constatado que a Empresa "A" deveria pagar o valor de R$ 1.000,00 para a Prefeitura de Porto Alegre. Ao invés de efetuar o pagamento, a empresa aplicou o valor correspondente na caderneta de poupança e entrou com um processo pedindo anistia do pagamento da dívida, o qual foi indeferido pelo município. Um ano após, o valor a ser pago havia sido reajustado para R$ 1.295,60, devido ao acrescido de multa e correção monetária. Assinale a alternativa CORRETA considerando que a poupança rendeu 2% ao mês, capitalizados mensalmente, durante o período.
   a) A empresa poderá quitar a sua dívida e ainda lucrar R$ 27,60 com a aplicação financeira.
   b) O valor da aplicação financeira é menor do que o valor da dívida, e a empresa terá de dispor de R$ 27,60 além do valor da aplicação a fim de quitar a sua dívida.
   c) O valor da aplicação financeira é menor do que o valor da dívida, e a empresa terá de dispor de R$ 55,60 além do valor da aplicação a fim de quitar a sua dívida.
   d) O valor da aplicação financeira é menor do que o valor da dívida, e a empresa terá de dispor de R$ 268,00 além do valor da aplicação a fim de quitar a sua dívida.
   e) O valor da aplicação financeira é menor do que o valor da dívida, e a empresa terá de dispor de R$ 295,60 além do valor da aplicação a fim de quitar a sua dívida.

22) **(Petrobras)** "O governo vai reajustar os combustíveis na primeira quinzena de julho, confirmaram ontem os técnicos do Ministério das Minas e Energia. O que ainda não está decidido é o percentual de aumento. De acordo com uma projeção realizada, o preço da gasolina deve subir em torno de 10%, mas esse reajuste não será suficiente para garantir o superávit da Parcela de Preço Específico (PPE, antiga conta-petróleo) previsto pelo governo federal, de R$ 3,5 bilhões. O resultado, já revisado em março para R$ 1,8 bilhão a R$ 2 bilhões, não deve passar de R$ 1,5 bilhão."

Jornal do Brasil, 2/6/2000 (com adaptação)

Tomando o valor R$ 1,5 bilhão como base do superávit da PPE e supondo que este, após o reajuste do preço dos combustíveis em julho, cresça a uma taxa mensal de 10%, o governo gostaria de estimar o tempo mínimo necessário, a partir daquele reajuste, para garantir que o superávit da PPE atinja a cifra de R$ 3,5 bilhões, prevista inicialmente. Nessas condições, o tempo mínimo, em meses, necessário para que isso ocorresse seria igual a:
   a) 8.
   b) 9.
   c) 10.
   d) 11.
   e) 12.

23) **(Sefaz–RJ)** Uma quantia foi aplicada durante um ano à taxa de 10% ao ano e a seguir, o valor resultante foi reaplicado, por mais um ano, a juros de 20% ao ano. Ambas as taxas são juros compostos.
Para que a mesma quantia, aplicada durante igual período, resultasse no mesmo montante, deveria ser aplicada à taxa anual efetiva única de:
a) 14,89%.
b) 15,25%.
c) 16,33%.
d) 18,45%.
e) 20,00%.

24) **(Petrobras)** A Empresa Plataforma fez uma aplicação no Banco da Praça, no valor de R$ 8.000,00, pelo prazo de três meses, a uma taxa de juros de 5% ao mês. No regime de juros compostos, essa aplicação, em reais, renderá:
a) 400,00.
b) 1.200,00.
c) 1.240,00.
d) 1.261,00.
e) 1.266,00.

25) **(CEF)** Um capital de R$ 2.500,00 esteve aplicado à taxa mensal de 2% num regime de capitalização composta. Após um período de dois meses, os juros resultantes dessa aplicação serão:
a) R$ 98,00.
b) R$ 101,00.
c) R$ 110,00.
d) R$ 114,00.
e) R$ 121,00.

26) **(Transpetro)** Um cliente obteve junto a um banco um empréstimo no valor de R$ 10.000,00 para pagamento em 90 dias, à taxa de 8% ao mês, com capitalização mensal. Um imposto de 5% incidente sobre o montante da operação (valor do principal e juros) é cobrado na data de liberação do empréstimo.
A partir dessas informações, qual o custo trimestral, expresso em percentagem, a ser determinado para o cliente?
a) 13,00%.
b) 13,40%.
c) 34,44%.
d) 41,27%.
e) 44,19%.

27) **(Petrobras)** Um capital de R$ 18.000,00 foi aplicado em regime de juros compostos durante 15 meses. Findo esse período, a remuneração obtida foi de R$ 10.043,40.
A taxa percentual efetiva mensal dessa aplicação equivale a:
a) 3,00.
b) 3,50.
c) 3,72.
d) 3,81.
e) 3,96.

28) **(Infraero)** Os rendimentos de uma aplicação financeira da Cia. Beta totalizaram R$ 9.702,50 em 6 meses, a uma taxa efetiva de 3% ao mês, sob regime de juros compostos. Então, o Capital investido pela Cia. Beta foi:
   a) R$ 45.000,50.
   b) R$ 47.525,00.
   c) R$ 50.000,00.
   d) R$ 75.500,00.
   e) R$ 125.000,50.

29) **(Infraero)** Antônio aplicou R$ 12.000,00 em um banco que remunera os depósitos de seus clientes a juros simples, a uma taxa de 1,5% ao mês. Após 8 meses, ele resgata todo o montante e o aplica totalmente em um outro banco, durante um ano, a juros compostos, a uma taxa de 5% ao semestre. No final da segunda aplicação, o valor do montante é de:
   a) R$ 15.214,50.
   b) R$ 14.817,60.
   c) R$ 14.784,40.
   d) R$ 13.800,00.
   e) R$ 13.230,00.

30) **(TCM-RJ)** Um valor de R$ 10.000,00, com data de referência de exatos dois anos atrás, deve ser atualizado monetariamente, com base na variação acumulada de um determinado índice inflacionário convencionado na operação, e acrescido de juros compostos calculados a uma taxa de juros de 10% a.a.
   Admitindo-se que o referido índice tenha acumulado uma variação de 10% nos últimos dois anos, o montante atualizado acrescido de juros, na data de hoje, será igual a:
   a) R$ 12.000,00.
   b) R$ 12.100,00.
   c) R$ 12.200,00.
   d) R$ 13.000,00.
   e) R$ 13.310,00.

31) **(Sefaz–AM)** Uma pessoa aplicou R$ 20.000,00 durante 4 meses à taxa de juros compostos de 8% ao mês. Ao término desse período, o capital e os juros ganhos foram resgatados e, a seguir, somente os juros foram reaplicados por 16 meses à taxa de juros compostos de 12% ao mês. O rendimento dessa última aplicação foi de:
   a) R$ 27.200,00.
   b) R$ 36.936,00.
   c) R$ 44.136,00.
   d) R$ 146.736,00.
   e) R$ 166.736,00.

32) **(Petrobras)** João aplicou R$ 10.000,00, no regime de juros compostos, a uma taxa de juros nominal de 12% ao ano capitalizada mensalmente, por um período de 3 meses. Findo esse prazo, João reaplicou, imediatamente, todo o montante recebido por mais um período de 3 meses, a uma taxa de juros compostos de 2% a.m. Essas duas aplicações equivaleram, para todo o período da aplicação, a uma taxa efetiva de, aproximadamente:
   a) 4,96%.
   b) 8,94%.
   c) 9,34%.
   d) 19,40%.
   e) 49,09%.

33) (IRB) Um capital é aplicado com capitalização dos juros durante três períodos a uma taxa de juros de 10% ao período. Calcule os juros devidos como porcentagem do capital aplicado.
a) 30%.
b) 31,3%.
c) 32,2%.
d) 33,1%.
e) 34%.

34) (TFC) Uma certa quantia, ao cabo de sete meses, rendeu 40,71% de juros, no regime de juros compostos. Se essa mesma quantia ficasse aplicada durante um ano, à mesma taxa e mesmo regime, quantos por cento renderia?
a) 65,6%.
b) 67,8%.
c) 71,18%.
d) 79,59%.
e) 83,42%.

35) (TCF) Uma pessoa aplicou seu capital durante quatro meses a taxas variáveis a cada mês. No fim do período, verificou que recebera R$ 46,41 por cada R$ 100,00 que aplicou. Para obter o mesmo juro, em igual período, qual deve ser a taxa fixa (constante) mensal a que outra pessoa deve aplicar um capital igual ao primeiro, no regime de juros compostos?
a) 7% a.m.
b) 8% a.m.
c) 10% a.m.
d) 12% a.m.
e) 15% a.m.

36) (Serpro) O lucro líquido de uma empresa passou de R$ 2.000.000,00 no exercício do ano de 1996 para R$ 2.928.200,00 no exercício do ano 2000. Calcule a taxa de crescimento anual do lucro líquido no período.
a) 10,00%.
b) 10,65%.
c) 11,60%.
d) 12,00%.
e) 12,50%.

37) (TCE–PI) Observe o fluxo de caixa abaixo, que refere-se a uma aplicação feita a juros compostos.

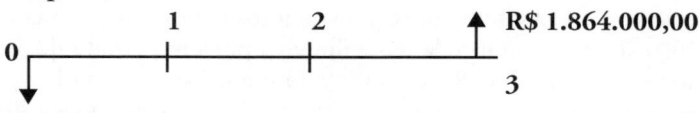

R$ 1.864.000,00 (entrada em 3)

R$ 233.000,00 (saída em 0)

A taxa de juros do período é de:
a) 267%.
b) 233%.
c) 200%.
d) 100%.
e) 54,4%.

38) **(Contador–AGU)** Um investimento financeiro realizado há exatamente um ano teve custo de R$ 1.000. Hoje esse investimento está avaliado em R$ 1.440. A taxa de retorno semestral, pelo regime de juros compostos, é:
   a) menor que 11%.
   b) metade de 24%.
   c) maior que 28%.
   d) maior que 16% e menor que 21%.
   e) maior que 22% e menor que 26%.

39) **(Contador–Santos)** Um capital de R$ 1.000,00 foi aplicado a juros compostos à taxa de 2% ao mês por 2 meses. Ao fim desse prazo, seu montante foi resgatado e aplicado a juros compostos por 3 meses à taxa de 3% ao mês. O montante final foi de, aproximadamente:
   a) 1.133,60.
   b) 1.136,87.
   c) 1.291,48.
   d) 1.573,53.
   e) 6.303,60.

40) **(FT–Niterói)** Após manter, durante dez meses, seu capital de R$ 50.000,00 aplicado a uma taxa de 2% a.m., um investidor resolve movimentar o montante acumulado nesse período para um outro fundo, cuja rentabilidade é de 2,3% a.m. Considerando que toda a operação ocorreu dentro do regime de juros compostos, o saldo do referido investidor, após seis meses da segunda aplicação, será de:
   Dados: $(1,02)^{10} = 1,219$; $(1,023)^6 = 1,146$; $(1,043)^{16} = 1,961$
   a) R$ 98.050,00.
   b) R$ 70.096,05.
   c) R$ 69.848,70.
   d) R$ 69.600,00.

41) **(ISS–SP)** Que quantia mínima devo aplicar a juros compostos, à taxa anual de 20%, para que ao completar-se um período de 3 anos eu consiga, com o montante, comprar um carro no valor de R$ 10.800,00?
   a) R$ 6.000,00.
   b) R$ 6.250,00.
   c) R$ 6.500,00.
   d) R$ 6.750,00.
   e) R$ 6.800,00.

42) **(TCM–RJ)** Uma pessoa pretende comprar um automóvel cujo valor é de R$ 14.048,66, exclusivamente com o rendimento de uma aplicação financeira no valor de R$ 20.000,00. Se a aplicação rende juros efetivos compostos de 3% a.m., o prazo mínimo necessário da aplicação é de:
   a) 13 meses.
   b) 15 meses.
   c) 18 meses.
   d) 20 meses.
   e) 22 meses.

43) (ISS–RJ) Um título de renda fixa é emitido com um prazo de dois anos e com valor de resgate de R$ 10.000,00. Para que seja garantido ao investidor uma rentabilidade de 10% ao ano, no regime de juros compostos, o valor de emissão deve ser de:
a) R$ 8.264,46.
b) R$ 7.264,46.
c) R$ 6.264,46.
d) R$ 5.264,46.

44) (Finep) Uma empresa obtém um empréstimo de R$ 15.000,00 de uma instituição financeira que cobra juros antecipados de 3% ao mês. O prazo da operação é de 3 meses, e o valor líquido liberado pela instituição financeira na conta corrente da empresa correspondeu a R$ 13.650,00.
Com base nos dados acima, a taxa efetiva mensal composta da operação foi, aproximadamente:
a) 4,4%
b) 4,0%
c) 3,6%
d) 3,2%
e) 2,8%

45) (AFC) Um certo tipo de aplicação duplica o valor da aplicação a cada dois meses. Essa aplicação renderá 700% de juros em:
a) 5 meses e meio.
b) 6 meses.
c) 3 meses e meio.
d) 5 meses.
e) 3 meses.

46) (Sefaz–RS) Qual a taxa anual de juros compostos necessária para que uma aplicação de R$ 1.000,00 renda 300% de juros ao final de 24 meses?
a) 1%.
b) 2%.
c) 4%.
d) 100%.
e) 200%.

47) (Bacen) Tomar um empréstimo por dois meses, assinando uma promissória com vencimento em dois meses e sendo feito o desconto da mesma por um banco à taxa de desconto bancário (desconto simples por fora) de 10% ao mês, equivale a pagar juros compostos de taxa bimestral de:
a) 20%.
b) 22%.
c) 25%.
d) 28%.
e) 30%.

48) (Petrobras) Um capital C0 é submetido ao regime de juros compostos, com taxa de juros de 10% ao mês. Um mês após o início da aplicação, todo o montante C1 dessa aplicação é reinvestido à taxa simples de 5% ao mês, durante um período de 4 meses, de modo que o montante, ao final desse novo período, é C2. Se o valor de C1 é R$ 550,00, a diferença C2 – C0 vale, em reais,
a) 50,00.
b) 60,00.
c) 100,00.
d) 110,00.
e) 160,00.

49) **(APO)** Uma pessoa tomou emprestada a quantia de R$ 10.000,00, combinando fazer a devolução desse capital, com seus juros compostos, à taxa de 3% ao mês, ao completar dois meses da data do empréstimo. No dia do empréstimo, foi necessário pagar a quantia de R$ 300,00, a título de despesas. Nessas condições, para o devedor, a taxa mensal efetiva desse empréstimo foi de, aproximadamente:
   a) 3,5%.
   b) 4%.
   c) 4,5%.
   d) 5%.
   e) 5,5%.

50) **(AFRFB–adaptado)** Paulo aplicou pelo prazo de um ano a quantia total de R$ 50.000,00 em dois bancos diferentes. Uma parte dessa quantia foi aplicada no Banco A, à taxa de 3% ao mês. O restante dessa quantia foi aplicado no Banco B, à taxa de 4% ao mês. Após um ano, Paulo verificou que os valores finais de cada uma das aplicações eram iguais. Deste modo, o valor aplicado no Banco A e no Banco B, sem considerar os centavos, foram, respectivamente iguais a:
   a) R$ 21.948,00 e R$ 28.052,00.
   b) R$ 23.256,00 e R$ 26.744,00.
   c) R$ 26.589,00 e R$ 23.411,00.
   d) R$ 27.510,00 e R$ 22.490,00.
   e) R$ 26.447,00 e R$ 23.552,00.

51) **(IRB)** Em um financiamento, 80% do capital foram obtidos a juros compostos à taxa de 3% ao mês, enquanto os 20% restantes do capital foram obtidos à taxa de 3,5% ao mês, juros simples. Calcule o valor mais próximo do capital financiado, dado que decorrido um ano após o financiamento nenhuma amortização havia sido feita e os juros totais devidos ao fim do ano eram de R$ 233.534,40.
   a) R$ 450.000,00.
   b) R$ 480.000,00.
   c) R$ 500.000,00.
   d) R$ 510.000,00.
   e) R$ 550.000,00.

52) **(Sefaz–SP)** Os juros auferidos pela aplicação de um capital no valor de R$ 12.500,00, durante dois anos, a uma taxa de juros compostos de 8% ao ano, são iguais aos da aplicação de um outro capital no valor de R$ 10.400,00, a juros simples, à taxa de 15% ao ano. O tempo em que o segundo capital ficou aplicado foi igual a:
   a) 22 meses.
   b) 20 meses.
   c) 18 meses.
   d) 16 meses.
   e) 15 meses.

53) (AFC) Um título de valor inicial R$ 1.000,00, vencível em um ano com capitalização mensal a uma taxa de juros de 10% ao mês, deverá ser resgatado um mês antes do seu vencimento. Qual o desconto comercial simples à mesma taxa de 10% ao mês?
   a) R$ 313,84.
   b) R$ 285,31.
   c) R$ 281,26.
   d) R$ 259,37.
   e) R$ 251,81.

54) (Ag. Fiscal–P.Alegre) O capital inicial P é aplicado à taxa de juros simples i por n períodos. O montante S é obtido pela aplicação no final do prazo total. Se a aplicação fosse realizada a juros compostos pela mesma taxa i, qual o capital inicial a ser aplicado para que seja obtido o mesmo montante S, ao final do prazo de aplicação, ou seja, ao final de n períodos?
   a) $\dfrac{(P + in)}{(1 + i)^n}$.
   b) $\dfrac{P}{(1 + i)^n}$.
   c) $\dfrac{Pin}{(1 + i)^n}$.
   d) $\dfrac{P(1 + in)}{(1 + i)^n}$.
   e) $\dfrac{P(1+ i)^n}{ni}$.

55) (FR–Campos) Suponha que se precise localizar o valor de uma taxa para n = 5 cujo fator de multiplicação seja 1,19344. Na consulta às tabelas da Matemática Financeira observa-se que não existe tal valor, o qual está compreendido entre as tabelas de 3,0% e 4,0%, ou seja, fator (3,0%, 5) = 1,15927 e fator (4,0%, 5) = 1,21665. A taxa cobrada no período, calculada utilizando-se o método da interpolação linear, é, aproximadamente, igual a:
   a) 3,5%.
   b) 3,6%.
   c) 3,7%.
   d) 3,8%.
   e) 3,9%.

56) (TRF) Metade de um capital foi aplicada a juros compostos à taxa de 3% ao mês por um prazo de seis meses enquanto o restante do capital foi aplicado à taxa de 3% ao mês, juros simples, no mesmo período de seis meses. Calcule o valor mais próximo deste capital, dado que as duas aplicações juntas renderam um juro de R$ 8.229,14 ao fim do prazo.
   a) R$ 22.000,00.
   b) R$ 31.000,00.
   c) R$ 33.000,00.
   d) R$ 40.000,00.
   e) R$ 44.000,00.

57) **(PMSP)** Uma pessoa aplicou metade de seu capital, durante um ano, a uma taxa de juros compostos de 8% ao semestre.

Aplicou o restante do capital, também durante um ano, a uma taxa de juros simples de 4% ao trimestre. A soma dos juros destas aplicações foi igual a R$ 4.080,00. O montante referente à parte do capital aplicado a juros compostos apresentou o valor de:
a) R$ 14.400,00.
b) R$ 14.560,00.
c) R$ 14.580,00.
d) R$ 16.000,00.
e) R$ 16.400,00.

58) **(BNDES)** Uma pessoa fez, com o capital de que dispunha, uma aplicação diversificada: na Financeira Alfa, aplicou R$ 3.000,00 a 24% ao ano, com capitalização bimestral; na Financeira Beta, aplicou, no mesmo dia, o restante desse capital a 42% ao semestre, com capitalização mensal. Ao final de 1 semestre, os montantes das duas aplicações somavam R$ 6.000,00. A taxa efetiva de juros da aplicação diversificada no período foi de:
a) 60%
b) 54%
c) 46%
d) 34%
e) 26%

59) **(TCE–MG)** Um capital é aplicado à taxa de juros simples de 36% ao ano, durante 20 meses. Verifica-se que o correspondente montante é igual ao montante produzido por um outro capital no valor de R$ 50.000,00, aplicado durante um ano, à taxa de juros compostos de 8% ao semestre. O valor dos juros referente à primeira aplicação é igual a:
a) R$ 19500,00.
b) R$ 19650,00.
c) R$ 20250,00.
d) R$ 21750,00.
e) R$ 21870,00.

60) **(Bacen)** Uma instituição financeira oferece pagar, na sua captação de recursos, juros simples de 0,5% ao mês mais uma taxa básica de juros variável por trimestre, pagando os juros devidos ao final do trimestre. Por sua vez, esta instituição cobra juros dos financiamentos concedidos de 3% ao mês, juros compostos, mais a mesma taxa de juros básica variável por trimestre, recebendo os juros devidos ao fim de cada trimestre. Calcule a diferença, em pontos percentuais, entre os juros recebidos e pagos ao fim do trimestre por R$ 1,00 emprestado e captado pela instituição no início do trimestre, considerando que a taxa de juros variável comum no trimestre foi de 4,5% e que os juros variáveis incidem sobre o capital inicial no caso do rendimento pago pela instituição e incidem sobre o montante no caso do rendimento recebido pela instituição.
a) 8,19 pontos percentuais.
b) 7,77 pontos percentuais.
c) 7,50 pontos percentuais.
d) 6,75 pontos percentuais.
e) 6,65 pontos percentuais.

Gabarito:

1. C	21. B	41. B
2. A	22. B	42. C
3. D	23. A	43. A
4. C	24. D	44. D
5. A	25. B	45. B
6. C	26. C	46. D
7. C	27. A	47. C
8. D	28. C	48. E
9. D	29. B	49. C
10. D	30. E	50. E
11. C	31. B	51. E
12. A	32. C	52. D
13. B	33. D	53. A
14. E	34. D	54. D
15. E	35. C	55. B
16. A	36. A	56. E
17. D	37. D	57. C
18. C	38. D	58. E
19. D	39. B	59. E
20. D	40. C	60. A

Capítulo 5

Estudo das Taxas

Considere as seguintes situações:

1) Se aplicarmos R$ 10.000,00 à taxa de 36% ao ano com capitalização mensal, qual o montante obtido no final de um ano?

$C = 10.000,00$

$i = 36\%$ ao ano com capitalização mensal

$t = 1$ ano

$M = ?$

Como a taxa i está definida em um período de tempo diferente do período de capitalização, dizemos que i é uma taxa nominal. Assim, a taxa que será realmente aplicada ao problema é a taxa proporcional mensal $\frac{36\%}{12} = 3\%$ que será a taxa efetiva.

Então $i = 36\%$ a.a. com capitalização mensal $\rightarrow i = 3\%$ ao mês.

$t = 1$ ano $\rightarrow n = 12$

$M = 10.000 \times (1,03)^{12}$

$M = 10.000 \times 1,425760$

$M = 14.257,60$

Resposta: R$ 14.257,60

Taxa Nominal *é aquela que está referida a um período de tempo diferente do período de capitalização.*

2) O capital de R$ 10.000,00 será aplicado por um ano. A que taxa anual deverá ser aplicado para gerar o mesmo montante da aplicação à taxa composta de 3% ao mês?

$C = 10.000$ 　　　　　　　　　　$C = 10.000$

$t = 1$ ano $\to n = 1$ 　　　　　$t = 1$ ano $\to n = 12$

$I = ?\%$ a.a. 　　　　　　　　　$i = 3\%$ a.m.

M_1 　　　　　　　　　　　　　M_2

$M_1 = 10.000 \times (1 + I)^1$ 　$M_2 = 10.000 \times (1,03)^{12}$

Como $M_1 = M_2$

$10.000 \times (1 + I)^1 = 10.000 \times (1,03)^{12}$

$1 + I = 1,03^{12} \to 1 + I = 1,425760$

$I = 0,425760 \to I = 0,425760 \times 100\%$

$I \cong 42,6\%$ a.a.

Resposta: 42,6% a.a.

Dizemos que $I = 42,6\%$ a.a. (efetiva anual) e $i = 3\%$ a.m. (efetiva mensal) são taxas equivalentes.

Taxas equivalentes *são taxas efetivas referidas a períodos de tempo diferentes, que quando aplicadas a um mesmo capital, pelo mesmo prazo, geram o mesmo montante.*

Se I e i são taxas equivalentes:

$$1 + I = (1 + i)^n$$

onde n é o número de períodos que i será capitalizada em I

Exemplos:

1) Calcular a taxa trimestral equivalente à taxa mensal composta de 7%.

Solução:

$i = 7\%$ a.m.

$I = ?\%$ a.t.

$1 + I = (1 + i)^3$

$1 + I = (1,07)^3$

$1 + I = 1,225043$

$I = 0,225043$ (taxa na forma unitária)

$I = 0,225043 \times 100\%$

$I \cong 22,5\%$ a.t.

Resposta: 22,5% a.t.

2) Calcular a taxa ao quadrimestre equivalente à taxa de 60% a.a. com capitalização mensal.

Solução:

i = 60% a.a. capitalização mensal (taxa nominal)

$i = \dfrac{60\%}{12}$ = 5% a.m. (taxa efetiva mensal)

I = ?% a.q.

n = 4 (há 4 meses no quadrimestre)

$1 + I = (1+i)^4$

$1 + I = (1,05)^4$

$1 + I = 1,215506$

$I = 0,215506$

$I = 0,215506 \times 100\%$

$I \cong 21,6\%$ a.q.

Resposta: 21,6% a.q.

PROBLEMAS DE APLICAÇÃO

1) Luiza aplicou seu capital durante quatro anos à taxa de 8% a.a. no regime de juros simples. Caso houvesse aplicado a juros compostos, pelo mesmo prazo, à mesma taxa, com capitalização semestral, teria recebido R$ 4.856,90 a mais. Qual o capital aplicado?

a) R$ 80.000,00.
b) R$ 90.000,00.
c) R$ 100.000,00.
d) R$ 110.000,00.
e) R$ 120.000,00.

Solução:

Juros simples: p% = 8% × 4 → p% = 32%

f = 1,32

M_s = 1,32 × C

Juros compostos:

i = 8% ao ano capitalização semestral = $\dfrac{8\%}{2}$ → i = 4% ao semestre.

t = 4 anos. → n = 8.

$M_c = C \times 1{,}04^8$ → $M_c = 1{,}368569 C$

$M_c - M_s = 4.856,90$

$1,368569C - 1,32C = 4.856,90$

$0,048569C = 4.856,90 \rightarrow C = 100.000,00$

Resposta: C

2) (FT–CE) Qual a taxa efetiva, em porcentagem e aproximada em uma casa decimal, de um financiamento à taxa nominal de 36% ao ano com capitalização mensal?

   a) 36,0% ao ano.

   b) 39,2% ao ano.

   c) 41,2% ao ano.

   d) 41,9% ao ano.

   e) 42,6% ao ano.

Solução:

36% ao ano capitalização mensal = $\dfrac{36\%}{12} \rightarrow i = 3\%$ ao mês (taxa efetiva mensal)

$i = 3\%$ ao mês; $I = ?\%$ ao ano $\rightarrow n = 12$

$$1 + I = (1 + i)^n$$

$1 + I = 1,03^{12} \rightarrow 1 + I = 1,426$

$I = 0,426$ ao ano (taxa efetiva anual escrita na forma unitária)

$I = 42,6\%$ ao ano (taxa efetiva anual escrita na forma porcentual)

Resposta: E

3) (Sefaz–RJ) No regime de juros compostos, a taxa de juros semestral equivalente à taxa de 125% ao ano é igual a:

   a) 45%.

   b) 50%.

   c) 61,25%.

   d) 62,25%.

   e) 275%.

Solução:

$I = 125\%$ ao ano; $i = ?$ ao semestre

$2,25 = (1 + i)^2$

$1 + i = \sqrt{2,25} \rightarrow 1 + i = 1,5 \rightarrow i = 0,5$

$i = 50\%$ ao semestre.

Resposta: B

4) (AF–P.Alegre) Uma loja vende um aparelho de televisão por R$ 500,00 à vista ou então a prazo com 20% de entrada mais uma parcela de R$ 440,00 dois meses após a compra. A taxa mensal de juros compostos do financiamento, na forma decimal, é dada por:

   a) $(1,08)^{1/2} - 1$.
   b) $(1,10)^{1/2} - 1$.
   c) $(1,125)^{1/2} - 1$.
   d) $(1,25)^{1/2} - 1$.

Solução:

À vista: 500

Entrada: 20% → 20%. 500 = 100

Financiamento: 500 – 100 = 400

Financiamento de 400, pagamento de 440 em 2 meses

C = 400,00; M = 440,00; t = 2 meses; i = ? % ao mês.

$440 = 400 \times (1 + i)^2$

$(1 + i)^2 = 1,10 \rightarrow 1 + i = 1,10^{\frac{1}{2}}$

$i = 1,10^{\frac{1}{2}} - 1$

Resposta: B

5) Guilherme aplicou seu capital por nove meses a 72% a.a. capitalizados trimestralmente. Se o montante dessa aplicação é R$ 20.915,80, o valor mais próximo do capital aplicado por Guilherme é:

   a) R$ 10.820,00.
   b) R$ 11.640,00.
   c) R$ 12.730,00.
   d) R$ 13.620,00.
   e) R$ 14.120,00.

Solução:

i = 72% ao ano capitalização trimestral = $\dfrac{72\%}{4}$

i = 18% ao trimestre

t = 9 m → n = 3

M = 20.915,80

C = ?

$20.915,80 = C \times 1,18^3$

$C = \dfrac{20915,80}{1,643032}$

C = 12.730,00

Resposta: C

Questões de Concursos

1) **(TCDF)** Para que se obtenha R$ 242,00, ao final de seis meses, a uma taxa de juros de 40% a.a., capitalizados trimestralmente, deve-se investir, hoje, a quantia de:
   a) R$ 171,43.
   b) R$ 172,86.
   c) R$ 190,00.
   d) R$ 200,00.
   e) R$ 220,00.

2) **(Contador–PE)** Um capital unitário é aplicado à taxa nominal de 24% ao ano com capitalização mensal. Obtenha o montante ao fim de dezoito meses.
   a) 1,36.
   b) 1,428246.
   c) 1,42576.
   d) 1,480244.
   e) 1,702433.

3) **(AFPS)** Calcule o montante obtido ao fim de dezoito meses por um capital unitário aplicado a uma taxa de juros nominal de 36% ao ano com capitalização mensal.
   a) 1,54.
   b) 1,7024.
   c) 2,7024.
   d) 54%.
   e) 70,24%.

4) **(ATM–Fortaleza)** Um capital de R$ 20.000,00 é aplicado à taxa nominal de 24% ao ano com capitalização trimestral. Obtenha o montante ao fim de dezoito meses de aplicação.
   a) R$ 27.200,00.
   b) R$ 27.616,11.
   c) R$ 28.098,56.
   d) R$ 28.370,38.
   e) R$ 28.564,92.

5) **(F.T–CE)** Um capital aplicado a juros compostos, à taxa nominal de 36% ao ano, com capitalização mensal, atingiu um montante de R$ 10.900,00, ao fim de um trimestre. Desprezando os centavos, o capital aplicado foi de:
   a) R$ 9.800,00.
   b) R$ 9.889,00.
   c) R$ 9.919,00.
   d) R$ 9.975,00.
   e) R$ 10.000,00.

6) **(TJ–CE)** Mauro aplicou o seu capital a juros compostos, a uma taxa de 24% a.a. com capitalização trimestral, pelo prazo de 21 meses. Findo o prazo, o montante atingiu a quantia de R$ 6.465,61. O capital inicial dessa aplicação é de R$:
   a) 4.600,00.
   b) 4.200,00.
   c) 4.300,00.
   d) 4.500,00.
   e) 4.400,00.

7) **(Sefaz–AM)** Um grande investidor aplicou R$ 100.000,00 na Bolsa de Valores, esperando obter uma rentabilidade de 60% ao ano com capitalização mensal. Caso tal rentabilidade de fato ocorra, os juros ao fim de 24 meses serão de:
   Dado: $1,05^{24} = 3,2250$
   a) R$ 112.360,00.
   b) R$ 120.000,00.
   c) R$ 220.000,00.
   d) R$ 222.500,00.
   e) R$ 322.500,00.

8) **(Petrobras)** Aplicaram-se R$ 10.000,00 por nove meses à taxa nominal de 12% ao ano com capitalização trimestral. No momento do resgate, pagou-se Imposto de Renda de alíquota 15%, sobre os rendimentos. O valor líquido do resgate foi, em reais, mais próximo de:
   a) 10.927.
   b) 10.818.
   c) 10.787.
   d) 10.566.
   e) 9.287.

9) **(Petrobras)** Uma aplicação financeira de R$ 20.000,00 rende 20% ao ano, capitalizado semestralmente. Considerando que a alíquota de Imposto de Renda é de 20% sobre os rendimentos, ao final da aplicação, o valor do resgate líquido, em reais, será:
   a) 19.200,00.
   b) 19.360,00.
   c) 23.200,00.
   d) 23.360,00.
   e) 27.040,00.

10) **(APO–RJ)** Rodrigo aplicou o seu dinheiro durante três anos, à taxa de 12% a.a., no regime de juro simples. Caso houvesse aplicado a juro composto, à mesma taxa, com capitalização semestral, teria recebido R$ 2.633,20 a mais. Considerando a aproximação até 3 casas decimais, Rodrigo recebeu de juro um valor de:
    a) R$ 16 344,00.
    b) R$ 14 344,00.
    c) R$ 12.344,00.
    d) R$ 10.344,00.

11) **(ATM–PE)** Usando a taxa de juros efetiva anual que corresponde à taxa de juros nominal de 24% ao ano com capitalização trimestral, obtenha o montante obtido com a aplicação de um capital de R$ 10.000,00 ao fim de um ano de aplicação.
   a) R$ 12.400,00.
   b) R$ 12.544,00.
   c) R$ 12.624,76.
   d) R$ 12.653,19.
   e) R$ 12.682,42.

12) **(CEF)** Sabe-se que a remuneração da Caderneta de Poupança é igual à variação da TR (Taxa referencial de Juros) mais juros de 6% a.a. (linear, ou seja, 0,5% a.m.). O montante de uma aplicação de R$ 2.000,00 por um mês, em que a TR foi igual a 0,65%, é igual a:
   a) R$ 2.200,00.
   b) R$ 2.133,78.
   c) R$ 2.113,65.
   d) R$ 2.023,07.
   e) R$ 2.013,00.

13) **(TCM–RJ)** Quanto rende de juros um capital de R$ 20.000,00, aplicado durante 9 meses a juros nominais de 18% ao semestre capitalizados trimestralmente?
   a) R$ 4.900,60.
   b) R$ 5.700,60.
   c) R$ 5.800,60.
   d) R$ 5.900,60.
   e) R$ 6.000,60.

14) **(TCM–RJ)** Um determinado capital, aplicado por três anos a juros nominais de 24% ao ano capitalizados bimestralmente, totaliza um rendimento de R$ 10.258,20. Qual o valor do capital aplicado?
   a) R$ 9.800,00.
   b) R$ 9.900,00.
   c) R$ 10.000,00.
   d) R$ 10.100,00.
   e) R$ 10.150,00.

15) **(ISS–SP)** Um banco faz empréstimos à taxa de 40% a.a., adotando a capitalização semestral dos juros, com taxas proporcionais. Nessas condições, por um empréstimo de R$ 10.000,00, feito por 2 anos, os juros a serem pagos corresponderiam a:
   a) R$ 10.138,00.
   b) R$ 10.236,00.
   c) R$ 10.432,00.
   d) R$ 10.638,00.
   e) R$ 10.736,00.

16) (Bacen) A taxa de 4% ao mês, quando capitalizada com juros compostos, corresponde a uma taxa bimestral equivalente a:
   a) 8%.
   b) 8,16%.
   c) 1,08%.
   d) 1,0816%.
   e) 16%.

17) (Sefaz–RS) A taxa anual de juros, equivalente a 2% ao trimestre, em juros compostos, é:
   a) 6,12%.
   b) 8,00%.
   c) 8,24%.
   d) 24,00%.
   e) 26,82%.

18) (AFR–SP) Considerando-se uma taxa de 6% ao trimestre, se capitalizada com juros compostos, a correspondente taxa anual equivalente terá um valor de:
   a) 18%.
   b) 24%.
   c) 26,25%.
   d) 118%.
   e) 124%.

19) (Susep) No sistema de juros compostos, qual a taxa de juros anual equivalente à taxa de 4% ao mês?
   a) 48,00%.
   b) 53,76%.
   c) 56,09%.
   d) 57,35%.
   e) 60,10%.

20) (Eletrobras) Uma instituição financeira oferece um produto que remunera o capital investido a uma taxa de 16% ao ano, capitalizados semestralmente. A taxa anual efetiva de remuneração deste produto é:
   a) 16,10%.
   b) 16,64%.
   c) 16,99%.
   d) 17,02%.
   e) 17,26%.

21) (AFRF) Indique a taxa de juros anual equivalente à taxa de juros nominal de 12% ao ano com capitalização mensal.
   a) 12,3600%.
   b) 12,6825%.
   c) 12,4864%.
   d) 12,6162%.
   e) 12,5508%.

22) **(AFC)** Um banco paga juros compostos de 30% ao ano, com capitalização semestral. Qual a taxa anual efetiva?
   a) 27,75%.
   b) 29,50%.
   c) 30%.
   d) 32,25%.
   e) 35%.

23) **(TCDF)** No Brasil, as cadernetas de poupança pagam, além da correção monetária, juros compostos à taxa nominal de 6% a.a., com capitalização mensal. A taxa efetiva bimestral é, então, de:
   a) 1,00025% a.b.
   b) 1,0025% a.b.
   c) 1,025% a.b.
   d) 1,25% a.b.

24) **(Sefaz–RJ)** A taxa de juros compostos semestral equivalente à taxa de 10% ao bimestre é:
   a) 3,33%.
   b) 30,00%.
   c) 31,33%.
   d) 33,10%.
   e) 36,66%.

25) **(CVM)** Qual o valor mais próximo da taxa equivalente à taxa nominal de 24% ao ano com capitalização mensal?
   a) 12,616% ao semestre.
   b) 24% ao ano.
   c) 12% ao semestre
   d) 4,803% ao bimestre.
   e) 5,75% ao trimestre.

26) **(BB)** A taxa efetiva trimestral equivalente a uma taxa nominal de 33% ao ano, capitalizada mensalmente, será de:
   a) 2,75%.
   b) 5,58%.
   c) 8,48%.
   d) 9,84%.
   e) 11,46%.

27) **(Bacen)** A taxa de 30% ao trimestre, com capitalização mensal, corresponde a uma taxa efetiva bimestral de:
   a) 20%.
   b) 21%.
   c) 22%.
   d) 23%.
   e) 24%.

28) **(Petrobras)** A taxa de juros compostos efetiva anual, equivalente à taxa nominal de 10% ao ano, capitalizados semestralmente, é:
   a) 5%.
   b) 10%.
   c) 10,10%.
   d) 10,25%.
   e) 11%.

29) **(AFRM-AR)** A taxa de juros compostos anual equivalente à taxa de 30% ao quadrimestre é:
   a) 107,55%.
   b) 109,90%.
   c) 119,70%.
   d) 90,00%.
   e) 114,70%.

30) **(Susep)** A taxa equivalente à taxa nominal de 18% ao semestre com capitalização mensal é de:
   a) 26,82% ao ano.
   d) 18% ao semestre.
   b) 36% ao ano.
   e) 9,2727% ao trimestre.
   c) 9% ao trimestre.

31) **(BNDES)** Qual é a taxa efetiva trimestral correspondente a juros de 30% ao trimestre com capitalização mensal?
   a) 30%.
   b) 31%.
   c) 32,5%.
   d) 32,8%.
   e) 33,1%.

32) **(TRF)** Indique qual o valor mais próximo da taxa equivalente à taxa nominal de 36% ao ano com capitalização mensal.
   a) 2,595% ao mês.
   b) 19,405% ao semestre.
   c) 18% ao semestre.
   d) 9,703% ao trimestre.
   e) 5,825% ao bimestre.

33) **(ISS–SP)** Se uma taxa nominal de 60% a.a. é capitalizada quadrimestralmente, a taxa anual efetiva é:
   a) 107,36%.
   b) 92,4%.
   c) 72,8%.
   d) 69,5%.
   e) 67,4%.

34) **(IRB)** Indique o valor mais próximo da taxa de juros equivalente à taxa de juros compostos de 4% ao mês.
   a) 60% ao ano.
   b) 30% ao semestre.
   c) 24% ao semestre.
   d) 10% ao trimestre.
   e) 6% ao bimestre.

35) **(TCI–RJ)** A taxa semestral equivalente à taxa proporcional de 3% ao trimestre é:
   a) 6,00%.
   b) 6,09%.
   c) 6,18%.
   d) 6,27%.

36) **(Petrobras)** Qual é a taxa efetiva anual correspondente a juros de 40% ao ano capitalizados trimestralmente?
   a) 40%.
   b) 42,42%.
   c) 44,44%.
   d) 45,57%.
   e) 46,41%.

37) **(Sefaz-RJ)** A taxa de juros anual equivalente à taxa de juros de 30% ao ano, capitalizados semestralmente, é:
   a) 31,75%.
   b) 15,00%.
   c) 30,00%.
   d) 32,25%.
   e) 60,00%.

38) **(Sefaz-RJ)** A respeito dos diferentes conceitos de taxas de juros (nominal, efetiva, real, proporcional e equivalente), analise as afirmativas a seguir:

   I – A taxa de juros anual proporcional à taxa de juros de 1% ao mês é 12,68%.

   II – A taxa de juros anual equivalente à taxa de 5% ao trimestre é 21,55%.

   III – A taxa de juros efetiva para um empréstimo de um mês quando a taxa de juros mensal é de 5%, mas o banco exige a manutenção de um saldo mínimo de 20% do valor do empréstimo, é de 5,8%.

   Assinale
   a) se apenas a afirmativa I estiver correta.
   b) se apenas a afirmativa II estiver correta.
   c) se apenas as afirmativas I e III estiverem corretas.
   d) se apenas as afirmativas II e III estiverem corretas.
   e) se apenas a afirmativa III estiver correta.

39) **(IBGE)** A taxa semestral de juros compostos equivalente a uma taxa de juros de 54% ao ano, capitalizados bimestralmente durante um semestre, é:
   a) 29,50%.
   b) 27,00%.
   c) 25,15%.
   d) 23,35%.
   e) 21,90%.

40) (TCDF) Uma empresa solicita um empréstimo ao banco no regime de capitalização composta à base de 44% ao bimestre. A taxa equivalente composta ao mês é de:
   a) 12%.
   b) 20%.
   c) 22%.
   d) 24%.

41) (Infraero) Um banco cobra por seus empréstimos uma taxa de juros efetiva anual de 101,22%. A taxa de juros mensal efetiva que a instituição cobra pelos empréstimos é:
   a) 3%.
   b) 4%.
   c) 5%.
   d) 6%.
   e) 7%.

42) (CEF) A taxa efetiva anual de 50%, no sistema de juros compostos, equivale a uma taxa nominal de i% ao semestre, capitalizada bimestralmente. O número de divisores inteiros positivos de i é:
   a) 8.
   b) 7.
   c) 6.
   d) 5.
   e) 4.

43) (Contador–Sanepar) Sendo 24% ao ano a taxa nominal de juros cobrada por uma instituição, calcule o custo efetivo anual, admitindo que o período de capitalização dos juros compostos seja quadrimestral.
   a) 24,00%.
   b) 26,82%.
   c) 25,44%.
   d) 26,25%.
   e) 25,97%.

44) (CEF) Qual a taxa efetiva semestral, no sistema de juros compostos, equivalente a uma taxa nominal de 40% ao quadrimestre, capitalizada bimestralmente?
   a) 60,0%.
   b) 64,4%.
   c) 67,5%.
   d) 72,8%.
   e) 75,0%.

45) (TCM–RJ) Quem faz uma aplicação a juros compostos, a uma taxa de 3% ao mês, obtém, como rentabilidade, uma taxa unitária semestral equivalente igual a:
   a) 0,18.
   b) 0,194.
   c) 1,8.
   d) 19,4.

46) **(TRE)** A taxa nominal ao ano, capitalizada bimestralmente, que é equivalente à taxa nominal de 31,5% ao semestre, capitalizada quadrimestralmente, é:
   a) 120% a.a.
   b) 106% a.a.
   c) 84% a.a.
   d) 60% a.a.
   e) 48% a.a.

47) **(FR–MS)** Qual é a taxa efetiva mensal paga por quem toma um empréstimo de R$ 2.000,00, por dois meses, a juros simples de 10,5% ao mês?
   a) 10%.
   b) 10,1%.
   c) 10,3%.
   d) 10,4%.
   e) 10,5%.

48) **(ATE–MS)** Um capital é aplicado à taxa de juros nominal de 24% ao ano com capitalização mensal. Qual a taxa de juros anual efetiva da aplicação desse capital, em porcentagem, aproximada até centésimos?
   a) 26,82%.
   b) 26,53%.
   c) 26,25%.
   d) 25,97%.
   e) 25,44%.

49) **(CVM)** Um indivíduo colocou o seu capital a juros compostos com capitalização mensal, a uma taxa de juros nominal de 24% ao ano. Ao fim de um ano e meio, qual foi o aumento percentual de seu capital inicial?
   a) 36%.
   b) 38,08%.
   c) 40%.
   d) 42,82%.
   e) 48%.

50) **(Bacen)** Calcule o juro final como porcentagem do capital inicial a uma taxa de juros nominal de 24% ao ano, com capitalização mensal em um prazo de dezoito meses.
   a) 36,00%.
   b) 38,12%.
   c) 40,00%.
   d) 42,82%.
   e) 44,75%.

51) **(Susep)** Um capital é aplicado à taxa de juros nominais de 24% ao ano com capitalização mensal, durante dezoito meses. Calcule o juro obtido ao final do prazo como porcentagem do capital inicial.
   a) 26,82%.
   b) 24,00%.
   c) 42,82%.
   d) 36,00%.
   e) 48,00%.

52) (Aneel) Um capital é aplicado com capitalização semestral de juros num prazo de dois anos a uma taxa de juros nominal de 10% ao ano. Calcule o valor mais próximo dos juros devidos como porcentagem do capital aplicado.
   a) 20,00%.
   b) 21,00%.
   c) 21,55%.
   d) 22,12%.
   e) 23,41%.

53) (Gefaz–MG) Ao fim de quantos trimestres um capital aplicado a juros compostos de 8% ao trimestre aumenta 100%.
   a) 12,5.
   b) 12.
   c) 10.
   d) 9.
   e) 8.

54) (AFRE–MG) A que taxa mensal de juros compostos um capital aplicado aumenta 80% ao fim de quinze meses.
   a) 4%.
   b) 5%.
   c) 5,33%.
   d) 6,5%.
   e) 7%.

55) (AFC) Em uma campanha promocional, o Banco A anuncia uma taxa de juros de 60% ao ano com capitalização semestral. O Banco B, por sua vez, anuncia uma taxa de juros de 30% ao semestre com capitalização mensal. Assim, os valores mais próximos das taxas de juros efetivas anuais dos Bancos A e B são, respectivamente, iguais a:
   a) 69% e 60%.
   b) 60% e 60%.
   c) 69% e 79%.
   d) 60% e 69%.
   e) 120% e 60%.

56) (Cedae–RJ) Uma aplicação *A* remunera à taxa nominal de 12% ao ano com capitalização mensal, enquanto outra aplicação *B* rende 5% a cada seis meses. Após 1 ano, a aplicação mais rentável e a taxa efetiva dessa aplicação neste período correspondem, respectivamente, a:
   a) aplicação **A** / 14,42%.
   b) aplicação **B** / 12,33%.
   c) aplicação **B** / 12%.
   d) aplicação **A** / 12,68%.

57) **(TCM–RJ)** Tainá está diante de um processo decisório que envolve a escolha de uma das três opções de investimento:

Fundo de Investimento A: rentabilidade líquida de 3% ao mês sobre os valores aplicados.
Fundo de Investimento B: remuneração líquida de 40% ao ano sobre o capital investido.
Fundo de Investimento C: rendimento bruto de 45% ao ano; imposto de renda retido na fonte de 20%, calculado sobre a rentabilidade bruta obtida.
Todas as opções apresentam o mesmo nível de risco e ocorrem dentro do regime de juros compostos.
Considerando essas informações, conclui-se que a melhor opção de investimento é o:
a) Fundo A, pois a taxa anual equivalente a 3% ao mês é igual a 42,58% ao ano.
b) Fundo B, pois a taxa de 40% ao ano implica uma rentabilidade de 3,33% ao mês.
c) Fundo C, pois seu rendimento líquido anual é de 45%, uma vez que este valor independe do Imposto de Renda Retido na Fonte.
d) Fundo B, pois sua rentabilidade líquida anual de 40% supera os juros líquidos de 3% mensais oferecidos pelo Fundo A, e o rendimento líquido anual de 36% oferecido pelo Fundo C.

58) **(Sefaz – RJ)** A taxa efetiva anual equivalente a i ao ano, capitalizados k vezes ao ano, é:
a) $1 - \left(1 + \dfrac{i}{k}\right)^k$.
b) $1 - \left(1 - \dfrac{i}{k}\right)^k$.
c) $\left(1 - \dfrac{i}{k}\right)^{k+1} - 1$.
d) $\left(1 + \dfrac{i}{k}\right)^k - 1$.
e) $\left(1 + \dfrac{i}{k}\right)^{k+1} - 1$.

59) **(ISS–RJ)** A expressão que relaciona a taxa de juros anual com a taxa de juros equivalente semestral é a seguinte:
a) $(1 + i_a) = (1 + i_s)^2$.
b) $(1 + i_a) = (1 + i_s)^4$.
c) $(1 + i_a) = (1 + i_s)^6$.
d) $(1 + i_a) = (1 + i_s)^{12}$.

60) **(Segas)** Um capital é aplicado durante um semestre a juros compostos, a uma taxa de juros nominal de 20% ao ano, com capitalização trimestral. No final do período, os juros apresentaram um valor de R$ 1.334,55. O valor do montante desta aplicação é igual a:
a) R$ 14.322,05.
b) R$ 14.332,55.
c) R$ 14.343,50.
d) R$ 14.354,55.
e) R$ 14.575,05.

61) (TCI) Dois capitais foram aplicados pelo prazo fixo de dois anos. O primeiro à taxa nominal de 20% ao ano capitalizada semestralmente e o segundo, a 16% ao semestre capitalizada trimestralmente. Sabendo-se que ao término do prazo os juros ganhos pelos dois capitais totalizaram R$ 2.042,14, e que o primeiro capital é R$ 1.000,00 maior que o segundo, o valor de cada capital é, respectivamente:
a) R$ 2.000,00 e R$ 1.000,00.
b) R$ 2.180,00 e R$ 1.180,00.
c) R$ 2.200,00 e R$ 1.200,00.
d) R$ 2.240,00 e R$ 1.240,00.
e) R$ 2.280,00 e R$ 1.280,00.

62) (TCM–RJ) Um capital de R$ 10.000,00 foi aplicado por dois anos a juros nominais de 8% ao ano capitalizados trimestralmente e, a seguir, o montante, por mais um ano a juros nominais de 24% ao ano capitalizados mensalmente. Ao término do terceiro ano, o rendimento da aplicação será de:
a) R$ 4.630,00.
b) R$ 4.679,50.
c) R$ 4.800,00.
d) R$ 4.859,50.
e) R$ 5.110,50.

63) (AFRM-AR) Um montante de R$ 1 000 foi aplicado durante 6 meses em um banco à taxa de 21% ao ano, juros compostos e, a seguir, o montante resultante foi colocado em outro banco a juros de 20% ao ano, durante mais 1 ano. A taxa anual que faria com que o montante final fosse equivalente ao montante encontrado é:
a) 18,25%.
b) 20,33%.
c) 25,00%.
d) 22,22%.
e) 16,00%.

64) (ACE) O capital de R$ 50.000,00, aplicado a juros compostos com capitalização trimestral, produziu o montante de R$ 60.775,31 ao fim de um ano. Calcular a taxa de juros nominal anual, com aproximação de uma casa decimal.
a) 5%.
b) 5,4%.
c) 20,0%.
d) 21,6%.
e) 30,4%.

65) (Susep) Um banco efetua descontos de promissórias à taxa de desconto (simples por fora) de 10% ao mês. Isso equivale, nos descontos efetuados dois meses antes do vencimento, a cobrar juros (compostos) de taxa mensal igual a:
a) 9,5%.
b) 10%.
c) 11%.
d) 11,8%.
e) 12,2%.

66) **(MPU)** Se um banco efetua descontos de promissórias (desconto comercial) cobrando uma taxa de 37,5% ao mês e uma promissória no valor de R$ 100,00, com vencimento em 60 dias, for descontada nesse banco, então:
   a) a taxa de juros efetiva paga pelo proprietário da promissória ao banco será de 100% ao mês.
   b) o portador da promissória receberá R$ 15,00.
   c) o portador da promissória receberá R$ 20,00.
   d) o portador da promissória receberá R$ 30,00.
   e) o portador da promissória receberá R$ 35,00.

67) **(AFTN)** Uma empresa aplica $ 300 à taxa de juros compostos de 4% ao mês por dez meses. A taxa que mais se aproxima da taxa proporcional mensal dessa operação é:
   a) 4,60%.
   b) 4,40%.
   c) 5,00%.
   d) 5,20%.
   e) 4,80%.

68) **(AFC)** Em quantos meses o juro ultrapassará o valor do capital aplicado se a taxa de juros for de 24% ao ano, capitalizado trimestralmente?
   a) 12.
   b) 20.
   c) 24.
   d) 30.
   e) 36.

69) **(CVM)** Um título com vencimento dentro de dez meses e de valor nominal de R$ 1.000,00 é negociado hoje com um deságio de 21,88% sobre o seu valor nominal. Indique a taxa mensal de juros compostos que representa o rendimento efetivo do título.
   a) 2,188%.
   b) 2,5%.
   c) 21,88%.
   d) 30%.
   e) 34,389%.

(Aneel) Leia o texto abaixo para responder às três questões seguintes.

Pedro aplicou R$ 12.000,00 em uma instituição financeira que pagava juros compostos de 12% ao ano, capitalizados mensalmente, não cobrava taxas e pagava os tributos para os seus clientes. Três meses e meio após a aplicação, retirou R$ 2.000,00 acrescidos dos juros até então auferidos. Um mês e meio após o resgate citado, Pedro aplicou mais R$ 5.000,00.

70) Considerando $(1,01)^{10} = 1,105$, a taxa anual efetiva de juros da aplicação financeira escolhida por Pedro é:
   a) inferior a 11,5%.
   b) superior a 11,5% e inferior a 12%.
   c) superior a 12% e inferior a 12,5%.
   d) superior a 12,5% e inferior a 13%.
   e) superior a 13%.

71) No dia em que aplicou R$ 5.000,00, Pedro tinha, nessa aplicação financeira, a quantia de:
   a) R$ 10.201,00.
   b) R$ 10.303,01.
   c) R$ 10.363,61.
   d) R$ 12.120,00.
   e) R$ 12.241,20.

72) Para que a aplicação de R$ 5.000,00 renda a Pedro R$ 5.000,00 em doze meses, será necessário que a taxa percentual de juros vigente no momento da aplicação inicial seja modificada para:
   a) $(\sqrt[12]{1,5} - 1) \times 100$.
   b) $(\sqrt[12]{2} - 1) \times 100$.
   c) $(\sqrt[12]{3} - 1) \times 100$.
   d) $(\sqrt[12]{2} - 2) \times 100$.
   e) $(\sqrt[12]{2,5} - 1) \times 100$.

73) (ESAF) Uma pessoa aplicou 60% de seu capital na Financeira "X", a 16% a.a., com capitalização trimestral. O restante aplicou na Financeira "Y", a 18% a.a., com capitalização semestral. Depois de três anos recebeu $ 20.177,58 de juros compostos da Financeira "Y". Nessas condições, o valor dos juros que recebeu da Financeira "X" foi de (desprezar os centavos no resultado final):
   a) $ 48.159,00.
   b) $ 75.400,00.
   c) $ 26.866,00.
   d) $ 49.978,00.
   e) $ 71.556,00.

74) (AFRF) No sistema de juros compostos um capital PV aplicado durante um ano à taxa de 10% ao ano com capitalização semestral resulta no valor final FV. Por outro lado, o mesmo capital PV, aplicado durante um trimestre à taxa de it% ao trimestre resultará no mesmo valor final FV, se a taxa de aplicação trimestral for igual a:
   a) 10,25%.
   b) 26,25%.
   c) 13,12%.
   d) 40%.
   e) 20%.

75) (Potigas) A taxa efetiva anual correspondente a 20% ao ano com capitalização trimestral é:
   a) 20,00%.
   b) 21,55%.
   c) 22,15%.
   d) 24,00%.
   e) 25,75%.

76) (BB) Qual a taxa semestral equivalente à taxa de 25% ao ano?
   a) 11,40%.
   b) 11,50%.
   c) 11,60%.
   d) 11,70%.
   e) 11,80%.

77) **(BB)** A taxa efetiva trimestral referente a uma aplicação foi igual a 12%. A correspondente taxa de juros nominal (i) ao ano, com capitalização mensal, poderá ser encontrada calculando:

   a) $i = 4 \cdot \left[(1,12)^{1/3} - 1\right]$.

   b) $i = 12 \cdot \left[(1,12)^{1/4} - 1\right]$.

   c) $i = 12 \cdot \left[(1,12)^{1/3} - 1\right]$.

   d) $i = (1,04)^{12} - 1$.

   e) $i = 12 \cdot [(0,04) \div 3]$.

78) **(Eletrobras)** Um certo tipo de aplicação financeira procura atrair investidores afirmando conseguir uma rentabilidade de 24% a.a., capitalizados mensalmente. Se a projeção para a inflação acumulada nos próximos 12 meses for de 10%, a rentabilidade real do investimento será de:
   a) 12,7%.
   b) 13,1%.
   c) 14,5%.
   d) 15,3%.
   e) 16,4%.

79) **(TCI)** Uma pessoa aplicou um capital de R$ 20.000,00 durante quatro anos à taxa nominal de 14% ao ano capitalizada semestralmente. Ao término desse período, somente os juros ganhos foram reaplicados por 15 meses à taxa nominal de 12% ao trimestre capitalizada mensalmente. Qual o rendimento dessa última aplicação?
   a) R$ 10.308,29.
   b) R$ 11.504,53.
   c) R$ 12.718,97.
   d) R$ 12.856,78.
   e) R$ 13.082,56.

80) **(Susep)** No sistema de juros compostos, o Banco X oferece uma linha de crédito ao custo de 80 % ao ano com capitalização trimestral. Também no sistema de juros compostos, o Banco Y oferece a mesma linha de crédito ao custo dado pela taxa semestral equivalente à taxa cobrada pelo Banco X. Maria obteve 100 unidades monetárias junto ao Banco X, para serem pagas ao final de um ano. Mário, por sua vez, obteve 100 unidades monetárias junto ao Banco Y para serem pagas ao final de um semestre. Sabendo-se que Maria e Mário honraram seus compromissos nos respectivos períodos contratados, então os custos percentuais efetivos pagos por Maria e Mário, foram, respectivamente, iguais a:
   a) 320% ao ano e 160% ao semestre.
   b) 120% ao ano e 60% ao semestre.
   c) 72,80% ao ano e 145,60% ao semestre.
   d) 240% ao ano e 88% ao ano.
   e) 107,36% ao ano e 44% ao semestre.

81) (APO–RJ) Uma companhia aplicou R$ 10.000,00, em um título de seis meses, com remuneração de 10% ao mês (juros compostos). Por necessitar de recursos descontou (desconto simples por fora) o título dois meses antes do vencimento à taxa de 9% a.m. Que taxa de juros real foi obtida pela aplicação de recursos, durante quatro meses, se a taxa de inflação nos quatro primeiros meses tiver sido de 4% a.m.?
a) 24,18%.
b) 23,91%.
c) 23,58%.
d) 25,08%.

82) (TCM–RJ) Um banco pretende usar um capital de R$ 100.000,00 em uma operação de empréstimo pelo prazo de três meses a juros compostos efetivos de 5% ao mês. Se o banco descontasse comercialmente uma duplicata com valor nominal igual ao valor do capital emprestado e prazo idêntico ao do empréstimo, o rendimento de juros seria o mesmo em ambas as operações. A taxa de desconto aplicada à duplicata está entre:
a) 2,0% e 2,5% a.m.
b) 3,0% e 3,5% a.m.
c) 4,0% e 4,5% a.m.
d) 5,0% e 5,5% a.m.
e) 6,0% e 6,5% a.m.

83) (Petrobras) A Novos Plásticos Ltda. é uma empresa familiar de coleta e reciclagem de plásticos descartados, com o respectivo processamento para reutilização. Tendo em vista o crescimento na demanda por seus serviços e produtos, a atual administração decidiu aplicar parte de seu lucro líquido do ano de 2009 para a aquisição de um novo terreno, onde pretende construir uma nova unidade fabril, já que a atual praticamente atingiu sua capacidade máxima de produção.

Nesse sentido, a empresa dispõe de um capital de R$ 800.000,00 para investir, mas o custo total para a compra do terreno, construção do novo imóvel, aquisição de novas máquinas e transferência do parque fabril já existente foi estimado em R$ 3.200.000,00. Se a Novos Plásticos Ltda. optar por aplicar o capital referido em um investimento que rende 2,4% ao mês, a juros compostos, quanto tempo, aproximadamente, em meses, levará para a empresa obter o montante necessário para efetivar a expansão, contando somente com o capital investido e seus respectivos rendimentos?

Dados: Log 2 = 0,301
a) 31
b) 40
c) 61
d) 121
e) 125

84) (AFR–PB) A taxa de juros nominal de 36% ao ano, com capitalização mensal, corresponde a uma taxa efetiva de:
a) 9% ao trimestre.
b) $[(1,03)^2 - 1]$ ao bimestre.
c) $12 \cdot \left[(1,36)^{1/12} - 1\right]$ ao ano.
d) $\left(\sqrt{1,36} - 1\right)$ ao semestre.
e) $\left[(1,36)^{1/12} - 1\right]$ ao mês.

85) **(Contador–RJ)** O tempo necessário para que R$ 2.200,00 empregados à taxa de 20% ao mês, com juros capitalizados mensalmente, quadruplique seu valor, está compreendido entre:

Dados: Log 2 = 0,30   Log 3 = 0,47
a) 7 e 8 meses.
b) 8 e 9 meses.
c) 9 e 10 meses.
d) 10 e 11 meses.

86) **(TCDF)** Determinada quantia é investida à taxa de juros compostos de 20% a.a., capitalizados trimestralmente. Para que tal quantia seja duplicada, deve-se esperar:

a) $\dfrac{\log 5}{\log 1,05}$ trimestres.
b) $\dfrac{\log 2}{\log 1,05}$ trimestres.
c) $\dfrac{\log 5}{\log 1,2}$ trimestres.
d) $\dfrac{\log 2}{\log 1,2}$ trimestres.
e) $\dfrac{\log 20}{\log 1,2}$ trimestres.

87) **(TCU)** A empresa X paga, a cada um de seus funcionários, salário de $ 10.000,00 com reajuste mensal de 10%. A empresa Y paga salário de $ 14.400,00 com reajuste semestral de 60%. Indique o número de semestres após os quais o salário na empresa Y começará a ser menor que na empresa X.

Utilize as aproximações: log 1,44 = 0,16; log 1,1 = 0,04; log 1,6 = 0,2.
a) 6.
b) 5.
c) 4.
d) 3.
e) essa possibilidade jamais ocorrerá.

88) **(TCU)** Deseja-se comprar um bem que custa X reais, mas dispõe-se apenas de 1/3 desse valor. A quantia disponível é, então, aplicada em um Fundo de Aplicações Financeiras, à taxa mensal de 26%, enquanto que o bem sofre mensalmente reajuste de 20%. Considere as aproximações: log 3 = 0,48; log 105 = 2,021; log 0,54 = – 0,27.

Assinale a opção correta:
a) Ao final do primeiro ano de aplicação, o bem poderá ser adquirido com o montante obtido.
b) O número n de meses necessários para o investimento alcançar o valor do bem é dado pela fórmula: $\dfrac{x}{3} + n \cdot 0,26 \cdot \dfrac{x}{3} = x + n \cdot 0,2x$.
c) O número mínimo de meses de aplicação necessário à aquisição do bem será 23.
d) Decorridos dez meses, o montante da aplicação será 40% do valor do bem naquele momento.
e) O bem jamais poderá ser adquirido com o montante obtido.

Gabarito:

1. D	24. D	47. A	70. D
2. B	25. A	48. A	71. A
3. B	26. C	49. D	72. B
4. D	27. B	50. D	73. C
5. D	28. D	51. C	74. A
6. C	29. C	52. C	75. B
7. D	30. E	53. D	76. E
8. C	31. E	54. A	77. C
9. D	32. B	55. C	78. D
10. A	33. C	56. D	79. B
11. C	34. A	57. A	80. E
12. D	35. B	58. D	81. A
13. D	36. E	59. A	82. D
14. C	37. D	60. D	83. C
15. E	38. B	61. C	84. B
16. B	39. A	62. D	85. B
17. C	40. B	63. B	86. B
18. C	41. D	64. C	87. C
19. E	42. E	65. D	88. C
20. B	43. E	66. A	89. D
21. B	44. D	67. E	90. C
22. D	45. B	68. E	
23. B	46. D	69. B	

CAPÍTULO 6

CONVENÇÕES LINEAR E EXPONENCIAL

Considere a seguinte situação:

Calcule o montante produzido por R$ 10.000,00 aplicados à taxa composta de 12% ao mês, durante três meses e 20 dias.

Como nessa situação o período de capitalização é mensal e o tempo de aplicação é um período não inteiro de meses, há duas formas de se chegar a esse montante.

Convenção Linear → atualizamos o capital a juros compostos no número inteiro de períodos de capitalização e corrigimos esse montante a juros simples no período fracionário.

Assim, sendo **n** o número inteiro de períodos de capitalização e **q** o período fracionário temos:

$$C \xrightarrow{\text{J.C.}\ n} \bullet \xrightarrow{\text{J.S.}\ q} M$$

Voltando à situação inicial:

$C = 10.000,00$; $i = 12\%$ ao mês;

$t = 3$ meses 20 dias → $n = 3$ e $q = 20d = \dfrac{2}{3}$ m.

Aplicação a juros compostos: fator = $(1,12)^3$.

Aplicação a juros simples:

$p\% = i \times q \to p\% = 12\% \times \dfrac{2}{3} \to p\% = 8\% \to$ fator: $1,08$.

$M = 10.000 \times (1,12)^3 \times 1,08$

$M = 15.173,22$

Resposta: R$ 15.173,22

Convenção Exponencial → calculamos o montante a juros compostos sobre o período total de aplicação (n + q), ou seja, atualizamos o capital a juros compostos no número inteiro de períodos de capitalização e corrigimos esse montante, ainda a juros compostos, no período fracionário.

$M = C \times (1 + i)^{n+q}$

Ou ainda, $M = C \times (1 + i)^n \times (1 + i)^q$.

Na situação proposta:

$C = 10.000,00; i = 12\%$ ao mês;

$t = 3$ meses 20 dias $\rightarrow t = 3 + \dfrac{2}{3} = \dfrac{11}{3}$ meses.

$M = 10.000 \times (1,12)^{11/3}$

O que é o mesmo que calcular, $M = 10.000 \times 1,12^3 \times 1,12^{2/3}$.

Para calcularmos esse montante precisamos usar uma tabela logarítmica ou uma calculadora. Com o auxílio de qualquer desses meios chegamos a:

$M = 10.000 \times 1,515186$

$M = 15.151,86$

Resposta: R$ 15.151,86

Observações:

1) Verificamos que o montante calculado pela convenção linear é maior que o calculado pela convenção exponencial. Isso acontece porque na parte fracionária, em relação ao período de capitalização, os juros simples são sempre maiores que os juros compostos.

2) Em algumas situações não há indicação sobre a convenção a ser adotada para o cálculo do montante na parte fracionária. Nesses casos, vamos desprezar essa parte no cálculo do montante.

Ou seja, será considerado apenas o número inteiro de períodos de capitalização.

PROBLEMAS DE APLICAÇÃO

1) Um compromisso no valor de R$ 20.000,00 foi pago com atraso de 100 dias. Para a atualização da dívida foi usada a convenção linear e a taxa de juros de 3% ao mês. O valor que mais se aproxima do valor a ser pago é:

   a) R$ 21.598,00.
   b) R$ 21.701,00.
   c) R$ 21.854,00.
   d) R$ 22.073,00.
   e) R$ 22.291,00.

Solução:

C = 20.000,00; i = 3% a.m;

t = 100 dias → n = 3 e q = $\dfrac{1}{3}$.

Convenção linear.

Juros compostos: fator $1,03^3$ = 1,092727.

Juros simples: p% = i × q → p% = 3% × $\dfrac{1}{3}$ → p% = 1% → fator: 1,01.

M = 20.000 × 1,092727 × 1,01

M = 22.073,00

Resposta: D

2) Guilherme aplicou uma determinada quantia a uma taxa de 200% a.a. sob o regime de juros simples, durante 90 dias. Terminado o prazo, retirou 40% do montante e reaplicou o restante a juros compostos a uma nova taxa de 10% a.m. durante 135 dias, recebendo no final da nova aplicação a importância de R$ 146.410,00. Sabendo-se que para o cálculo do montante utilizou-se a convenção linear, qual o valor do capital inicial da primeira aplicação?

Solução:

C : Capital inicial; i = 200% ao ano (juros simples);

t = 90 dias = $\dfrac{1}{4}$ ano.

p% = i × t → p% = 200% × $\dfrac{1}{4}$ → p% = 50% → f = 1,5.

M = 1,5 C

Retirou 40%, restaram 60% → 0,6 × 1,5 C = 0,9C.

Capital aplicado: 0,9 C; i = 10% ao mês.

t = 135 dias → n = 4 e q = 15 dias = 0,5 m .

M = 146.410,00

$1,1^4$ → fator de juros compostos

1,05 → fator de juros simples (p% = i × t → p% = 10% × 0,5 = 5%)

146.410 = 0,9 C × $(1,1)^4$ × 1,05

C = $\dfrac{146.410}{0,9 \times 1,464 \times 1,05}$ → C = 105.820,11

Resposta: R$ 105.820,11

Questões de Concursos

1) **(Contador–RJ)** Um capital de R$ 200,00 foi aplicado a juros nominais de 28% ao ano capitalizados trimestralmente. Se o resgate for realizado após sete meses, o montante será de:
   a) R$ 228,98.
   b) R$ 244,50.
   c) R$ 248,78.
   d) R$ 278,46.
   e) R$ 298,34.

2) **(AFTN)** Uma pessoa aplicou R$ 10.000,00 a juros compostos de 15% a.a. pelo prazo de três anos e oito meses. Admitindo-se a convenção linear, o montante da aplicação ao final do prazo era de:
   a) R$ 16.590,00.
   b) R$ 16.602,00.
   c) R$ 16.698,00.
   d) R$ 16.705,00.
   e) R$ 16.730,00.

3) **(TCE)** Utilizando a convenção linear, o montante de uma aplicação de $ 10.000,00 à taxa composta de 10% a.a. no fim de dois anos e seis meses corresponde a:
   a) $ 11.105,00.
   b) $ 11.705,00.
   c) $ 12.100,00.
   d) $ 12.705,00.

4) **(AFTN)** O capital de R$ 1.000,00 é aplicado do dia 10 de junho ao dia 25 do mês seguinte, a uma taxa de juros compostos de 21% ao mês. Usando a convenção linear, calcule os juros obtidos, aproximando o resultado em real.
   a) R$ 337,00.
   b) R$ 331,00.
   c) R$ 343,00.
   d) R$ 342,00.
   e) R$ 340,00.

5) **(Petrobras)** Qual é o montante gerado por um principal de R$ 1 000,00 em 2 meses e 15 dias, a juros de 10% ao mês, pela convenção linear?
   a) R$ 1 210,00.
   b) R$ 1 269,06.
   c) R$ 1 270,50.
   d) R$ 1.271,34.
   e) R$ 1.272,04.

6) **(BESC)** O montante de um principal de R$ 300,00 em 2 meses e 10 dias, a juros de 10% ao mês pela convenção linear, é igual a:
   a) R$ 370,00.
   b) R$ 372,00.
   c) R$ 373,00.
   d) R$ 375,10.
   e) R$ 377,10.

7) **(Contador–Sanepar)** Um capital de R$ 10.000,00 é emprestado à taxa de juros compostos de 12% ao ano, por 4 anos e 6 meses, tendo por base a capitalização anual. Qual será o montante a ser pago utilizando-se a convenção linear?
   a) R$ 16.679,31.
   b) R$ 16.652,56.
   b) R$ 16.652,56.
   e) R$ 15.400,00.
   d) R$ 15.941,26.

8) **(FR–MS)** Determine o montante, em 75 dias, de um principal de R$ 5.000,00 a juros de 10% ao mês, pela convenção linear.
   a) R$ 6.250,00.
   b) R$ 6.300,00.
   c) R$ 6.325,00.
   d) R$ 6.344,00.
   e) R$ 6.352,50.

9) **(Contador–Enap)** Um capital no valor de R$ 1.000.000,00 é aplicado a juros compostos à taxa de 18% ao semestre. Calcule o valor mais próximo do montante ao fim de sete meses usando a convenção linear.
   a) R$ 1.210.000,00.
   b) R$ 1.213.004,00.
   c) R$ 1.215.400,00.
   d) R$ 1.240.000,00.
   e) R$ 1.270.000,00.

10) **(ESAF)** A melhor aproximação do capital que, em 10 meses e 25 dias, a juros compostos de 9% a.m. calculados pela convenção linear, resultaria no montante de $ 235.506,45 é:
    a) $ 92.540,00.
    b) $ 92.572,98.
    c) $ 92.586,80.
    d) $ 96.800,00.
    e) $ 119.243,77.

11) **(AFRF)** Um capital é aplicado a juros compostos durante seis meses e dez dias, a uma taxa de juros de 6% ao mês. Qual o valor que mais se aproxima dos juros obtidos como porcentagem do capital inicial, usando a convenção linear?
    a) 46,11%.
    b) 48,00%.
    c) 41,85%.
    d) 44,69%.
    e) 50,36%.

12) **(AFPS)** Obtenha os juros como porcentagem do capital aplicado à taxa de juros compostos de 10% ao semestre por um prazo de quinze meses, usando a convenção linear para cálculo do montante.
   a) 22,5%.
   b) 24%.
   c) 25%.
   d) 26,906%.
   e) 27,05%.

13) **(AFRF)** Um capital é aplicado a juros compostos à taxa de 20% ao período durante quatro períodos e meio. Obtenha os juros como porcentagem do capital aplicado, considerando a convenção linear para cálculo do montante.
   Considere ainda que:
   $1,20^4 = 2,0736$;
   $1,20^{4,5} = 2,271515$ e
   $1,20^5 = 2,48832$.
   a) 107,36%.
   b) 127,1515%.
   c) 128,096%.
   d) 130%.
   e) 148,832%.

14) **(FTE–PA)** Um capital é aplicado a juros compostos durante dois períodos e meio a uma taxa de 20% ao período. Calcule o montante em relação ao capital inicial, considerando a convenção linear para cálculo do montante.
   a) 150%.
   b) 157,74%.
   c) 158,4%.
   d) 160%.
   e) 162%.

15) **(Susep)** Um capital é aplicado a juros compostos durante três períodos e meio a uma taxa de 10% ao período. Obtenha o montante em relação ao capital aplicado considerando a convenção linear.
   a) 135%.
   b) 136,825%.
   c) 137,425%.
   d) 139,755%.
   e) 142%.

16) **(TRF)** Um capital de R$ 100.000,00 é aplicado a juros compostos à taxa de 18% ao semestre. Calcule o valor mais próximo do montante ao fim de quinze meses usando a convenção linear.
   a) R$ 150.108,00.
   b) R$ 151.253,00.
   c) R$ 151.772,00.
   d) R$ 152.223,00.
   e) R$ 152.510,00.

17) **(AFR–PB)** Um capital no valor de R$ 20.000,00 foi investido a uma taxa de juros compostos de 10% ao ano, durante 2 anos e 3 meses. O montante no final do período, adotando a convenção linear, foi igual a:
   a) R$ 22.755,00.
   b) R$ 23.780,00.
   c) R$ 24.805,00.
   d) R$ 24.932,05.
   e) R$ 25.500,00.

18) **(Serpro)** A quantia de R$ 10.000,00 é devida hoje, enquanto outra dívida no valor de R$ 20.000,00 vence no fim de um mês. Na medida em que os dois compromissos não poderiam ser honrados, uma negociação com o credor comum levou ao acerto de um pagamento único no fim de três meses e meio. Calcule o valor do pagamento único considerando que foi acertada uma taxa de juros compostos de 4% ao mês, valendo a convenção linear para cálculo do montante dentro do quarto mês.
   a) R$ 33.400,00.
   b) R$ 33.531,80.
   c) R$ 33.538,25.
   d) R$ 33.651,00.
   e) R$ 34.000,00.

19) **(ESAF)** João aplicou uma determinada quantia a uma taxa de 144% a.a., sob regime de juros simples comerciais, durante 90 dias. Terminado o prazo, retirou 40% do montante e reaplicou o restante a juros compostos a uma nova taxa de 10% ao mês durante 135 dias, recebendo no final da nova aplicação a importância de R$ 642.460,00. Sabendo-se que para o cálculo do montante utilizou-se a convenção linear, o valor do capital inicial da primeira aplicação foi de, aproximadamente:
   a) R$ 503.200,00.
   b) R$ 510.750,00.
   c) R$ 512.150,00.
   d) R$ 520.480,00.
   e) R$ 540.000,00.

20) **(AFRF)** Um capital é aplicado a juros compostos à taxa de 40% ao ano durante um ano e meio. Calcule o valor mais próximo da perda percentual do montante considerando o seu cálculo pela convenção exponencial em relação ao seu cálculo pela convenção linear, dado que:
   $1{,}40^{1{,}5} = 1{,}656502$.
   a) 0,5%.
   b) 1%.
   c) 1,4%.
   d) 1,7%.
   e) 2,0%.

21) **(AFRF)** A quantia de R$ 500.000,00 é devida hoje e a quantia de R$ 600.000,00 é devida no fim de um ano ao mesmo credor. Na medida em que os dois compromissos não poderiam ser honrados, uma negociação com o credor levou ao acerto de um pagamento equivalente único ao fim de dois anos e meio. Calcule o valor deste pagamento considerando que foi acertada uma taxa de juros compostos de 20% ao ano, valendo a convenção exponencial para cálculo do montante (despreze os centavos).
   a) R$ 1.440.000,00.
   b) R$ 1.577.440,00.
   c) R$ 1.584.000,00.
   d) R$ 1.728.000,00.
   e) R$ 1.733.457,00.

Gabarito:

1. A	8. E	15. D
2. E	9. C	16. C
3. D	10. A	17. C
4. A	11. D	18. C
5. C	12. E	19. C
6. D	13. C	20. C
7. A	14. C	21. B

CAPÍTULO 7

DESCONTOS COMPOSTOS

Quando precisamos antecipar o pagamento ou recebimento de uma nota promissória, temos dois tipos de descontos: o comercial e o racional.

Os descontos comercial e racional compostos têm o comportamento análogo aos do sistema de capitalização simples.

Desconto Comercial Composto (D) → é um desconto que incide sobre o valor nominal (N) período a período.

$$A_D = N(1-i)^n$$

Onde:

A → valor atual

N → valor nominal

i → taxa de desconto comercial

n → número de períodos de antecipação.

Exemplo:

1) Um título no valor de R$ 20.000,00 foi saldado três meses antes do seu vencimento. A taxa de desconto comercial composto aplicada foi de 10% ao mês. Qual o valor recebido?

N = 20.000,00; i = 10% ao mês; D

t = 3 meses → n = 3

A_D = ?

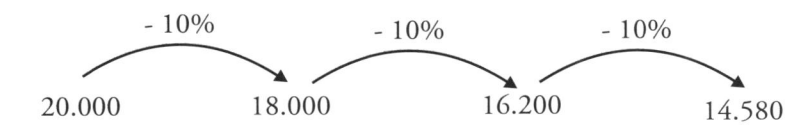

20.000 —(-10%)→ 18.000 —(-10%)→ 16.200 —(-10%)→ 14.580

A_D = 14.580,00

O que significa fazer:

i = 10% = 0,1

$A_D = N(1-i)^n \rightarrow A_D = 20.000(1-0,1)^3$

$A_D = 20.000 \times (0,9)^3 \rightarrow A_D = 14.580$.

Resposta: R$ 14.580,00

Desconto Racional Composto (d) → aplicar o desconto racional, à taxa *i*, a um título de valor nominal *N*, vencível ao final de n períodos, é encontrar um valor atual A_d tal que *N* seja o montante de A_d.

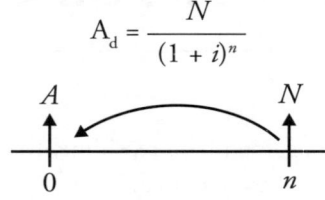

$$A_d = \frac{N}{(1+i)^n}$$

Exemplo:

1) Qual o valor atual de um título de valor nominal R$ 11.248,64 que sofre desconto racional à taxa composta de 4% a.a., três anos antes do seu vencimento?

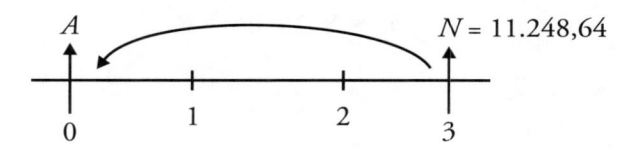

O que precisamos é deslocar o valor de N três períodos para a esquerda; devemos, então, dividir N por $(1+i)^3$:

$A_d = \dfrac{N}{1,04^3} \rightarrow A_d = \dfrac{11.248,64}{1,124864}$

$A_d = 10.000$.

Resposta: R$ 10.000,00

IMPORTANTE:

Quando deslocamos um capital para o futuro, estamos fazendo uma capitalização, ou seja, calculando o seu montante, ou ainda, colocando juros nesse capital.

Quando deslocamos um capital para o passado, estamos fazendo uma descapitalização, ou seja, calculando o seu valor atual, ou ainda, retirando os juros que estão embutidos nesse capital.

Assim,

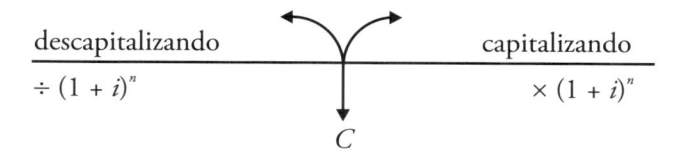

```
        descapitalizando        ↔        capitalizando
        ÷ (1 + i)ⁿ                       × (1 + i)ⁿ
                              C
```

onde:

$i \rightarrow$ taxa de juros compostos

$n \rightarrow$ número de períodos que o capital será deslocado

PROBLEMAS DE APLICAÇÃO:

1) Ana Luiza comprou um eletrodoméstico e vai pagá-lo em 30 e 60 dias em prestações de R$ 216,00 e R$ 349,92, respectivamente. Se a loja cobra juros compostos de taxa 8% a.m., qual o valor à vista desse bem?

Solução:

Seja V o valor à vista desse bem.

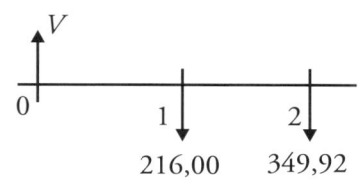

```
        V
        ↑
    0       1        2
            ↓        ↓
          216,00   349,92
```

As prestações têm juros embutidos, portanto, para calcular o valor à vista devemos retirar esses juros. Para isso vamos descapitalizar as prestações:

$V = \dfrac{216}{1,08} + \dfrac{349,92}{1,08^2} \rightarrow V = 200 + 300$

$V = 500,00$.

Muitas vezes as divisões que surgem se tornam difíceis, já que não temos uma calculadora.

O que poderemos fazer é escolher uma data qualquer (data focal) e comparar os valores pagos e o valor à vista nesta data.

Esta data pode ser qualquer uma, mas, por comodidade, convém, em geral, escolher a data mais ao futuro e assim evitaremos as divisões. Por isso vamos escolher a data 2 e deslocar todos os valores para essa data.

Valores pagos deslocados para a data 2: $349,92 + 216 \times 1,08 = 583,20$.

Valor do bem à vista na data 2: $V \times (1,08)^2$.

O valor à vista será, na data focal, igual à soma dos valores pagos:

$V \times 1,08^2 = 583,20 \rightarrow V = \dfrac{583,20}{1,1664}$

$V = 500$.

Resposta: R$ 500,00

2) Um artigo de preço à vista R$ 442,00 é vendido em duas prestações iguais em 30 e 90 dias. Se a taxa de juros composta cobrada pelo vendedor é de 10% a.m., determine o valor de cada prestação.

Solução:

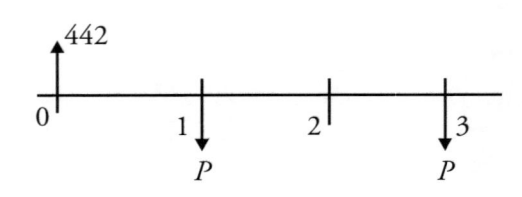

```
          442
           ↑
          |
        0 |   1 ↓   2   3 ↓
                  P         P
```

P: valor de cada prestação; i = 10% ao mês; P(datas 1 e 3).

Vamos escolher a data focal 3.

Valores a pagar, na data focal: $P + P \times 1,1^2 = P + P \times 1,21 = 2,21P$.

Valor à vista: $442 \times 1,1^3$.

O valor à vista, na data focal, é igual à soma dos valores a serem pagos:

$442 \times 1,1^3 = 2,21P$

$P = \dfrac{442 \times 1,331}{2,21}$

$P = 266,20$.

Resposta: R$ 266,20

3) Um título de valor nominal R$ 36.751,29 vencível em cinco meses deve ser substituído por um outro título com vencimento em dois meses.

Se a taxa de juros composta é de 7% ao mês, qual o valor desse título?

Solução:

Dívida: 36.751,29 na data 5.

Proposta de substituição: P (data 2)

i = 7% ao mês.

Vamos construir uma linha do tempo e, de um lado da linha, colocamos a dívida e do outro o valor da proposta de substituição.

Capítulo 7 — *Descontos Compostos* ■ 157

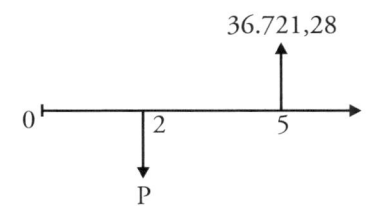

```
                        36.721,28
                            ↑
    0 ├─────────┬──────────┼──────→
              2          5
              ↓
              P
```

Esses títulos são equivalentes, portanto, têm o mesmo valor quando comparados na mesma data (data focal).

Adotando a data focal 5, o valor da proposta será igual ao valor da dívida:

$P \times (1,07)^3 = 36.751,29 \rightarrow P = \dfrac{36.751,29}{1,225043}$

P = 30.000,00.

Resposta: R$ 30.000,00

4) Um título de valor R$ 100.000,00 vencível em seis meses deve ser substituído por dois títulos de mesmo valor, vencíveis em três e 10 meses respectivamente. Se a taxa de juros compostos é de 5% a.m., qual o valor de cada título?

Solução:

Dívida: 100.000 para 6 meses.

Proposta: P (datas 3 e 10 meses)

i = 5% ao mês.

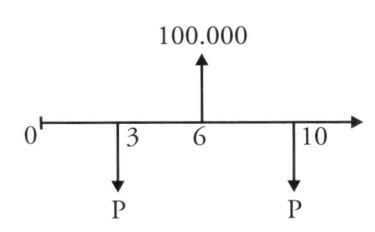

```
                    100.000
                       ↑
    0 ├────┬──────┼──────┬────→
         3      6     10
         ↓            ↓
         P            P
```

Adotando a data focal 10, a soma dos valores da proposta será igual ao valor da dívida:

$P + P \times 1,05^7 = 100.000 \times 1,05^4$

$P + P \times 1,4071 = 100.000 \times 1,215506$

$2,4071 \times P = 121.550,60 \rightarrow P = \dfrac{121.550,60}{2,4071}$

P = 50.496,70.

Resposta: R$ 50.496,70

5) Uma empresa obteve financiamento de R$ 10.000,00 à taxa de 96% ao ano com capitalização mensal. A empresa pagou R$ 3.000,00 ao final do primeiro mês e R$ 4.000,00 ao final do segundo mês. O valor que deverá ser pago ao final do terceiro mês para liquidar o financiamento é:

a) R$ 5.002,90.
b) R$ 4.993,78.
c) R$ 4.885,03.
d) R$ 4.831,19.
e) R$ 4.777,92.

Solução:

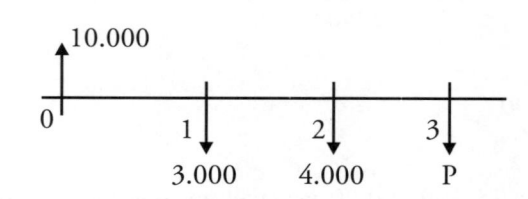

i = 96% ao ano capitalização mensal = 8% ao mês.

Adotando a data focal 3, o valor do financiamento será igual à soma das prestações pagas:

$10.000 \times 1,08^3 = 3.000 \times 1,08^2 + 4.000 \times 1,08 + P$

$12.597,12 = 3.499,20 + 4.320 + P$

$P = 4.777,92$.

Outra solução:

Vamos capitalizar a dívida contraída, período a período, e deduzir os pagamentos efetuados.

Data 0: dívida de 10.000.

Data 1: $10.000 \times 1,08 - 3.000 = 7.800$.

Data 2: $7.800 \times 1,08 - 4.000 = 4.424$.

Data 3: $4.424 \times 1,08 - P = 0$ (liquida a dívida).

$P = 4.777,92$.

Resposta: E

6) Guilherme tomou empréstimo à taxa de 6% ao mês, com juros capitalizados mensalmente. Esse empréstimo deve ser pago em três parcelas de R$ 1.000,00; R$ 2.000,00 e R$ 3.000,00 daqui a cinco, oito e dez meses, respectivamente. O valor que mais se aproxima do valor de um único pagamento no décimo segundo mês que substitui esses três pagamentos é:

a) R$ 7.200,80.
b) R$ 7.399,40.
c) R$ 7.428,60.
d) R$ 7.440,20.
e) R$ 7.600,40.

Solução:

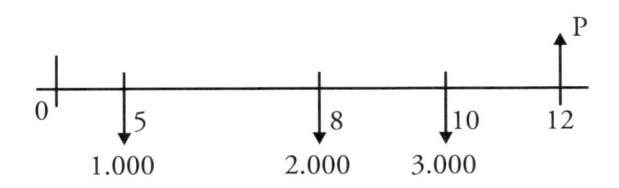

i = 6% ao mês.

Adotando a data focal 12, o pagamento único será igual à soma de todos os outros pagamentos:

P = 1.000 × 1,06⁷ + 2.000 × 1,06⁴ + 3.000 × 1,06²

P = 1.503,63 + 2.524,95 + 3.370,80

P = 7.399,38.

Resposta: B

7) (Petrobras) Considere o fluxo de caixa abaixo, com valores monetários em reais:

Ano	0	1	2	3
Valor (R$)	– 30.000,00	8.800,00	16.940,00	19.965,00

O valor presente líquido desse fluxo de caixa, na data zero, à taxa de atratividade de 10% ao ano, a juros compostos, em reais, é:

a) 6.000.
b) 7.000.
c) 11.800.
d) 12.000.
e) 15.705.

Solução:

Obs.: O Valor Presente Líquido (VPL) de um fluxo de caixa, em determinada data, corresponde à diferença entre a soma das entradas de capital E e a soma dos desembolsos D quando calculados na data determinada.

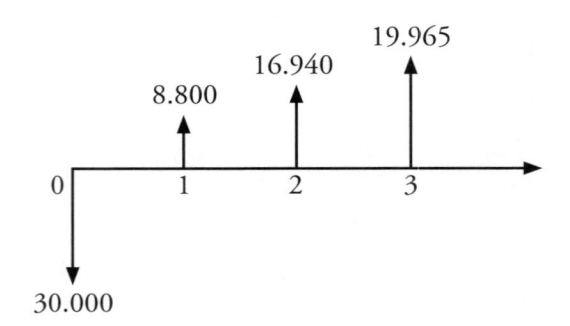

$$\text{VPL} = E - D$$
E: soma das entradas de capital.
D: soma dos desembolsos.
$$\text{VPL} = \frac{8.800}{1,1} + \frac{16.940}{1,1^2} + \frac{19.965}{1,1^3} - 30.000$$
$$\text{VPL} = 8.000 + 14.000 + 15.000 - 30.000$$
$$\text{VPL} = 7.000,00$$
Resposta: B

8) Considere o fluxo de caixa abaixo, com valores monetários em reais:

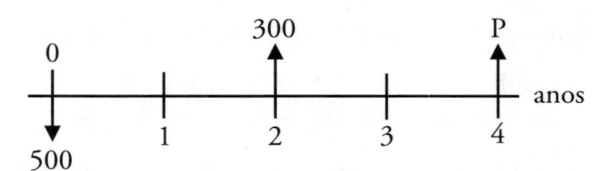

O valor de P, em reais, para o qual a taxa interna de retorno anual é igual a 6% é (desprezar os centavos):

a) 300,00.
b) 294,00.
c) 261,00.
d) 243,00.
e) 200,00.

Solução:
No fluxo, há um desembolso de 500 na data 0 e entradas de capital de 300 na data 2 e P na data 4.

Obs.: Taxa interna de retorno (TIR) é aquela que zera o fluxo, ou seja, escolhida uma data focal, a soma das entradas de capital será igual à soma dos desembolsos. Podemos dizer, também, que a TIR é aquela que gera VPL = 0.

Adotando a data focal 4, o desembolso será igual à soma das entradas de capital:

$500 \times 1,06^4 = 300 \times 1,06^2 + P$

$P = 294,16$.

Resposta: B

9) Um equipamento pode ser adquirido através de duas opções de financiamento:

Período	0	1	2	3	(mês)
Opção 1	100	180	220	300	(milhares $)
Opção 2	0	80	120	X	(milhares $)

O valor de **X** que torna as duas opções de pagamento equivalentes, se considerarmos uma taxa de juros compostos de 2% ao mês, é mais próximo de:

a) 612,00.

b) 600,00.

c) 578,00.

d) 546,00.

e) 498,00.

Solução:

Se as duas alternativas são equivalentes, elas têm o mesmo valor se comparadas em uma mesma data (data focal).

i = 2% ao mês.

Adotando a data focal 3 → opção 1 = opção 2:

$100 \times 1,02^3 + 180 \times 1,02^2 + 220 \times 1,02 + 300 = 80 \times 1,02^2 + 120 \times 1,02 + X$

$X = 612,16$.

Resposta: A

Outra solução.

Obs.: Na comparação de dois fluxos, podemos reduzir os valores que se encontram numa mesma data.

Assim, teremos:

Período	0	1	2	3	(mês)
Opção 1	100	100	100	300	(milhares $)
Opção 2	0	0	0	X	(milhares $)

Logo, adotando a data focal 3, opção 2 = opção 1:

$X = 100 \times 1{,}02^3 + 100 \times 1{,}02^2 + 100 \times 1{,}02 + 300$

$X = 612{,}16.$

Resposta: $X = 612{,}16$

10) Uma loja oferece dois planos de pagamentos:

Plano I: à vista com 5% de desconto.

Plano II: duas parcelas iguais mensais e consecutivas, sobre o preço de tabela, sendo a primeira em 30 dias.

Se "i" é a taxa mensal de juros compostos cobrada pela loja e x = 1 + i, a equação que fornece o valor de x é:

a) $5x^2 - x - 1 = 0$.

b) $2x^2 - x - 1 = 0$.

c) $17x^2 - 5x - 5 = 0$.

d) $5x^2 - x - 5 = 0$.

e) $19x^2 - 10x - 10 = 0$.

Solução:

Compra: 100 (suposição).

Plano I: à vista, com desconto de 5%, 95 (valor real da mercadoria).

Plano II: 50 (30 dias) + 50 (60 dias).

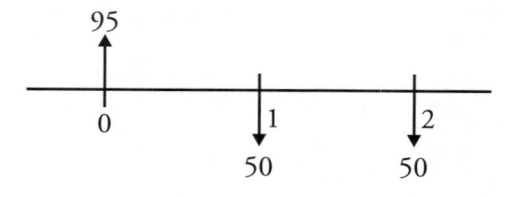

Adotando a data focal 2, à taxa i:

$95 \cdot (1 + i)^2 = 50 \cdot (1 + i) + 50.$

Se x = 1 + i

$95x^2 - 50x - 50 = 0$.

Simplificando toda a equação por 5, temos:

$19x^2 - 10x - 10 = 0$.

Resposta: E

11) Um título de valor $ 10.000,00 sofre desconto comercial cinco meses antes do vencimento à taxa de desconto composto de 10% a.m. Qual a taxa de juros mensais efetivamente cobrada nessa transação?

Solução:

$N = 10.000,00$; $t = 5$ meses $\rightarrow n = 5$;

i = 10% ao mês. = 0,1 ao mês.

$A_D = ?$

$A_D = N(1-i)^n$

$A_D = 10.000 \times (1-0,1)^5$

$A_D = 5.904,90$

O que é preciso saber é a taxa de juros compostos mensal i_{ef} que aplicada ao valor atual A gera montante N.

$N = A_D (1 + i_{ef})^5$

$10.000 = 5.904,90 \times (1 + i_{ef})^5$

Com o auxílio de uma máquina, concluímos que $i = 11,11\%$ a.m.

Resposta: 11,11% a.m.

Uma taxa de juros efetiva pode ser calculada também pela fórmula: $i_{ef} = \dfrac{i}{1-i}$, com i representada na forma unitária.

Então, no problema acima:

$i_{ef} = \dfrac{0,1}{1-0,1}$

$i_{ef} = 0,1111...$

$i_{ef} = 11,11\%$ a.m.

12) (Economista–Ceal) Considere o seguinte fluxo de caixa:

Prazo (Ano)	Valor (R$)
0	– X
1	16 500,00
2	0,00
3	23 958,00

Sabendo-se que a taxa interna de retorno correspondente é igual a 10% ao ano, tem-se que o valor de X é:

a) R$ 30.000,00.

b) R$ 33.000,00.

c) R$ 34.800,00.

d) R$ 36.780,00.

e) R$ 38.030,00.

Solução:

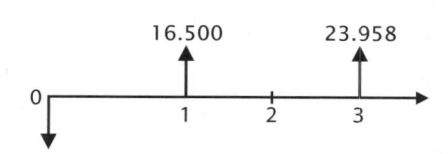

Adotando a data focal 0, o valor do desembolso será igual à soma das entradas de capital:
i = 10% ao ano.

$$X = \frac{16.500}{1,1^3} + \frac{23.958}{1,1^3}$$

X = 15.000 + 18.000

X = 33.000.

Resposta: B

Questões de Concursos

1) (TCM-RJ) Uma empresa tem uma dívida composta por duas prestações, com prazos de vencimento, a contar de hoje, em 1 e 3 meses, e valores de R$ 2.000,00 e R$ 2.100,00, respectivamente. Admitindo-se que as referidas parcelas tenham sido calculadas a uma taxa de juros compostos de 5% a.m., caso a empresa deseje substituir as prestações originais por um único pagamento, a ser realizado ao final do segundo mês, o valor a ser pago será:
   a) R$ 4.000,00.
   b) R$ 4.095,00.
   c) R$ 4.100,00.
   d) R$ 4.105,00.
   e) R$ 4.200,00.

2) (CVM) Um título é descontado quatro meses antes do seu vencimento a uma taxa de desconto de 5% ao mês, sendo o valor do desconto racional composto calculado em R$ 4.310,00. Marque o valor mais próximo do valor nominal do título.
   a) R$ 20.000,00.
   b) R$ 24.309,00.
   c) R$ 21.550,00.
   d) R$ 25.860,00.
   e) R$ 15.690,00.

3) (Bacen) Um título tem valor nominal de R$ 108.160,00 e vencimento para 180 dias. Se negociado 60 dias antes do vencimento à mesma taxa de 4% ao mês, através de capitalização composta, terá valor de:
   a) R$ 90.000,00.
   b) R$ 80.000,00.
   c) R$ 60.000,00.
   d) R$ 40.000,00.
   e) R$ 100.000,00.

4) (APOFP-SP) Um título no valor de face de R$ 1.000,00 deve ser descontado três meses antes do seu vencimento. Calcule o valor mais próximo do desconto racional composto à taxa de desconto de 3% ao mês.
   a) R$ 92,73.
   b) R$ 84,86.
   c) R$ 87,33.
   d) R$ 90,00.
   e) R$ 82,57.

5) **(AFRF)** Um título sofre um desconto composto racional de R$ 6.465,18 quatro meses antes do seu vencimento. Indique o valor mais próximo do valor descontado do título, considerando que a taxa de desconto é de 5% ao mês.
   a) R$ 25.860,72.
   b) R$ 28.388,72.
   c) R$ 30.000,00.
   d) R$ 32.325,90.
   e) R$ 36.465,18.

6) **(AFRF)** Um título foi descontado por R$ 840,00 quatro meses antes do seu vencimento. Calcule o desconto obtido considerando um desconto racional composto a uma taxa de 3% ao mês.
   a) R$ 140,00.
   b) R$ 104,89.
   c) R$ 168,00.
   d) R$ 93,67.
   e) R$ 105,43.

7) **(ISS–SP)** Um título de valor nominal R$ 59.895,00 foi pago 3 meses antes do vencimento. Se a taxa mensal de desconto composto era de 10%, o valor líquido desse título era:
   a) R$ 48.000,00.
   b) R$ 46.500,00.
   c) R$ 45.000,00.
   d) R$ 44.500,00.
   e) R$ 42 000,00.

8) **(ATE–MS)** Um título é descontado por R$ 4.400,00 quatro meses antes do seu vencimento. Obtenha o valor de face do título considerando que foi aplicado um desconto racional composto a uma taxa de 3% ao mês. (Despreze os centavos, se houver.)
   a) R$ 4.400,00.
   b) R$ 4.725,00.
   c) R$ 4.928,00.
   d) R$ 4.952,00.
   e) R$ 5.000,00.

9) **(Gefaz–MG)** Um título no valor nominal de R$ 13.400,00 é resgatado seis meses antes de seu vencimento, sofrendo um desconto de R$ 3.400,00 sobre o seu valor nominal. Calcule a taxa de desconto mensal, considerando um desconto composto por dentro.
   a) 4,2%.
   b) 4,5%.
   c) 5%.
   d) 5,5%.
   e) 5,67%.

10) **(Susep)** Um título sofre um desconto racional composto dois meses antes do seu vencimento a uma taxa de 5% ao mês. Dado que o valor do desconto é R$ 10 000,00, qual o valor mais próximo do valor nominal do título?
    a) R$ 100.000,00.
    b) R$ 107.561,00.
    c) R$ 102.564,00.
    d) R$ 97.561,00.
    e) R$ 110.000,00.

11) **(An–PE)** Um título é descontado por R$ 10.000,00 quatro meses antes de seu vencimento a uma taxa de 3% ao mês. Calcule o valor nominal do título considerando que o desconto usado foi o desconto racional composto. Despreze os centavos.
    a) R$ 11.255,00.
    b) R$ 11.295,00.
    c) R$ 11.363,00.
    d) R$ 11.800,00.
    e) R$ 12.000,00.

12) **(Serpro)** Um título sofre um desconto composto racional de R$ 340,10 seis meses antes do seu vencimento. Calcule o valor descontado do título considerando que a taxa de desconto é de 5% ao mês. (Despreze os centavos.)
    a) R$ 944,00.
    b) R$ 980,00.
    c) R$ 1.000,00.
    d) R$ 1.133,00.
    e) R$ 1.340,00.

13) **(AFR–PB)** Um título é resgatado 2 anos antes do vencimento, segundo o critério do desconto racional composto. Se a taxa utilizada foi de 10% ao ano e o valor do desconto resultou em R$ 4.620,00, o valor nominal do título é:
    a) R$ 26.620,00.
    b) R$ 26.015,00.
    c) R$ 25.410,00.
    d) R$ 24.805,00.
    e) R$ 24.200,00.

14) **(AFRFB)** O valor nominal de uma dívida é igual a 5 vezes o desconto racional composto, caso a antecipação seja de dez meses. Sabendo-se que o valor atual da dívida (valor de resgate) é de R$ 200.000,00, então o valor nominal da dívida, sem considerar os centavos, é igual a:
    a) R$ 230.000,00.
    b) R$ 250.000,00.
    c) R$ 330.000,00.
    d) R$ 320.000,00.
    e) R$ 310.000,00.

15) **(Contador–PE)** Um título no valor de face de R$ 10.000,00 sofre um desconto racional composto a uma taxa de 4% ao mês cinco meses antes do seu vencimento. Calcule o valor do desconto, desprezando os centavos.
    a) R$ 2.400,00.
    b) R$ 2.096,00.
    c) R$ 2.000,00.
    d) R$ 1.780,00.
    e) R$ 1.600,00.

16) (Bacen) O valor do desconto composto racional de um título no valor de R$ 20.000,00, com prazo para 30 dias para vencimento e taxa cobrada de 4% ao mês, é, em reais:
   a) 620,00.
   b) 850,00.
   c) 950,00.
   d) 769,00.
   e) 820,00.

17) (ISS–RJ) Para o capital inicial aplicado de R$ 1.000,00 a uma taxa de 8% ao ano, juros compostos, o valor do desconto racional no final do segundo ano é igual a:
   a) R$ 126,40.
   b) R$ 146,40.
   c) R$ 156,40.
   d) R$ 166,40.

18) (APO–RJ) O desconto concedido no resgate de uma nota promissória de R$ 8.488,00, recebida 2 meses antes de seu vencimento, à taxa de juro composto de 3% ao mês, é, aproximadamente, de:
   a) R$ 788,00.
   b) R$ 688,00.
   c) R$ 588,00.
   d) R$ 488,00.

19) (ISS–SP) No regime de capitalização composta, à taxa mensal de 10%, a uma letra de câmbio de valor nominal R$ 2.541,00, resgatada 2 meses antes do vencimento, será concedido o desconto de:
   a) R$ 450,00.
   b) R$ 441,00.
   c) R$ 437,00.
   d) R$ 435,00.
   e) R$ 421,00.

20) (TRF) Uma empresa especializada desconta um cheque no valor nominal de R$ 10.000,00 três meses antes do seu vencimento por meio de um desconto racional composto calculado à taxa de 4% ao mês. Calcule o valor mais próximo do valor do desconto.
   a) R$ 1.090,00.
   b) R$ 1.100,00.
   c) R$ 1.110,00.
   d) R$ 1.200,00.
   e) R$ 1.248,00.

21) **(Contador–Santos)** Um título de valor nominal R$ 5.840,64, vai ser descontado 2 meses antes do vencimento à taxa de 4% ao mês. Se V1, V2 e V3 são os valores líquidos a serem recebidos, no caso de se utilizar, respectivamente, o desconto comercial simples, o desconto racional simples e o desconto racional composto, é verdade que:
   a) V1 < V2 = V3.
   b) V1 = V2 < V3.
   c) V1 < V3 < V2.
   d) V2 − V3 = R$ 80,00.
   e) V2 − V1 = R$ 37,50.

22) **(APO)** Uma pessoa quer descontar hoje um título de valor nominal R$ 11.245,54, com vencimento para daqui a 60 dias e tem as seguintes opções:
   I. Desconto simples racional, taxa de 3% ao mês.
   II. Desconto simples comercial, taxa de 2,5% ao mês.
   III. Desconto composto racional, taxa de 3% ao mês.
   Se ela escolher a opção I, a diferença entre o valor líquido que receberá e o que receberia se escolhesse a opção:
   a) II é R$ 31,50.
   b) II é R$ 39,40.
   c) III é R$ 9,00.
   d) III é R$ 12,00.
   e) III é R$ 15,00.

23) **(Sefaz–RJ)** Um título com três anos até o vencimento tem valor futuro de R$ 10.000,00. Sabendo-se que um banco apresenta uma taxa de desconto composto comercial de 50% ao ano, o valor presente desse título é:
   a) R$ 1.250,00.
   b) R$ 2.000,00.
   c) R$ 3.333,33.
   d) R$ 4.000,00.
   e) R$ 5.000,00.

24) **(TCDF)** Uma duplicata no valor de R$ 2.000,00 é resgatada dois meses antes do vencimento, obedecendo ao critério de desconto comercial composto. Sabendo-se que a taxa de desconto é de 10% ao mês, o valor descontado e o valor do desconto são, respectivamente, de:
   a) R$ 1.600,00 e R$ 400,00.
   b) R$ 1.620,00 e R$ 380,00.
   c) R$ 1.640,00 e R$ 360,00.
   d) R$ 1.653,00 e R$ 360,00.
   e) R$ 1.666,67 e R$ 333,33.

25) **(ACE)** Um título deveria sofrer um desconto comercial simples de R$ 672,00 quatro meses antes do seu vencimento. Todavia uma negociação levou à troca do desconto comercial simples por um desconto racional composto. Calcule o novo desconto, considerando a mesma taxa de 3% ao mês.
   a) R$ 600,00.
   b) R$ 620,15.
   c) R$ 624,47.
   d) R$ 643,32.
   e) R$ 672,00.

26) **(CVM)** Descontando-se um título de valor nominal de R$ 10.500,00 dois meses antes de seu vencimento, à taxa de desconto de 3% ao mês e de acordo com o critério do desconto comercial composto, o valor do desconto na operação é de:
   a) R$ 600,00.
   b) R$ 610,00.
   c) R$ 615,15.
   d) R$ 620,55.
   e) R$ 639,45.

27) **(Bacen)** Desconto composto por fora a uma taxa de 20% ao mês é equivalente a um desconto composto por dentro a uma taxa mensal de:
   a) 10%.
   b) 15%.
   c) 17%.
   d) 20%.
   e) 25%.

28) **(APO–RJ)** Um automóvel, que valia R$ 40 000,00 no início de janeiro de 2005, desvaloriza-se 10% ao ano, isto é, em cada ano ele perde 10% do valor que tinha no início do ano. Para que, após 10 anos, contados a partir do início de janeiro de 2005, o valor do carro seja R$ 4 000,00, a taxa de desvalorização anual será de:
   a) $1 - 10\sqrt{\dfrac{1}{2}}$.
   b) $1 - 10\sqrt{\dfrac{1}{10}}$.
   c) $1 - \sqrt[10]{5}$.
   d) $1 - \sqrt[10]{10}$.

29) **(Petrobras)** Considere as três afirmativas a seguir:
   I – Um fluxo de caixa representa o movimento de entradas e desembolsos de capitais ao longo de um universo temporal.
   II – Taxa Interna de Retorno (TIR) de um fluxo de caixa é aquela para a qual a soma das entradas de capital é igual à soma dos desembolsos quando a comparação é efetuada em uma mesma data.
   III – Dois fluxos de caixa são equivalentes se têm as mesmas entradas de capital.
   Está correto o que se afirma em:
   a) II, apenas.
   b) I e II, apenas.
   c) I e III, apenas.
   d) II e III, apenas.
   e) I, II e III.

30) **(Aneel)** Carlos contraiu um empréstimo que deverá ser pago da seguinte forma: dois anos após a data do fechamento do negócio, R$ 20.000,00; três anos após a data do fechamento do negócio, R$ 30.000,00. Sabendo que o empréstimo foi contraído a uma taxa de juros compostos de 3% ao mês, conclui-se que Carlos tomou emprestada, em reais, a quantia de:

a) $\dfrac{20.000}{1,03^{24}} + \dfrac{30.000}{1,03^{36}}$.

b) $\dfrac{20.000}{1,03^{2}} + \dfrac{30.000}{1,03^{3}}$.

c) $1,03^2 \times 20.000 + 1,03^3 \times 30.000$.

d) $1,03 \times 20.000 + 1,032 \times 30.000$.

e) $2,06 \times 20.000 + 3,09 \times 30.000$.

31) **(ATM–Fortaleza)** Qual o capital hoje que é equivalente, a uma taxa de juros compostos de 10% ao semestre, a um capital de R$ 100.000,00 que venceu há um ano mais um capital de R$ 110.000,00 que vai vencer daqui a seis meses?
a) R$ 210.000,00.
b) R$ 220.000,00.
c) R$ 221.000,00.
d) R$ 230.000,00.
e) R$ 231.000,00.

32) **(FT–ES)** Uma empresa prevê o pagamento de R$ 1.080,00 daqui a um mês e R$ 1.728,00 daqui a três meses. Se a empresa aplica seus recursos a juros compostos, à taxa de 20% ao mês, quanto deverá aplicar hoje para fazer frente a essas despesas?
a) R$ 1.900,00.
b) R$ 2.280,00.
c) R$ 2.340,00.
d) R$ 2.808,00.
e) R$ 3.283,20.

33) **(Petrobras)** Um investimento é oferecido de tal forma que paga R$ 200,00 em um ano e R$ 400,00 em dois anos. Investimentos semelhantes rendem 10%. Pelo método do fluxo de caixa descontado, o valor máximo que deve ser pago pelo investimento, em reais, é:
a) 600,00.
b) 531,45.
c) 512,40.
d) 500,00.
e) 488,89.

34) **(FR–MS)** Uma empresa tem uma dívida de R$ 220.000,00 e outra de R$ 242.000,00 vencendo daqui a 1 e 2 anos respectivamente. Para fazer frente a estas dívidas, ela deverá aplicar hoje, a juros compostos e à taxa de 10% a.a., um valor:
a) menor que R$ 375.000,00.
b) entre R$ 375.000,00 e R$ 385.000,00.
c) entre R$ 385.000,00 e R$ 395.000,00.
d) maior que R$ 395.000,00.

35) **(AFR–PB)** Dois títulos cujos valores nominais são R$ 16.500,00 e R$ 26.620,00, vencíveis no fim de 1 ano e 3 anos, respectivamente, serão substituídos por um único título equivalente, vencendo no final de 2 anos. Adotando a operação do desconto racional composto à taxa de juros compostos de 10% ao ano, o valor nominal deste único título é:
a) R$ 47.432,00.
b) R$ 44.770,00.
c) R$ 44.165,00.
d) R$ 42.350,00.
e) R$ 39.200,00.

(Contador–RJ) Responda à questão seguinte com base no enunciado que segue.
A "Rede Viva" e a rede "Preço Popular" de hipermercados vendem uma determinada marca de aparelho de som do tipo Home Cinema, pelo mesmo preço à vista. Na venda a prazo, ambas as lojas cobram a taxa de juros compostos de 10% ao mês, com planos de pagamentos distintos. Comprando a prazo no "Rede Viva", um consumidor deve pagar R$ 2.000,00 no ato da compra, e R$ 3 025,00, depois de dois meses, enquanto que, na rede "Preço Popular", ele pode levar o aparelho sem desembolsar dinheiro algum, pagando uma parcela de R$ 1,980,00, um mês após a compra e o saldo, em dois meses, após a compra.

36) O valor à vista do aparelho de som é:
a) R$ 5 500,00.
b) R$ 4 500,00.
c) R$ 3.500,00.
d) R$ 2.500,00.

37) **(BNB)** Lílian tem dois pagamentos a realizar. O primeiro é de R$ 11.000,00 daqui a um mês e o segundo é de R$ 12.100,00 daqui a 2 meses. Lílian pretende juntar essas duas dívidas em uma só, com vencimento daqui a três meses. A taxa de juros corrente é de 10% ao mês. Qual o valor a ser pago?
a) R$ 23.100,00.
b) R$ 26.000,00.
c) R$ 30.746,10.
d) R$ 30.030,00.
e) R$ 26.620,00.

38) **(Petrobras)** Conceitualmente, a taxa interna de retorno é a taxa de juros que iguala, numa única data, os fluxos de entrada e saída de caixa produzidos por uma aplicação financeira (aplicação ou captação).
ASSAF, A. **Matemática Financeira e suas Aplicações**. São Paulo: Atlas, 2001, p. 64.
Se determinada instituição financeira realiza um empréstimo de R$ 21.000,00, a ser liquidado por meio de dois pagamentos de R$ 12.100,00, qual a taxa interna de retorno da operação?
Dados: 341^2 = 116.281
a) 1%
b) 2%
c) 5%
d) 8%
e) 10%

39) **(ISS–SP)** Daqui a 1 ano, Jonas deverá receber R$ 3.300,00, como parte de seus direitos na venda de uma casa. Entretanto, necessitando de dinheiro, transferiu hoje seus direitos a um irmão que os compra, entregando-lhe uma nota promissória no valor de R$ 2.800,00, com vencimento para 6 meses. Nessas condições, se a taxa de juros compostos de mercado for de 44% a.a., é correto afirmar que, nessa transação, Jonas:
   a) perdeu R$ 50,00.
   b) lucrou R$ 50,00.
   c) perdeu R$ 150,00.
   d) lucrou R$ 150,00.
   e) não teve lucros ou perdas.

40) **(BNDES)** Uma dívida de R$ 20.000,00 e outra, de R$ 30.000,00, com vencimento em 2 e 4 meses, respectivamente, serão liquidadas por meio de um único pagamento, a ser efetuado em 3 meses. Considerando-se juros efetivos de 5% a.m., o valor deste pagamento, em reais, será de:
   a) 35.652,26.
   b) 48.256,30.
   c) 49.571,43.
   d) 50.000,14.
   e) 52.334,51.

41) **(FT–CE)** Uma dívida no valor de R$ 20.000,00 vence hoje, enquanto outra no valor de R$ 30.000,00 vence em seis meses. À taxa de juros compostos de 4% ao mês e considerando um desconto racional, obtenha o valor da dívida equivalente às duas anteriores, com vencimento ao fim de três meses, desprezando os centavos.
   a) R$ 48.800,00.
   b) R$ 49.167,00.
   c) R$ 49.185,00.
   d) R$ 49.039,00.
   e) R$ 50.000,00.

42) **(TCI)** Uma pessoa deve pagar três prestações de R$ 3.500,00 cada uma, a vencer daqui a um mês, dois meses e três meses, respectivamente. Se resolvesse pagar a dívida por meio de um único pagamento daqui a sessenta dias, qual seria o valor desse pagamento, considerando-se uma taxa de juros efetiva composta de 5% ao mês?
   a) R$ 9.890,00.
   b) R$ 10.240,60.
   c) R$ 10.508,33.
   d) R$ 11.080,70.
   e) R$ 11.500,00.

43) **(ISS–SP)** No regime de capitalização composta, qual a taxa anual de juros para a qual um título de valor nominal R$ 5.000,00, vencível daqui a 1 ano, equivale a um título de valor nominal R$ 5.750,00, vencível daqui a 2 anos?
   a) 25%.
   b) 20%.
   c) 18%.
   d) 15%.
   e) 12%.

44) **(Sefaz–RJ) Uma dívida é composta de duas parcelas de R$ 2.000,00 cada, com vencimentos daqui a 1 e 4 meses.**
   Desejando-se substituir essas parcelas por um pagamento único daqui a 3 meses, se a taxa de juros é 2% ao mês, o valor desse pagamento único é:
   (Despreze os centavos na resposta.)
   a) R$ 2.122,00.
   b) R$ 1.922,00.
   c) R$ 4.041,00.
   d) R$ 3.962,00.
   e) R$ 4.880,00.

45) **(ICMS–RO) A compra de um equipamento por uma indústria poderá ser feita por uma das duas opções seguintes: à vista por R$ 41.600,00 ou em duas prestações anuais e consecutivas de valores iguais, vencendo a primeira um ano após a data da compra. Considerando-se uma taxa de juros compostos de 8% ao mês e o critério do desconto composto real, tem-se que o valor de cada prestação referente à segunda opção que torna equivalentes, na data da compra, as duas opções é:**
   a) R$ 23.328,00.
   b) R$ 22.064,00.
   c) R$ 21.600,00.
   d) R$ 20.800,00.
   e) R$ 20.400,00.

46) **(Metrô–RJ) Um comerciante deve dois títulos, ambos com o mesmo valor nominal de $ 100.000,00. O vencimento do primeiro ocorre dentro de dois meses e do segundo, em quatro meses, mas ele deseja substituir ambos os títulos por um outro, com vencimento em três meses. Se o banco que realizará esta transação opera com uma taxa racional composta de 25% ao mês, qual será o valor do novo título?**
   a) $ 200.000,00.
   b) $ 205.000,00.
   c) $ 210.000,00.
   d) $ 215.000,00.

47) **(Finep) Uma loja de departamentos parcela a venda dos seus produtos em três prestações mensais iguais, sendo a primeira paga no ato da compra. O regime é o de juros compostos, e a taxa de juros é de 2% ao mês.**
   Para uma compra no valor de R$ 306,00, o valor da prestação mensal, em reais, é de, aproximadamente:
   a) 92,00.
   b) 104,00.
   c) 118,00.
   d) 153,00.
   e) 155,00.

48) **(Petrobras)** Um investidor recebeu uma proposta para investir R$ 1.000.000,00 e obter um retorno líquido, no final do primeiro ano, de R$ 650.000,00 e outro, no final do segundo ano, de R$ 575.000,00. Nesse projeto, o investidor pretende obter uma taxa composta mínima de atratividade de 10% ao ano. Ao fazer o cálculo do Valor Presente Líquido (VPL) para avaliar a viabilidade do projeto, o investidor chegou ao valor, em reais, de:
   a) –1.239,01.
   b) –3.987,22.
   c) 51.723,28.
   d) 66.115,70.
   e) 76.845,15.

49) **(TCDF)** Um cidadão contraiu, hoje, duas dívidas junto ao Banco Azul. A primeira terá o valor de R$ 2.000,00, no vencimento, daqui a seis meses; a segunda terá o valor, no vencimento, daqui a dois anos, de R$ 4.400,00. Considerando a taxa de juros de 20% a.a., capitalizados trimestralmente, se o cidadão optar por substituir as duas dívidas por apenas uma, a vencer daqui a um ano e meio, ele deverá efetuar o pagamento de:
   a) R$ 6.420,00.
   b) R$ 6.547,00.
   c) R$ 6.600,00.
   d) R$ 6.620,00.
   e) R$ 6.680,00.

50) **(AFTN)** Uma empresa tem um compromisso de $ 100.000 para ser pago dentro de 30 dias. Para ajustar o seu fluxo de caixa, propõe ao banco a seguinte forma de pagamento: $ 20.000 antecipados, à vista, e dois pagamentos iguais para 60 e 90 dias. Admitindo-se a taxa de juros compostos de 7% ao mês, o valor dessas parcelas deve ser de:
   a) $ 43.473.
   b) $ 46.725.
   c) $ 46.830.
   d) $ 47.396.
   e) $ 48.377.

51) **(ISS–SP)** Uma pessoa tem dois títulos: um de valor nominal R$ 6.000,00, com vencimento em 1 ano, e outro de valor nominal R$ 7.200,00, com vencimento em 1 ano e meio. Ele os trocou por uma nota promissória, com vencimento para 6 meses. Se nessa operação foi usada a taxa de juros compostos de 44% a.a., o valor da nota promissória em seu vencimento será:
   a) R$ 10 000,00.
   b) R$ 10 800,00.
   c) R$ 11 000,00.
   d) R$ 11 600,00.
   e) R$ 12 000,00.

52) **(AAP–Previrio)** O preço à vista de uma geladeira é de R$ 600,00. Este bem será pago em duas prestações iguais em 30 e 60 dias. Se a taxa de juros composta cobrada pela loja é de 5% ao mês, o valor de cada prestação, é, aproximadamente a:
   a) R$ 347,50.
   b) R$ 334,80.
   c) R$ 322,70.
   d) R$ 315,60.

53) (ISS–SP) Um aparelho de som é vendido à vista por R$ 1.275,00 ou a prazo, sem entrada e em duas parcelas bimestrais iguais. Se a taxa bimestral de juros compostos for de 4%, o valor de cada parcela será:
a) R$ 696,00.
b) R$ 692,00.
c) R$ 688,00.
d) R$ 684,00.
e) R$ 676,00.

54) (CEF) Um trator pode ser comprado à vista por um preço v, ou pago em três parcelas anuais de R$ 36.000,00, a primeira dada no ato da compra. Nesse caso, incidem juros compostos de 20% a.a. sobre o saldo devedor. Nessas condições o preço v é:
a) R$ 75.000,00.
b) R$ 88.000,00.
c) R$ 91.000,00.
d) R$ 95.000,00.
e) R$ 97.000,00.

55) (AFTN) Um empréstimo de $ 20.900 foi realizado com uma taxa de juros de 36% ao ano, capitalizados trimestralmente, e deverá ser liquidado através do pagamento de duas prestações trimestrais, iguais e consecutivas (primeiro vencimento ao final do primeiro trimestre, segundo vencimento ao final do segundo trimestre). O valor que mais se aproxima do valor unitário de cada prestação é:
a) $ 10.350,00.
b) $ 10.800,00.
c) $ 11.881,00.
d) $ 12. 433,33.
e) $ 12.600,00.

56) (Sefaz–SP) Um título é descontado dois anos antes de seu vencimento segundo o critério do desconto racional composto, a uma taxa de juros compostos de 10% ao ano, apresentando um valor atual igual a R$ 20.000,00. Caso este título tivesse sido descontado segundo o critério do desconto comercial composto, utilizando a taxa de 10% ao ano, o valor atual seria de:
a) R$ 19.602,00.
b) R$ 19.804,00.
c) R$ 20.702,00.
d) R$ 21.600,00.
e) R$ 21.780,00.

57) (Inca) João fez uma compra de R$ 1.000, sujeita a uma taxa de juros de 10% ao mês sobre o saldo devedor, com a seguinte forma de pagamento: sinal de R$ 300, R$ 400 ao fim de um mês e o restante um mês depois. Nesse caso, a compra de João custará, no total, em reais:
a) 1.060.
b) 1.100.
c) 1.107.
d) 1.222.
e) 1.302.

58) (AFTN) Uma empresa obteve financiamento de $ 10.000 à taxa de 120% ao ano capitalizados mensalmente (juros compostos). A empresa pagou $ 6.000 ao final do primeiro mês e $ 3.000 ao final do segundo mês. O valor que deverá ser pago ao final do terceiro mês para liquidar o financiamento (juros + principal) é:
a) $ 3.250,00.
b) $ 3.100,00.
c) $ 3.050,00.
d) $ 2.975,00.
e) $ 2.750,00.

59) (TCM–RJ) Patrícia conseguiu um empréstimo no valor de R$ 2.000,00, que será pago com juros de 4% ao mês, em três prestações mensais. A primeira, vencível ao final do primeiro mês, terá o valor de R$ 1.080,00. No final do segundo mês, o pagamento a ser efetuado será de R$ 640,00. Com base nessas informações, pode-se concluir que o valor da terceira parcela, com vencimento previsto para o final do terceiro mês, será igual a:
a) R$ 520,00.
b) R$ 416,00.
c) R$ 400,00.
d) R$ 300,00.

60) (CEF) Um empréstimo no valor de R$ 10.000,00 é contratado na data de hoje para ser pago através de dois pagamentos. O primeiro pagamento, no valor de R$ 5.445,00, vence de hoje a um ano e o segundo tem um vencimento de hoje a um ano e meio. Considerando a taxa de juros nominal de 20% ao ano, capitalizados semestralmente, o valor do segundo pagamento será:
a) R$ 7.102,80.
b) R$ 7.280,00.
c) R$ 7.320,50.
d) R$ 8.360,00.
e) R$ 8.810,00.

61) (Bacen) Tomei emprestados $ 1.000.000,00 a juros compostos de 10% ao mês. Um mês após o empréstimo, paguei $ 500.000,00 e dois meses após esse pagamento, liquidei a dívida. O valor desse último pagamento foi de:
a) $ 660.000,00.
b) $ 665.500,00.
c) $ 700.000,00.
d) $ 726.000,00.
e) $ 831.000,00.

62) (Biocombustível) A Comercial de Máquinas Pesadas S.A. vendeu uma máquina nas seguintes condições: entrada R$ 500.000,00 e mais duas parcelas anuais iguais e sucessivas no valor de R$ 968.000,00 cada uma.
Admita a inexistência de impostos e que a taxa de juros para a empresa, na data da venda, seja de 10% ao ano.
O valor da receita de venda da máquina a ser contabilizado no ato da venda, em reais, é:
a) 500.000,00.
b) 1.468.000,00.
c) 2.180.000,00.
d) 2.268.000,00.
e) 2.436.000,00.

63) **(AFRF)** Uma empresa deve pagar R$ 20.000,00 hoje, R$ 10.000,00 ao fim de trinta dias e R$ 31.200,00 ao fim de noventa dias. Como ela só espera contar com os recursos necessários dentro de sessenta dias e pretende negociar um pagamento único ao fim desse prazo, obtenha o capital equivalente que quita a dívida ao fim dos sessenta dias, considerando uma taxa de juros compostos de 4% ao mês.
   a) R$ 63.232,00.
   b) R$ 64.000,00.
   c) R$ 62.032,00.
   d) R$ 62.200,00.
   e) R$ 64.513,28.

64) **(CEF)** Antônio fez os dois investimentos seguintes, em que ambos pagam juros compostos de 3% ao mês.
   I. Três depósitos mensais, consecutivos e iguais a R$ 2.000,00; o primeiro foi feito no dia 1º/3/2009.
   II. Dois depósitos mensais, consecutivos e iguais a R$ 3.000,00; o primeiro foi feito no dia 1º/3/2009.
   Considerando que M_1 e M_2 sejam, respectivamente, os montantes das aplicações I e II na data do terceiro depósito correspondente ao investimento I, assinale a opção correta.
   a) $M_2 - M_1$ = R$ 90,90.
   b) $M_2 - M_1$ = R$ 45,45.
   c) $M_2 = M_1$.
   d) $M_1 - M_2$ = R$ 45,45.
   e) $M_1 - M_2$ = R$ 90,90.

65) **(APO–RJ)** Um banco emprestou recursos a um indivíduo com o seguinte esquema de pagamento: o primeiro pagamento de R$ 10.000,00, após dois meses, e o segundo de R$ 12.000,00, oito meses após o primeiro. Na data de vencimento da primeira parcela, por não dispor de recursos, o devedor propôs repactuação da sua dívida da seguinte forma: pagamento de R$ 6.000,00, após quatro meses, e o saldo quatro meses após a primeira parcela. Se a taxa de juros considerada para repactuação da dívida foi de 24% a.a. com capitalização mensal, o valor da segunda parcela será de:
   a) R$ 17.357,01.
   b) R$ 16.940,04.
   c) R$ 17.125,00.
   d) R$ 17.222,00.

66) **(AFC)** Em janeiro de 2005, uma empresa assumiu uma dívida, comprometendo liquidá-la em dois pagamentos. O primeiro de R$ 2.500,00 com vencimento para o final de fevereiro. O segundo de R$ 3.500,00 com vencimento para o final de junho. Contudo, no vencimento da primeira parcela, não dispondo de recursos para honrá-la, o devedor propôs um novo esquema de pagamento. Um pagamento de R$ 4.000,00 no final de setembro e o saldo em dezembro do corrente ano. Sabendo que a taxa de juros compostos da operação é de 3% ao mês, então, sem considerar os centavos, o saldo a pagar em dezembro será igual a:
   a) R$ 2.168,00.
   b) R$ 2.288,00.
   c) R$ 2.000,00.
   d) R$ 3.168,00.
   e) R$ 3.288,00.

67) **(AFRFB)** Em janeiro de 2005, uma empresa assumiu uma dívida no regime de juros compostos que deveria ser quitada em duas parcelas, todas com vencimento durante o ano de 2005. Uma parcela de R$ 2.000,00 com vencimento no final de junho e outra de R$ 5.000,00 com vencimento no final de setembro. A taxa de juros cobrada pelo credor é de 5% ao mês. No final de fevereiro, a empresa decidiu pagar 50% do total da dívida e o restante no final de dezembro do mesmo ano. Assim, desconsiderando os centavos, o valor que a empresa deverá pagar no final de dezembro é igual a:
   a) R$ 4.634,00.
   b) R$ 4.334,00.
   c) R$ 4.434,00.
   d) R$ 4.234,00.
   e) R$ 5.234,00.

68) **(AFC)** Uma pessoa contraiu uma dívida no regime de juros compostos que deverá ser quitada em três parcelas. Uma parcela de R$ 500,00 vencível no final do terceiro mês; outra de R$ 1.000,00 vencível no final do oitavo mês e a última, de R$ 600,00 vencível no final do décimo segundo mês. A taxa de juros cobrada pelo credor é de 5% ao mês. No final do sexto mês o cliente decidiu pagar a dívida em uma única parcela. Assim, desconsiderando os centavos, o valor equivalente a ser pago será igual a:
   a) R$ 2.535,00.
   b) R$ 2.100,00.
   c) R$ 2.153,00.
   d) R$ 1.957,00.
   e) R$ 1.933,00.

69) **(AFRFB)** Ana quer vender um apartamento por R$ 400.000,00 a vista ou financiado pelo sistema de juros compostos a taxa de 5% ao semestre. Paulo está interessado em comprar esse apartamento e propõe à Ana pagar os R$ 400.000,00 em duas parcelas iguais, com vencimentos a contar a partir da compra. A primeira parcela com vencimento em 6 meses e a segunda com vencimento em 18 meses. Se Ana aceitar a proposta de Paulo, então, sem considerar os centavos, o valor de cada uma das parcelas será igual a:
   a) R$ 220.237,00.
   b) R$ 230.237,00.
   c) R$ 242.720,00.
   d) R$ 275.412,00.
   e) R$ 298.654,00.

70) **(AFC)** Uma imobiliária coloca à venda um apartamento por R$ 85.000,00 à vista. Como alternativa, um comprador propõe uma entrada de R$ 15.000,00 e mais três parcelas: duas iguais e uma de R$ 30.000,00. Cada uma das parcelas vencerá em um prazo a contar do dia da compra. A primeira parcela vencerá no final do sexto mês. A segunda, cujo valor é de R$ 30.000,00, vencerá no final do décimo segundo mês, e a terceira no final do décimo oitavo mês. A transação será realizada no regime de juros compostos a uma taxa de 4% ao mês. Se a imobiliária aceitar essa proposta, então o valor de cada uma das duas parcelas iguais será:
   a) R$ 35.000,00.
   b) R$ 27.925,00.
   c) R$ 32.500,00.
   d) R$ 39.925,00.
   e) R$ 35.500,00.

71) (AFRFB) Uma empresa adquiriu de seu fornecedor mercadorias no valor de R$ 100.000,00 pagando 30% à vista. No contrato de financiamento realizado no regime de juros compostos, ficou estabelecido que para qualquer pagamento que for efetuado até seis meses a taxa de juros compostos será de 9,2727% ao trimestre. Para qualquer pagamento que for efetuado após seis meses, a taxa de juros compostos será de 4% ao mês. A empresa resolveu pagar a dívida em duas parcelas. Uma parcela de R$ 30.000,00 no final do quinto mês e a segunda parcela dois meses após o pagamento da primeira. Desse modo, o valor da segunda parcela, sem considerar os centavos, deverá ser igual a:
a) R$ 62.065,00.
b) R$ 59.065,00.
c) R$ 61.410,00.
d) R$ 60.120,00.
e) R$ 58.065,00.

72) (AFC) Um carro pode ser financiado no regime de juros compostos em dois pagamentos. Uma entrada de R$ 20.000,00 e uma parcela de R$ 20.000,00 seis meses após a entrada. Um comprador propõe como segunda parcela o valor de R$ 17.000,00, que deverá ser pago oito meses após a entrada. Sabendo-se que a taxa contratada é de 2 % ao mês, então, sem considerar os centavos, o valor da entrada deverá ser igual a:
a) R$ 23.455,00.
b) R$ 23.250,00.
c) R$ 24.580,00.
d) R$ 25.455,00.
e) R$ 26.580,00.

73) (BNDES) A taxa interna de retorno (TIR) é aquela que:
a) aplicada na descapitalização de um fluxo de caixa, resulta em valor zero.
b) serve de base para a remuneração de serviços entre unidades de uma mesma organização.
c) é calculada com base na expectativa de juros no mercado interno.
d) considerando a taxa efetiva dos financiamentos de uma empresa, possibilita a realização de *hedge*.
e) indica a remuneração mínima que um projeto deve render para que seja economicamente atrativo.

74) (BNDES) A Cia. Mercúrio está analisando a viabilidade de implantação de um projeto de investimento cujo horizonte temporal é de três anos. O fluxo de caixa (em R$) que a companhia estima para este projeto é o seguinte:

Itens	Ano 1	Ano 2
Receitas	210.000,00	231.000,00
Despesas	100.000,00	110.000,00

Sabendo-se que o investimento inicial no projeto monta a R$ 200.000,00 e supondo-se que as receitas e despesas estão concentradas no final do período, a taxa interna de retorno para este projeto de investimento é:
a) de impossível determinação.
b) menor que a taxa de atratividade.
c) de 10% ao ano.
d) de 11% ao ano.
e) de 12% ao ano.

75) (Petrobras) A Transalpina S.A., empresa de transportes aéreos, está estudando um projeto de investimento com as seguintes características:
- Valor do investimento inicial R$ 45.000.000,00
- Retornos anuais esperados
  - 1º ano R$ 28.600.000,00
  - 2º ano R$ 19.360.000,00
  - 3º ano R$ 10.648.000,00

Sabendo-se que a taxa composta de retorno esperada pela empresa é de 10% ao ano, o Valor Presente Líquido (VPL) do projeto, em reais, é:
a) 2.500.000,00.
b) 4.946.500,00.
c) 4.500.000,00.
d) 5.000.000,00.
e) 5.115.000,00.

76) (CVM) O esquema abaixo representa o fluxo de caixa de um investimento no período de 3 anos, valores em reais:

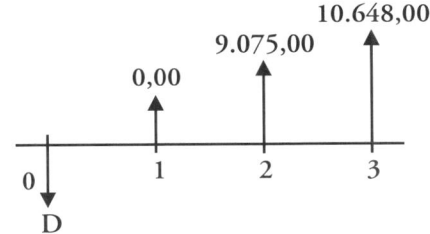

Sabendo que a taxa interna de retorno (TIR) é de 10% ao ano, o valor do desembolso inicial (D) é de:
a) R$ 17.325,00.
b) R$ 16.500,00.
c) R$ 16.000,00.
d) R$ 15.500,00.
e) R$ 15.000,00.

77) (CVM) A empresa "Y" realiza certo investimento em projeto que apresenta o fluxo de caixa a seguir:

ANO	FLUXO DE CAIXA (R$)
0	– 4.000,00
1	3.000,00
2	3.200,00

Se a taxa mínima de atratividade for de 25% ao ano (capitalização anual), o valor presente líquido deste investimento no ano 0 será de:
a) Zero.
b) R$ 448,00.
c) R$ 480,00.
d) R$ 960,00.
e) R$ 1.560,00.

78) (ISS–SP) Uma pessoa pretende investir em um projeto que possibilitará o seguinte fluxo de caixa:

ANO	FLUXO DE CAIXA (R$)
0	– 5.000
1	1.000
2	6.000

A taxa anual de retorno i, i > 0, correspondente a esse fluxo, é igual a:
a) 20%.
b) 18%.
c) 15%.
d) 14%.
e) 12%.

79) (APO–RJ) Um investidor deseja aplicar recursos e deve decidir entre as alternativas que proporcionam os seguintes fluxos de caixa:

Períodos	0	I	II
Alternativa I	+100	+150	+X
Alternativa II	+300	+200	+200

Os valores de X que tornam as alternativas acima equivalentes na data focal 0 (zero) e na data focal II (dois), se considerarmos a taxa de juros compostos de 5% por período, são, respectivamente:
a) 473,00 e 473,00.
b) 482,03 e 482,03.
c) 469,00 e 469,00.
d) 470,88 e 472,75.

80) (ISS–SP) O esquema abaixo representa o fluxo de caixa de um investimento, em reais, no decorrer de 3 anos.

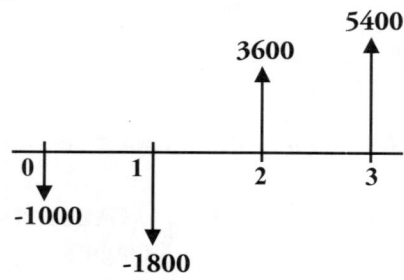

Se a taxa anual for de 20%, capitalização composta, o valor atual líquido desse investimento, na data zero, será de:
a) R$ 3.375,00.
b) R$ 3.250,00.
c) R$ 3.125,00.
d) R$ 3.075,00.
e) R$ 3.025,00.

81) **(BB)** Considere o seguinte fluxo de caixa cuja taxa interna de retorno é igual a 10% ao ano:

ANO	FLUXO DE CAIXA (R$)
0	– 25.000,00
1	0,00
2	X
3	17.303,00

O valor de X é igual a:
a) R$ 11.000,00.
b) R$ 11.550,00.
c) R$ 13.310,00.
d) R$ 13.915,00.
e) R$ 14.520,00.

82) **(AFR–SP)** A representação gráfica abaixo corresponde ao fluxo de caixa de um projeto de investimento com a escala horizontal em anos.

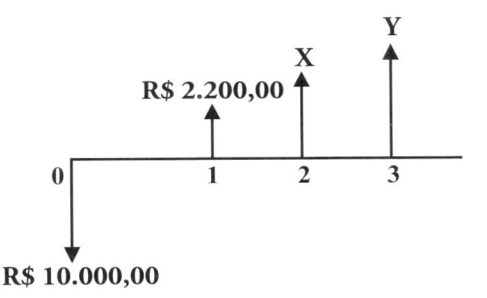

Se a taxa interna de retorno referente a este projeto é igual a 10% ao ano e (X + Y) = R$ 10.285,00, tem-se que X é igual a:
a) R$ 3.025,00.
b) R$ 3.267,00.
c) R$ 3.388,00.
d) R$ 3.509,00.
e) R$ 3.630,00.

83) **(ANTT)** Com o objetivo de determinar o valor de uma empresa, seus fluxos de caixa líquidos (entradas de caixa menos saídas de caixa) foram estimados conforme a tabela a seguir:

	2005	2006	2007	2008
Fluxos de Caixa Líquidos (R$)	(-25.000)	12.500	10.000	7.500

Assumindo como válidas essas projeções e supondo um custo de capital de 8% ao ano, o Valor Presente Líquido (VPL) da empresa é:
a) 898,24.
b) 900,69.
c) 998,59.
d) 1.000,26.
e) 1.101,20.

84) (BB) Uma empresa deverá escolher um entre dois projetos X e Y, mutuamente excludentes, que apresentam os seguintes fluxos de caixa:

ANO	Projeto X (R$)	Projeto Y (R$)
0	– D	– 40 000,00
1	10 800,00	16 200,00
2	11 664,00	17 496,00

A taxa mínima de atratividade é de 8% ao ano (capitalização anual) e verifica-se que os valores atuais líquidos referentes aos dois projetos são iguais. Então, o desembolso D referente ao projeto X é igual a:
a) R$ 30.000,00.
b) R$ 40.000,00.
c) R$ 45.000,00.
d) R$ 50.000,00.
e) R$ 60.000,00.

85) (Sefaz–SP) O fluxo de caixa abaixo corresponde a um projeto de investimento (com valores em reais), em que se apurou uma taxa interna de retorno igual a 20% ao ano.

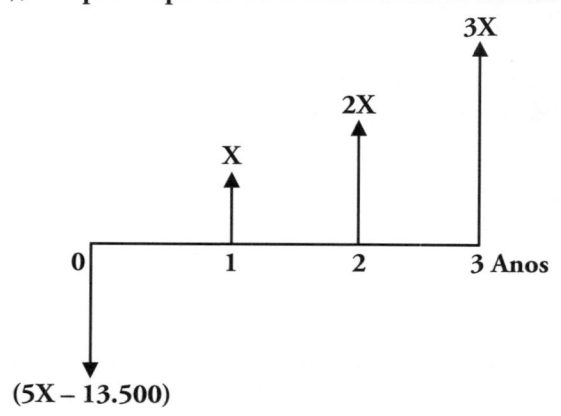

O valor de X é igual a:
a) R$ 13.824,00.
b) R$ 12.960,00.
c) R$ 12.096,00.
d) R$ 11.232,00.
e) R$ 10.368,00.

86) **(ICMS–RO)** Considere o fluxo de caixa abaixo referente a um projeto em que o desembolso inicial foi de R$ 25.000,00. A uma taxa de atratividade de 20% ao ano, o índice de lucratividade do projeto apresenta um valor de 1,176.

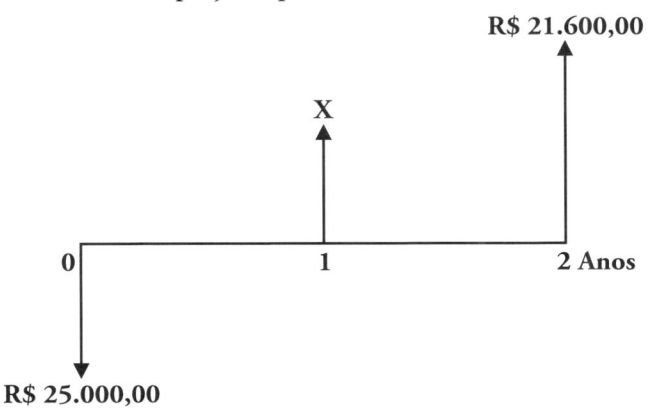

R$ 21.600,00

X

0   1   2 Anos

R$ 25.000,00

O valor de X é igual a:
a) R$ 17.280,00.
b) R$ 15.000,00.
c) R$ 14.400,00.
d) R$ 13.200,00.
e) R$ 12.000,00.

87) **(AFR–SP)** Considere o fluxo de caixa a seguir, com os valores em reais.

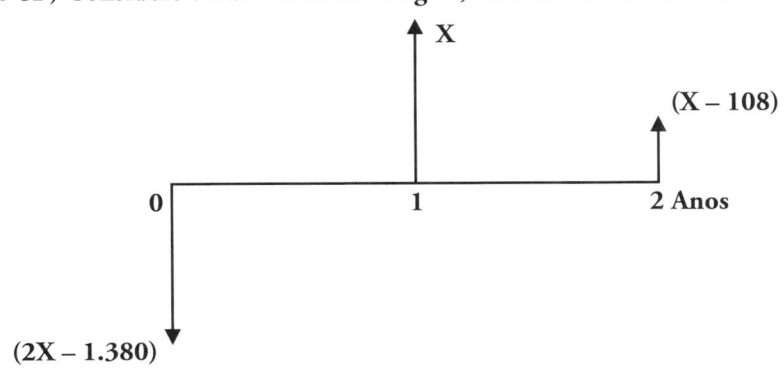

X

(X – 108)

0   1   2 Anos

(2X – 1.380)

Se a taxa interna de retorno deste fluxo é igual a 8%, o valor de X é igual a:
a) R$ 5.230,00.
b) R$ 5.590,00.
c) R$ 5.940,00.
d) R$ 6.080,00.
e) R$ 6.160,00.

88) **(BNDES)** A Cia. Saturno está estudando a implantação de dois projetos mutuamente exclusivos, com horizonte temporal de 4 anos e cujo investimento inicial é o mesmo. Os fluxos de caixa associados aos dois projetos estão apresentados a seguir:

Projeto 1	1º ano	2º ano	3º ano	4º ano
Receitas	550.000,00	560.000,00	600.000,00	620.000,00
Despesas	430.000,00	450.000,00	500.000,00	530.000,00

Projeto 2	1º ano	2º ano	3º ano	4º ano
Receitas	330.000,00	350.000,00	380.000,00	400.000,00
Despesas	240.000,00	250.000,00	270.000,00	280.000,00

O projeto preferível, do ponto de vista financeiro, para a companhia é:
a) o primeiro.
b) o segundo.
c) qualquer um dos dois, uma vez que o retorno sobre o investimento é igual.
d) de impossível determinação, porque não foi fornecida a taxa de atratividade.
e) de impossível determinação, porque não foi informado se o projeto será financiado com o capital próprio ou de terceiros.

89) (FT–ES) Considere os fluxos de caixa, mostrados na tabela abaixo. Os valores constantes desta tabela ocorrem no final dos meses ali indicados.

TABELA DE FLUXO DE CAIXA

Fluxos de Caixa	MESES						
	1	2	3	4	5	6	7
UM	10.000	10.000	5.000	10.000	10.000	5.000	5.000
DOIS	10.000	5.000	10.000	10.000	10.000	5.000	5.000
TRÊS	10.000	10.000	8.000	9.000	9.000	5.000	4.000
QUATRO	10.000	10.000	8.000	5.000	10.000	6.000	6.000
CINCO	10.000	10.000	7.000	5.000	10.000	6.000	7.000

Considere uma taxa efetiva (juros compostos) de 5,0% ao mês. O fluxo de caixa, da tabela acima, que apresenta o maior valor atual (valor no mês zero) é:
a) Fluxo UM.
b) Fluxo DOIS.
c) Fluxo TRÊS.
d) Fluxo QUATRO.
e) Fluxo CINCO.

90) (AFTN) Considere os fluxos de caixas mostrados na tabela abaixo, para resolução da questão. Os valores constantes desta tabela ocorrem no final dos meses ali indicados.

TABELA DE FLUXO DE CAIXA

FLUXOS	MESES							
	1	2	3	4	5	6	7	8
Um	1.000	1.000	500	500	500	500	250	050
Dois	1.000	500	500	500	500	500	500	300
Três	1.000	1.000	1.000	500	500	100	150	050
Quatro	1.000	1.000	800	600	400	200	200	100
Cinco	1.000	1.000	800	400	400	400	200	100

Considere uma taxa efetiva (juros compostos) de 4,0% a.m. O fluxo de caixa, da tabela acima, que apresenta o maior valor atual (valor no mês zero) é:
a) Fluxo UM.
b) Fluxo DOIS.
c) Fluxo TRÊS.
d) Fluxo QUATRO.
e) Fluxo CINCO.

91) **(BNDES)** Dois projetos de investimento, mutuamente exclusivos, que têm o mesmo desembolso inicial de R$ 120.000,00 e o mesmo horizonte de duração, apresentam os seguintes fluxos de caixa em reais:

Projeto	A	B
Ano 1	22.800,00	8.000,00
Ano 2	40.000,00	30.000,00
Ano 3	90.000,00	90.000,00
Ano 4	60.000,00	72.000,00
Ano 5	(12.800,00)	0,00
TOTAL	200.000,00	200.000,00

Somente com essas informações, pode-se afirmar que:
a) o valor presente líquido do projeto A é negativo.
b) a taxa interna de retorno do projeto A é maior que a do projeto B.
c) ambos os projetos têm a mesma rentabilidade.
d) o valor presente líquido do projeto B é maior que o do projeto A.
e) a taxa interna de retorno do projeto B é maior que a do projeto A.

92) **(Sefaz–RJ)** Uma loja oferece a seus clientes duas alternativas de pagamento:
 I. Pagamento de uma só vez, um mês após a compra.
 II. Pagamento em três prestações mensais iguais, vencendo a primeira no ato da compra.
Pode-se concluir que, para um cliente dessa loja:
a) a opção I é sempre melhor.
b) a opção I é melhor quando a taxa de juros for superior a 2% ao mês.
c) a opção II é melhor quando a taxa de juros for superior a 2% ao mês.
d) a opção II é sempre melhor.
e) as duas opções são equivalentes.

93) **(BNDES)** Em finanças, é comum afirmar que o valor de um ativo nada mais é do que o valor presente de seus fluxos de caixa futuros. Assim sendo, identifique a opção abaixo que melhor representa o valor de uma empresa com prazo determinado de 5 anos e com os seguintes fluxos de caixa:

Anos	1	2	3	4	5
Fluxos de Caixa	-	2.000	3.000	(500)	6.000

Obs.: Considerar o cálculo do valor da empresa no instante 0, que a taxa de descapitalização é de 10% e que os fluxos de caixa nos anos pares são postecipados – ou seja, no final do período – e dos anos ímpares são antecipados – ou seja, no início do período. Os itens entre parênteses são valores negativos.

a) $P = \dfrac{2.000}{(1+0,1)^2} + \dfrac{3.000}{(1+0,1)^3} + \dfrac{500}{(1+0,1)^4} + \dfrac{6.000}{(1+0,1)^4}$.

b) $P = \dfrac{2.000}{(1+0,1)^2} + \dfrac{3.000}{(1+0,1)^3} - \dfrac{500}{(1+0,1)^4} + \dfrac{6.000}{(1+0,1)^5}$.

c) $P = \dfrac{5.000}{(1 + 0,1)^3} + \dfrac{6.500}{(1 + 0,1)^5}.$

d) $P = \dfrac{2.000}{(1 + 0,1)^3} + \dfrac{3.000}{(1 + 0,1)^3} - \dfrac{500}{(1 + 0,1)^5} + \dfrac{6.000}{(1 + 0,1)^5}.$

e) $P = \dfrac{5.000}{(1 + 0,1)^2} + \dfrac{5.500}{(1 + 0,1)^4}.$

94) (Contador–Santos) Uma pessoa tomou R$ 2.000,00 emprestados para pagar daí a 6 meses, acrescidos de juros compostos à taxa de 3% ao mês. Ao fim de 3 meses do empréstimo, essa pessoa propôs ao credor liquidar a dívida com 2 pagamentos de N reais cada, um a vencer imediatamente e outro daí a 5 meses. O valor de N, em reais, era igual:
a) $2000\,(1,03)^5$.
b) $2000\,/\,(1,03)^8$.
c) $2000\,(1,02)^8\,/\,(2,03)^8$.
d) $2000\,(1,03)^8\,/\,1 + (1,03)^8$.
e) $2000\,(1,03)^8\,/\,1 + (1,03)^5$.

95) (Sefaz–RJ) Uma rede de lojas, que atua na venda de eletroeletrônicos, anuncia a venda de *notebook* da seguinte forma:
• R$ 1.125,00 à vista em boleto bancário; ou
• 3 prestações mensais iguais, sem juros, de R$ 450,00, vencendo a primeira prestação no ato da compra.

Embora na propaganda seja utilizada a expressão "sem juros", os clientes que escolhem a segunda opção pagam juros ao mês de, aproximadamente:

(Utilize, se necessário: $\sqrt{7} = 2,646$)
a) 13,5%.
b) 20,0%.
c) 21,5%.
d) 19,0%.
e) 9,5%.

96) (Sefaz–AP) Em certa loja, um artigo que é vendido por R$ 100,00 à vista pode ser comprado em duas parcelas de R$ 60,00, com vencimentos em 30 e 60 dias da compra. A taxa de juros ao mês (no regime de juros compostos) que a loja cobra é de, aproximadamente:

Obs: use $\sqrt{69} = 8,3$.
a) 9%.
b) 11%.
c) 13%.
d) 15%.
e) 17%.

97) **(APO–RJ)** Uma empresa tomou emprestado de um banco, determinado valor à taxa de 3% a.m. (juro composto), pelo prazo de sete meses. Sabe-se que a empresa saldou a dívida três meses antes do vencimento e que nesta época a taxa de juros de mercado era de 2% a.m. (desconto composto por dentro). Se a dívida foi liquidada por R$ 100.000,00, a empresa tomou emprestado:
   a) R$ 86.104,33.
   b) R$ 86.285,91.
   c) R$ 86.830,42.
   d) R$ 86.852,47.

98) **(APO–RJ)** Um banco comprou um título, com valor de resgate de $ 1.000,00, para vencimento em oito meses, com uma taxa de desconto composto por dentro de 10%. Um mês depois, o banco vendeu esse mesmo título com uma taxa de desconto composto por dentro de 9%. Sabendo que a taxa de inflação durante o mês em que o banco permaneceu com o título foi de 3%, qual a rentabilidade real obtida pelo banco com a operação?
   a) 12,10%.
   b) 14,12%.
   c) 13,16%.
   d) 13,85%.

99) **(Segas)** Considere o fluxo de caixa abaixo representando 3 depósitos anuais e consecutivos realizados em uma instituição financeira no início de cada ano e o resgate dos respectivos montantes um ano após a realização do último depósito. A soma destes montantes, conforme pode ser verificado no fluxo, é igual a R$ 35.255,00 e os depósitos são remunerados a uma taxa de juros compostos de 10% ao ano.

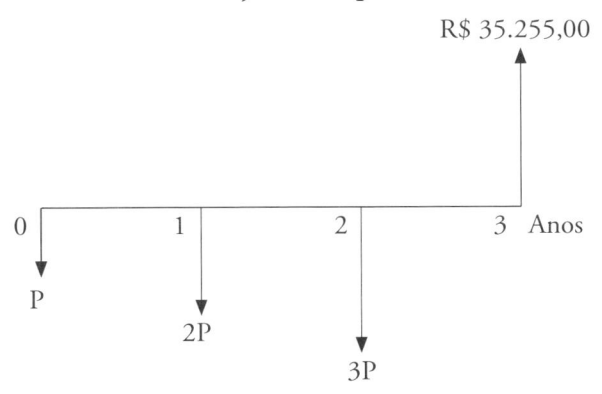

R$ 35.255,00

0 — 1 — 2 — 3 Anos

P
2P
3P

O valor de P é:
   a) R$ 4.500,00.
   b) R$ 5.000,00.
   c) R$ 5.500,00.
   d) R$ 6.500,00.
   e) R$ 7.500,00.

100) (Contador–AGU) Um projeto de investimento proporcionou os seguintes fluxos monetários em três anos:

Ano   R$
1   110
2   140
3   130

Sabe-se que a rentabilidade do projeto nesse período de três anos foi de 10% ao ano. Supondo-se que os valores são recebidos ao final de cada ano, o valor investido foi:
a) R$ 313,37.
b) R$ 358,53.
c) R$ 401,18.
d) R$ 423,92.
e) R$ 438,88.

101) (Petrobras) O fluxo de caixa de um investimento, com horizonte temporal de 3 anos, gera entradas postecipadas anuais de capital no valor de R$ 2.000,00 cada. Se a taxa interna de retorno do investimento é de 10% ao ano, a juros compostos, o valor do desembolso efetuado na data zero é, em reais, mais próximo de:
a) 4.507
b) 4.635
c) 4.737
d) 4.853
e) 4.973

102) (Petrobras) O fluxo de caixa a seguir corresponde a um projeto de investimento com taxa interna de retorno de 10% ao ano.

Ano	0	1	2	3
Fluxo (em reais)	– 40.000,00	10.000,00	X	2X

O valor de X é, em reais, mais próximo de:
a) 13.270.
b) 13.579.
c) 13.831.
d) 14.125.
e) 14.418.

103) (Finep) Uma empresa está analisando as seguintes alternativas de investimento:

Alternativas de Investimento	Valor do Investimento (R$)	Benefícios de caixa (R$)		
		Ano 1	Ano 2	Ano 3
A	2.000.000,00	700.000,00	800.000,00	1.000.000,00
B	2.000.000,00	500.000,00	1.000.000,00	1.200.000,00

Sabendo-se que a taxa esperada pela empresa é de 10% ao ano e que somente um projeto será implementado, o Valor Presente Líquido (VPL) da opção que deve ser escolhida monta, em reais, a:
Dados:
$(1,1)^{-1} = 0,91$
$(1,1)^{-2} = 0,83$
$(1,1)^{-3} = 0,75$
a) 19.000,00.
b) 51.000,00.
c) 126.000,00.
d) 134.000,00.
e) 185.000,00.

104) (ANS) O gerente financeiro da Cia. Novo Mundo está analisando cinco projetos de investimento para sua empresa, mutuamente exclusivos, cujos horizontes temporais são de quatro anos e o desembolso inicial é o mesmo: R$ 40.000,00. Os respectivos fluxos de caixa estão apresentados na tabela abaixo.

PROJETOS	RECEITAS LÍQUIDAS			
	1º ANO	2º ANO	3º ANO	4º ANO
ALFA	12.000,00	12.000,00	12.000,00	12.000,00
BETA	6.000,00	6.000,00	18.000,00	18.000,00
GAMA	18.000,00	12.000,00	10.000,00	8.000,00
DELTA	2.000,00	2.000,00	2.000,00	42.000,00
ÔMEGA	12.000,00	6.000,00	8.000,00	22.000,00

Sabendo-se que o custo de capital ponderado da companhia é de 5% ao ano e inspecionando o fluxo líquido de receitas de cada projeto, é correto concluir que o mais rentável para ela é o projeto:

a) ALFA.
b) BETA.
c) GAMA.
d) DELTA.
e) ÔMEGA.

Gabarito:

1. C	27. E	53. E	79. A
2. B	28. B	54. C	80. C
3. E	29. B	55. C	81. E
4. B	30. A	56. A	82. E
5. C	31. C	57. C	83. E
6. E	32. A	58. E	84. A
7. C	33. C	59. B	85. B
8. D	34. D	60. C	86. A
9. C	35. D	61. D	87. C
10. B	36. B	62. C	88. A
11. A	37. E	63. C	89. C
12. C	38. E	64. A	90. C
13. A	39. B	65. D	91. B
14. B	40. C	66. D	92. A
15. D	41. B	67. D	93. E
16. D	42. C	68. E	94. E
17. D	43. D	69. A	95. C
18. D	44. C	70. D	96. C
19. B	45. A	71. E	97. B
20. C	46. B	72. B	98. D
21. C	47. B	73. A	99. B
22. C	48. D	74. C	100. A
23. A	49. A	75. D	101. E
24. B	50. A	76. D	102. A
25. C	51. A	77. B	103. E
26. D	52. C	78. A	104. C

CAPÍTULO 8

RENDAS CERTAS (ANUIDADES)

Consideremos a seguinte situação:

"Um empréstimo foi financiado em cinco prestações mensais e consecutivas de R$ 1.000,00, sendo a primeira prestação 30 dias após a liberação do empréstimo. Se a taxa de juros compostos do mercado é de 8% a.m., qual o valor do empréstimo?"

Para resolver esse problema podemos fazer uso do fluxo:

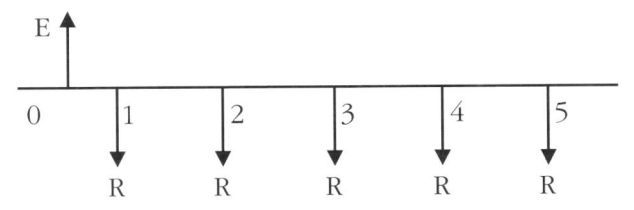

```
        E ↑
        |
  ──────┼──┬────┬────┬────┬────┬──────
        0  │1   │2   │3   │4   │5
           ▼    ▼    ▼    ▼    ▼
           R    R    R    R    R
```

E: valor do empréstimo

$i = 8\%$ ao mês; $n = 5$; $R = 1.000,00$

Adotando a data focal 0, podemos calcular o valor E descapitalizando as prestações:

$$E = \frac{1.000}{1,08} + \frac{1.000}{1,08^2} + \frac{1.000}{1,08^3} + \frac{1.000}{1,08^4} + \frac{1.000}{1,08^5}$$

Com o auxílio de uma calculadora,

$E = 925,92 + 857,34 + 793,84 + 735,03 + 680,58$

$E = 3.992,71$.

Resposta: R$ 3.992,71

Esse processo, embora correto, se torna muito trabalhoso e necessita, em geral, do auxílio de uma calculadora. Vamos, então, desenvolver uma fórmula que permita resolver situações desse tipo.

SÉRIE UNIFORME DE PAGAMENTOS PERIÓDICOS (RENDAS CERTAS OU ANUIDADES)

RENDA POSTECIPADA

Chamamos de renda postecipada à série uniforme de pagamentos periódicos em que o primeiro pagamento ocorre um período após a realização do negócio.

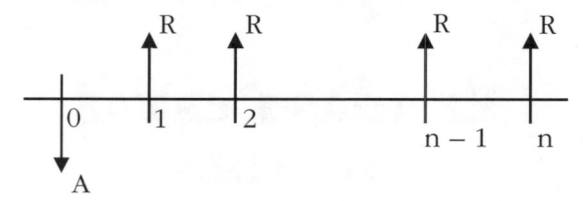

$A \to$ valor atual da renda

$R \to$ termo da renda (valor da prestação)

$n \to$ número de termos

$i \to$ taxa de juros

Adotando a data focal 0, temos:

$$A = \frac{R}{1+i} + \frac{R}{(1+i)^2} + \ldots + \frac{R}{(1+i)^{n-1}} + \frac{R}{(1+i)^n}$$

Essa soma corresponde à soma dos termos de uma progressão geométrica (PG). Fazendo uso da fórmula da soma dos termos de uma PG, chegamos a:

$$\boxed{A = R \frac{(1+i)^n - 1}{i \times (1+i)^n}}$$

O fator $\dfrac{(1+i)^n - 1}{i.(1+i)^n}$ é chamado fator de valor atual e é tabelado sob a notação:

$$\boxed{a_{\overline{n}|i}} = a(n, i) = \frac{(1+i)^n - 1}{i.(1+i)^n} \text{ (tabela II)}$$

O fator de valor atual pode também ser escrito:

$$\boxed{a_{\overline{n}|i} = \frac{1 - (1+i)^{-n}}{i}}$$

Assim,

$$\boxed{A = R a_{\overline{n}|i}}$$

Vamos aplicar a fórmula na nossa situação inicial.

O valor do empréstimo será o valor atual da renda: E = A.

R = 1.000,00; n = 5; i = 8% ao mês.

E = A = R. a(n, i) → E = 1.000 × a(5, 8%)

Vamos localizar a(5, 8%) na tabela II procurando na linha n = 5 e na coluna i = 8%. Chegaremos a 3,992710.

Então,

E = 1.000 × 3,992710

E = 3.992,71

Resposta: R$ 3.992,71

Vamos admitir que precisemos calcular o total pago imediatamente após o último pagamento e chamemos esse montante de valor futuro F.

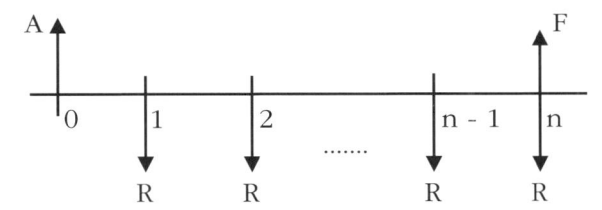

F corresponde a capitalizar A por n períodos, ou seja,

$F = A \times (1 + i)^n$

$F = R \times \dfrac{(1 + i)^n - 1}{i.(1 + i)^n} \times (1+ i)^n$

$F = R \times \dfrac{(1 + i)^n - 1}{i}$

Ao fator $\dfrac{(1 + i)^n - 1}{i}$ chamamos de fator de acumulação de capital ou fator de valor futuro e é tabelado sob a notação

$$\boxed{S_{\overline{n}|i} = \dfrac{(1 + i)^n - 1}{i}}$$ (tabela III)

Podemos escrever, também, $s_{\overline{n}|i}$ = s(n, i)

Assim,

$$\boxed{F_{(n)} = R. S_{\overline{n}|i}}$$

$F_{(n)}$ → valor futuro na data n (imediatamente após o último pagamento).

Voltando ao nosso problema, vamos calcular o montante pago imediatamente após o último pagamento.

$F_{(5)} = R \cdot a(n, i)$
$F_{(5)} = 1.000 \times s(5, 8\%)$
$F_{(5)} = 1.000 \times 5,86660$
$F_{(5)} = 5.866,60$

Resposta: R$ 5.866,60

Esse valor futuro F pode ser calculado capitalizando o valor atual A por 5 períodos.

$F_{(5)} = A \times (1 + i)^5$
$F_{(5)} = 3.992,71 \times 1,08^5$
$F_{(5)} = 3.992,71 \times 1,469328$
$F_{(5)} = 5.866,60$

Podemos calcular também o montante um período após o último pagamento.

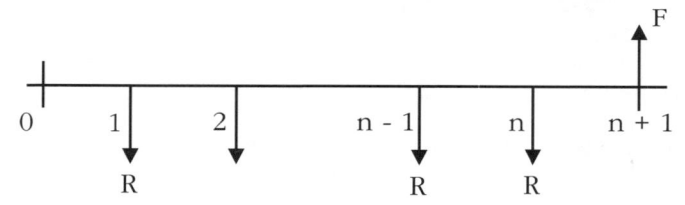

$$F_{(n + 1)} = F_{(n)} \times (1 + i)$$

Podemos, ainda, usar um artifício para determinar $F_{(n + 1)}$.

Vamos imaginar a existência de uma prestação na data focal (n + 1), assim, $F_{(n+1)}$ seria igual a R × s(n + 1, i), mas como a prestação da data (n+1) foi somada indevidamente, devemos subtraí-la:

$F_{(n+1)} = R \times s(n+1, i) - R$
$F_{(n+1)} = R \,[s(n+1, i) - 1]$

Ainda na situação inicial, vamos calcular o montante pago um mês após o pagamento da última prestação.

$F_{(6)} = F_{(5)} \times 1,08 \rightarrow F_{(6)} = 5.866,60 \times 1,08$
$F_{(6)} = 6.335,93$

Ou

$F_{(6)} = 1.000 \times [s(6, 8\%) - 1]$

$F_{(6)} = 1.000 \times (7,335929 - 1)$

$F_{(6)} = 6.335,93$

Resposta: R$ 6.335,93

RENDA ANTECIPADA

Chamamos renda antecipada à série uniforme de pagamentos periódicos em que o primeiro pagamento ocorre no ato da realização do negócio.

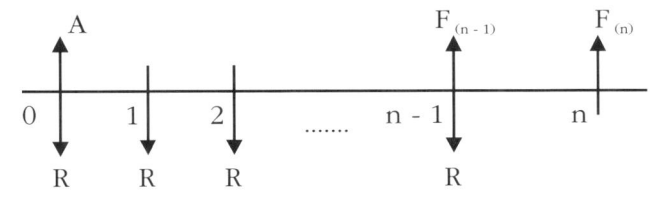

Usando raciocínios e artifícios semelhantes aos usados no cálculo das rendas postecipadas, temos:

$$A = R\left[a_{\overline{n-1}|i} + 1\right]$$

$$F_{(n-1)} = R\, s_{\overline{n}|i}$$

$F_{(n-1)}$ → valor futuro imediatamente após o último pagamento.

$$F_{(n)} = R\left[s_{\overline{n+1}|i} - 1\right]$$

$F_{(n)}$ → valor futuro um período após o último pagamento.

Exemplos:

Considere uma renda antecipada de quatro termos mensais e iguais a R$ 1.000,00, à taxa de 10% ao mês. Determine:

a) valor atual;

b) montante imediatamente após o último pagamento;

c) montante um mês após o pagamento da última prestação;

a) **Solução**

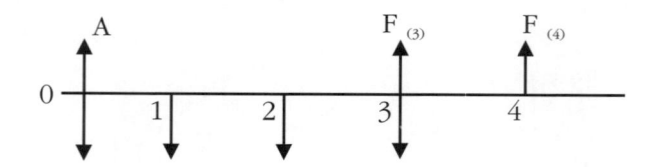

```
           A              F_(3)    F_(4)
           ↑               ↑        ↑
    0 ─────┼──────┼───────┼────────┼─────
           1      2       3        4
           ↓      ↓       ↓
```

R = 1.000,00; i = 10% ao mês; n = 4

A = ?

A = R [a(3, 10%) + 1]

A = 1.000 [2,486852 +1]

A = 3.486,85

Resposta: R$ 3.486,85

b) **Solução**

$F_{(3)}$ = R × s(4, 10%)

$F_{(3)}$ = 1.000 × 4,641000

$F_{(3)}$ = 4.641,00

Resposta: R$ 4.641,00

c) **Solução**

$F_{(4)}$ = R × [s(5, 10%) − 1]

$F_{(4)}$ = 1.000 × [6,105100 − 1]

$F_{(4)}$ = 5.105,10

Resposta: R$ 5.105,10

Observe que calcular $F_{(4)}$ é capitalizar $F_{(3)}$ por um período.

$F_{(4)}$ = $F_{(3)}$ × 1,1

$F_{(4)}$ = 4.641 × 1,1

$F_{(4)}$ = 5.105,10

RENDA DIFERIDA

Chamamos renda diferida (com carência) à série uniforme de pagamentos periódicos em que o primeiro pagamento ocorre (m + 1) períodos após o início do negócio, ou seja, há **m** períodos sem pagamentos.

$$A = R\left[a_{\overline{m+n}|i} - a_{\overline{m}|i}\right]$$

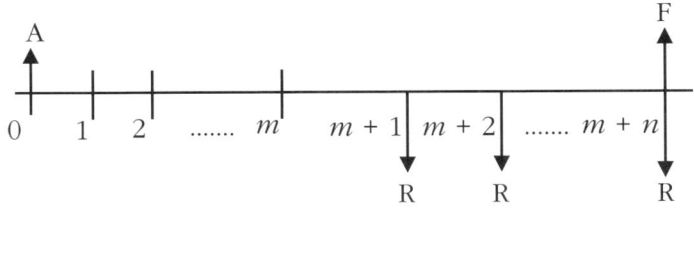

$$F = R \cdot s_{\overline{n}|i}$$

onde m → número de períodos sem pagamentos

n → número de termos.

Exemplo:

1) Uma pessoa deve receber cinco prestações mensais iguais de R$ 1.000,00, com a primeira ao final de sete meses. Sabendo-se que a taxa de juros compostos é de 3% ao mês, qual o valor atual das prestações?

R = 1.000,00; i = 3% ao mês; n = 5

1º pagamento na data 7 → m = 6.

A = ?

A = R[a(11, 3%) – a(6, 3%)]

A = 1.000 [9,252624 – 5,417191]

A = 3.835,43

Resposta: R$ 3.835,43

RENDA PERPÉTUA (PERPETUIDADE)

Chamamos renda perpétua à série de pagamentos uniforme e periódica que possui uma infinidade de pagamentos.

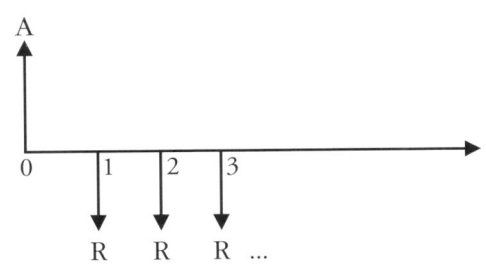

Sendo A o valor atual da renda, R o valor do termo (pagamento) da renda infinita e *i* a taxa de juros compostos,

$$A = \frac{R}{i} \rightarrow R = A \times i.$$

PROBLEMAS DE APLICAÇÃO

1) Um equipamento foi adquirido em cinco prestações mensais iguais e postecipadas de R$ 100,00. Se a taxa de juros cobrada pelo vendedor é de 24% ao semestre com capitalização mensal, qual o valor à vista desse equipamento?

Solução:

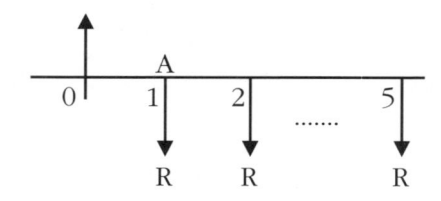

R = 100,00; n = 5 (postecipadas)

i = 24% ao semestre capitalização mensal → *i* = 4% ao mês.

O valor à vista do equipamento corresponde ao valor atual da série. Assim,

A = R × a(5, 4%)

A = 100 × 4,451822

A = 445,18

Resposta: R$ 445,18

2) Na compra de um artigo, Luíza pagou R$ 200,00 no ato e financiou o saldo devedor em 10 prestações mensais, iguais e consecutivas de R$ 100,00. Se a taxa de juros do financiamento é de 6% a.m. (capitalizados mensalmente), qual o valor à vista desse artigo?

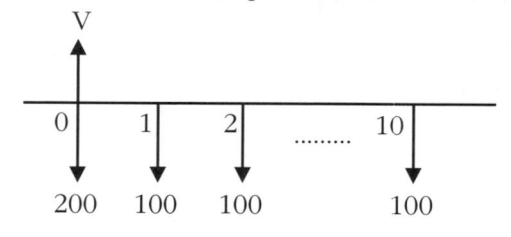

Solução:

À vista: V

entrada: 200

valor financiado: V − 200 (valor atual da renda)

R = 100,00; n = 10; i = 6% ao mês.

V − 200 = 100 × a(10, 6%)

V = 200 + 100 × 7,360087

V = 936,01

Resposta: R$ 936,01

3) Um equipamento de preço à vista igual a R$ 1.200,00 será adquirido com entrada de 30% mais quatro prestações fixas mensais consecutivas vencendo a primeira em 30 dias. Se a taxa de juros do financiamento é de 60% a.a. capitalizados mensalmente, qual o valor de cada prestação?

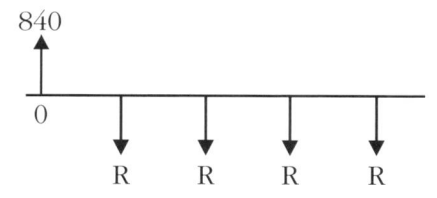

Solução:

À vista: 1.200,00

Entrada: 30% → 0,3 × 1.200 = 360

Valor a financiar: 1.200 − 360 = 840

n = 4

i = 60% ao ano capitalizados mensalmente → i = 5% a.m.

840 = R × a(4, 5%)

$R = \dfrac{840}{3,545951}$

R = 236,89

Resposta: R$ 236,89

4) Um automóvel foi adquirido com um pagamento no ato de 40% do valor à vista e mais 20 prestações mensais iguais e consecutivas de R$ 1.000,00, sendo a primeira para 30 dias. Se a taxa efetiva de juros compostos do financiamento é de 2% ao mês, determine o valor à vista desse automóvel.

Solução:

Valor à vista: V

Entrada: 40%. V

Valor financiado: 0,6. V

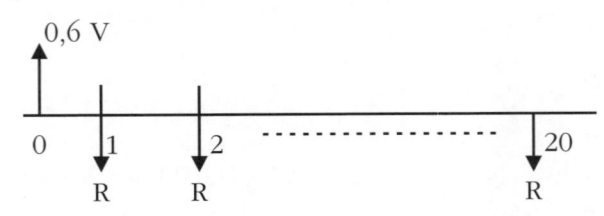

```
        0,6 V
         ↑
    ┌────┼────┼─────────────────┼────
    0    ↓1   ↓2                ↓20
         R    R                 R
```

R = 1.000,00; n = 20; i = 2% ao mês; A = 0,6. V

0,6 V = 1.000 × a(20, 2%)

0,6 V = 1000 × 16,35143

V = 27.252,39

Resposta: R$ 27.252,39

5) Se Guilherme investir R$ 1.000,00 mensalmente, qual o montante acumulado imediatamente após o décimo depósito, se a taxa de remuneração do capital é de 21% ao trimestre com capitalização mensal?

Solução:

R = 1.000,00; n = 10

i = 21% ao trimestre com capitalização mensal → i = 7% ao mês.

F = R × s(10, 7%)

F = 1.000 × 13,816448

F = 13.816,45

Resposta: R$ 13.816,45

6) Um investimento consiste na realização de 18 depósitos mensais postecipados de R$ 1.000,00 que deverão ser resgatados em seis saques mensais iguais e consecutivos com o primeiro 30 dias após o último depósito. Se a taxa de remuneração do investimento é de 2% ao mês, o valor de cada saque é, em reais:

a) 3.577,48.   d) 3.822,65.

b) 3.680,92.   e) 3.917,00.

c) 3.761,40.

Solução:

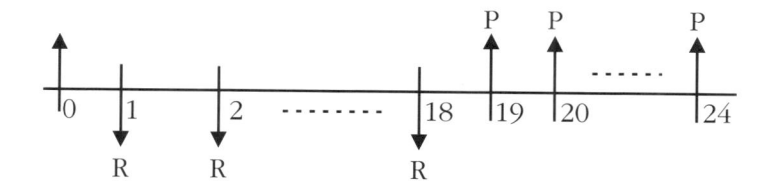

R = 1.000,00; n = 18; i = 2% ao mês.

P = ? com n = 6

Adotando a data focal 18:

O montante dos depósitos é igual ao valor atual da série de saques.

1.000 × s(18, 2%) = P × a(6, 2%)

1.000 × 21,412312 = P × 5,601431

P = 3.822,65

Resposta: D

7) Na compra de um computador, Guilherme se comprometeu a pagar oito prestações mensais e iguais de R$ 300,00, sendo a primeira paga no ato. Se a taxa de juros compostos do financiamento é de 3% ao mês, qual o valor à vista do computador?

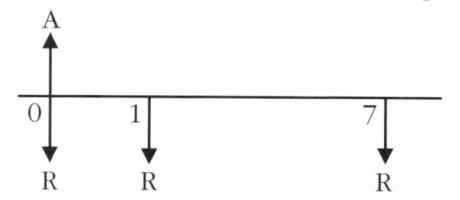

Solução:

n = 8 (antecipadas); R = 300,00; i = 3% ao mês.

A = R × [a(7, 3%) + 1]

A = 300 × 7,230283

A = 2.169,08

Resposta: R$ 2.169,08

8) Um empréstimo no valor de $ 2.000,00 deve ser pago em cinco prestações trimestrais, iguais e consecutivas, sendo a primeira no ato da liberação dos recursos. Se a taxa de juros do financiamento é de 60% ao ano capitalizados trimestralmente, qual o valor das prestações?

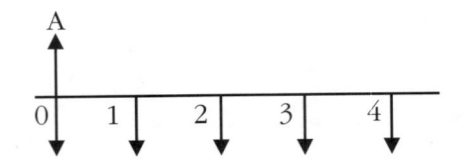

Solução:

A = 2.000,00; n = 5 (antecipados)

i = 60% ao ano capitalizados trimestralmente → i = 15% ao trimestre.

R = ?

2.000 = R × [a(4, 15%) + 1]

$R = \dfrac{2.000}{3,854978}$

R = 518,81

Resposta: R$ 518,81

9) Luíza obteve um empréstimo de R$ 20.000,00 para montar uma pequena fábrica de bijuterias. A devolução do empréstimo será feita em seis prestações mensais, consecutivas e iguais, vencendo a primeira ao final de um ano. Se a taxa mensal de juros compostos do financiamento é de 7%, calcule o valor de cada prestação.

Solução:

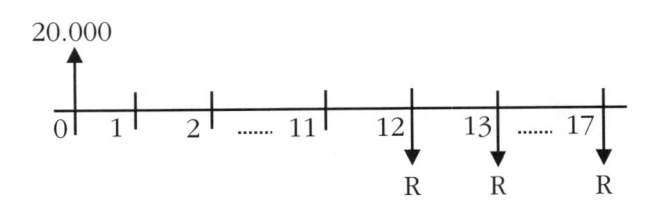

A = 20.000,00; n = 6; i = 7% ao mês.

m = 11 (número de períodos sem pagamentos)

R = ?

A = R × [a(17, 7%) − a(11, 7%)]

$R = \dfrac{20.000}{9,763223 - 7,498674}$

R = 8.831,78

Resposta: R$ 8.831,78

10) Uma empresa deve R$ 150.000,00 vencíveis de hoje a seis meses e R$ 282.600,00 vencíveis de hoje a 12 meses. Para transformar suas dívidas em uma série uniforme de quatro pagamentos postecipados trimestrais, a partir de hoje, a juros e desconto racional compostos de 10% a.t., qual o valor do pagamento trimestral?

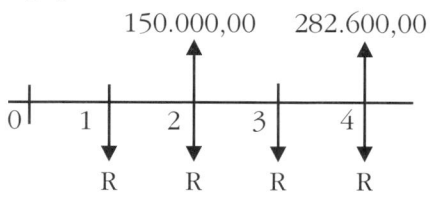

Solução:

150.000 (6m) → (2 trimestres)

282.600 (12m) → (4 trimestres)

R = ?

n = 4 (postecipados); i = 10% ao trimestre.

Adotando a data focal 4, temos:

282.600 + 150.000 × $1,1^2$ = R × s(4, 10%)

282.600 + 181.500 = R × 4,641 → R = $\dfrac{464.100}{4,641}$

R = 100.000

Resposta: R$ 100.000,00

11) Uma alternativa de investimentos possui um fluxo de caixa com 11 desembolsos anuais de R$ 6.810,86, sendo o primeiro deles no início do primeiro ano e 15 entradas líquidas anuais consecutivas, a partir do fim do décimo primeiro ano, inclusive. À taxa anual de 12%, a partir de que valor para as entradas de capital esse será um bom negócio para o investidor?

a) R$ 18.893,27.
b) R$ 19.214,38.
c) R$ 20.654,58.
d) R$ 21.214,32.
e) R$ 22.035,14.

Solução:

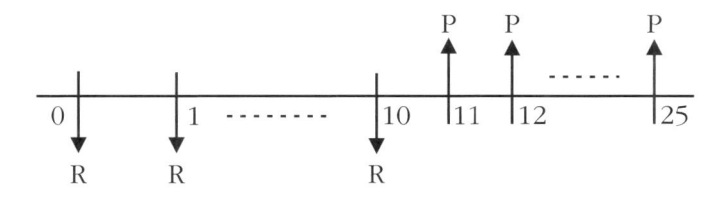

R = 6.810,86; i = 12% ao ano; P = ?

Ser um bom negócio para o investidor significa que o fluxo tem valor atual positivo, ou seja, adotada uma data focal, a diferença entre as entradas de capital e os desembolsos é positiva.

Adotando a data focal 10.

VA: valor atual do fluxo.

E: soma das entradas de capital.

D: soma dos desembolsos.

VA = E − D → VA > 0 → E > D

E = P × a (15, 12%)

E = P × 6,810864

D = 6.810,86 × s (11, 12%)

D = 6.810,86 × 20,654583

Como E > D → P × 6,810864 > 6.810,86 × 20,654583

P > 20.654,58

Resposta: C

12) Um equipamento pode ser adquirido em 15 pagamentos postecipados mensais e consecutivos, sendo os cinco primeiros de R$ 4.000,00, os cinco seguintes de R$ 3.000,00 e os cinco últimos de R$ 2.000,00, financiados a juros de 48% ao ano com capitalização mensal. O valor à vista desse equipamento é, em reais:

a) 37.903,07.

b) 37.418,72.

c) 36.121,14.

d) 35.082,13.

e) 34.799,49.

Solução:

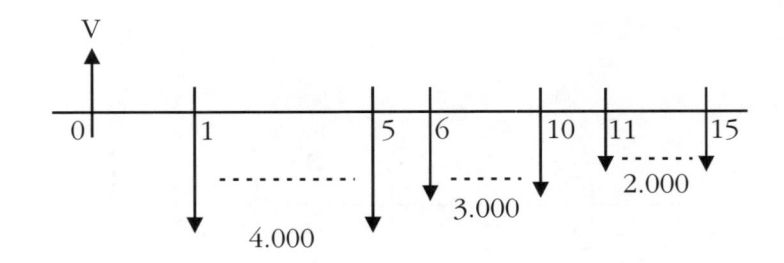

$i = 48\%$ ao ano capitalização mensal = 4% ao mês.

A dificuldade desse problema está no fato de a série de pagamentos não ser uniforme.

Podemos, entretanto, transformar esse fluxo em três outros que sejam uniformes.

Pra isso vamos dividir os 5 pagamentos de 4.000 em 5 pagamentos de 2.000 (da data 1 a 5) + 5 pagamentos de 1.000 (da data 1 a 5) + 5 pagamentos de 1.000 (da data 1 a 5).

Vamos dividir os 5 pagamentos de 3.000 em 5 pagamentos de 2.000 (da data 6 a 10) + 5 pagamentos de 1.000 (da data 6 a 10).

Com isso, teremos as séries a seguir.

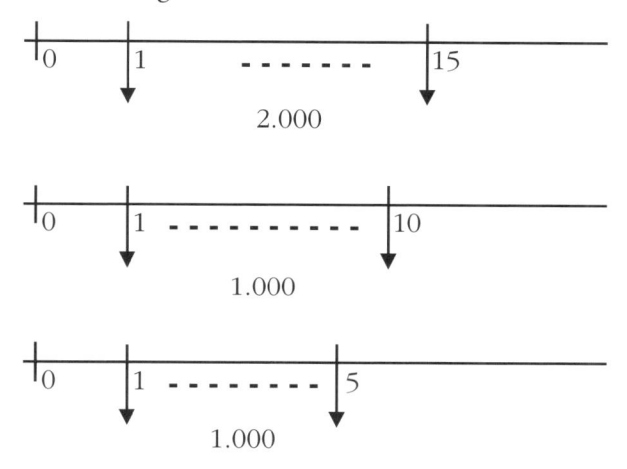

Aí, o valor à vista do equipamento será a soma dos valores atuais das três séries.

V = 2.000 × a (15, 4%) + 1.000 × a (10, 4%) + 1.000 × a (5, 4%)

V = 34.799,49

Resposta: E

13) Tendo comprado um eletrodoméstico em 12 prestações bimestrais postecipadas de R$ 424,20, o cliente propôs sua substituição para 24 prestações mensais, mantido o prazo. Qual será o valor desta nova prestação, se a taxa de juros considerada for de 4,04% ab?

   a) R$ 212,10.
   b) R$ 211,00.
   c) R$ 210,00.
   d) R$ 208,00.
   e) R$ 206,00.

Solução:

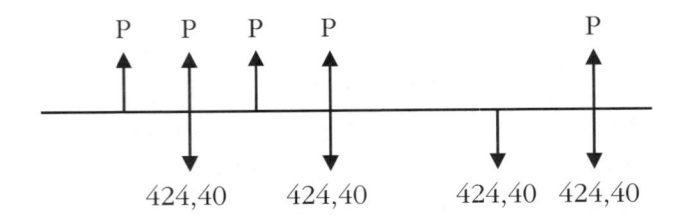

```
    P    P    P    P              P
    ↑    ↑    ↑    ↑              ↑
 ───┼────┼────┼────┼──────────────┼───
    ↓    ↓              ↓    ↓
  424,40 424,40       424,40 424,40
```

P: pagamento mensal.

I = 4,04% ao bimestre e i = ?% ao mês;(taxas equivalentes)

$1 + I = (1 + i)^n \rightarrow 1{,}0404 = (1 + i)^2$

Consultando a tabela, i = 2% ao mês.

Assim, o valor da prestação bimestral corresponde à soma das prestações mensais da data anterior, capitalizada, e aquela da própria data.

424,40 = P × 1,02 + P

2,02 × P = 424,40

P = 210,00

Resposta: C

14) (Sefaz–RJ) O valor presente de um título que paga o valor de R$ 500,00 todo mês, perpetuamente, a uma taxa de juros de 2% ao mês, no regime de juros compostos, é de:

   a) R$ 500,00.
   b) R$ 5.000,00.
   c) R$ 50.000,00.
   d) R$ 100.000,00.
   e) R$ 25.000,00.

Solução:

P = 500,00 (perpétua); i = 2% ao mês; A = ?

$A = \dfrac{P}{i}$

$A = \dfrac{500}{0{,}02}$

A = 25.000,00

Resposta: E

Questões de Concursos

1) **(ICMS–SP)** Um bem foi adquirido através de um plano sem entrada em três prestações mensais iguais e consecutivas de R$ 300,00 cada uma, sendo a primeira a trinta dias da data da celebração do contrato. Admitindo-se uma taxa de 4% ao mês e a capitalização composta, o valor desse bem na data do contrato é:
   a) R$ 544,07.
   b) R$ 565,83.
   c) R$ 800,10.
   d) R$ 900,00.
   e) R$ 832,53.

2) **(ANTT)** Um empréstimo deverá ser pago em 12 prestações mensais, iguais e postecipadas, cada uma no valor de R$ 15.000,00. Se a taxa de juros compostos da operação é de 9% ao mês, o valor financiado é:
   a) R$ 101.316,43.
   b) R$ 102.438,99.
   c) R$ 105.387,33.
   d) R$ 107.410,95.
   e) R$ 117.077,94.

3) **(Eletrobras)** Para custear planos de expansão, uma empresa estará efetuando a partir do próximo mês 12 retiradas mensais de $ 20.000,00, de uma aplicação financeira que lhe rende 3% ao mês. O valor que a empresa precisa ter depositado nesta aplicação, para suportar os saques, é:
   a) $ 199.080,00.
   b) $ 219.504,08.
   c) $ 222.400,00.
   d) $ 228.684,16.
   e) $ 232.648,60.

4) **(AFRF)** Uma pessoa faz uma compra financiada em 12 prestações mensais e iguais de R$ 210,00. Obtenha o valor financiado, desprezando os centavos, a uma taxa de juros compostos de 4% ao mês, considerando que o financiamento equivale a uma anuidade e que a primeira prestação vence um mês depois de efetuada a compra.
   a) R$ 3.155,00.
   b) R$ 2.048,00.
   c) R$ 1.970,00.
   d) R$ 2.530,00.
   e) R$ 2.423,00.

5) (AFC) Um indivíduo deseja comprar um carro novo aproveitando o seu carro usado como entrada. Sabendo que o saldo a financiar é de R$ 21.150,68, que a taxa mensal de juros é de 2%, pelo sistema de juros compostos, e que o pagamento deve ser efetuado em 12 prestações iguais, a primeira das quais um mês após a compra, qual a prestação?
   a) R$ 1.800,00.
   b) R$ 1.923,13.
   c) R$ 2.000,00.
   d) R$ 2.200,00.
   e) R$ 2.873,57.

6) (TCM-RJ) Uma pessoa deseja adquirir um veículo, cujo valor à vista é de R$ 40.000,00, por meio de uma operação de Leasing Financeiro. Admita, hipoteticamente, que a operação foi contratada a juros efetivos de 2% ao mês e que o contrato especifica o pagamento de uma entrada de 20% mais 20 prestações mensais iguais e consecutivas, sendo a primeira para 30 dias. O valor da prestação estará entre:
   a) R$ 1.600,00 e R$ 1.650,00.
   b) R$ 1.700,00 e R$ 1.750,00.
   c) R$ 1.800,00 e R$ 1.850,00.
   d) R$ 1.950,00 e R$ 2.000,00.
   e) R$ 2.050,00 e R$ 2.100,00.

7) (TCM-RJ) Um equipamento industrial cujo valor à vista é de R$ 1.161.839,00 pode ser comprado a prazo. Nesse caso, paga-se uma entrada de R$ 50.000,00 mais 15 prestações mensais consecutivas no valor de R$ 100.000,00 cada, a primeira um mês depois da compra. A taxa de juros efetiva composta cobrada no financiamento é de:
   a) 2,5% a.m.
   b) 3,0% a.m.
   c) 3,5% a.m.
   d) 4,0% a.m.
   e) 5,0% a.m.

8) (AFRF) Na compra de um carro em uma concessionária no valor de R$ 25.000,00, uma pessoa dá uma entrada de 50% e financia o saldo devedor em 12 prestações mensais a uma taxa de 2% ao mês. Considerando que a pessoa consegue financiar ainda o valor do seguro do carro e da taxa de abertura de crédito, que custam R$ 2.300,00 e R$ 200,00, respectivamente, nas mesmas condições, isto é, em 12 meses e a 2% ao mês, indique o valor que mais se aproxima da prestação mensal do financiamento global.
   a) R$ 1.405,51.
   b) R$ 1.418,39.
   c) R$ 1.500,00.
   d) R$ 1.512,44.
   e) R$ 1.550,00.

9) (Serpro) Na compra de um carro em uma concessionária no valor de R$ 22.000,00 uma pessoa dá uma entrada de 20% e financia o saldo devedor em 12 prestações mensais a uma taxa de 3% ao mês. Considerando que a pessoa consegue financiar junto com o carro, 100% do valor de um seguro total que custa R$ 2.208,00 e uma taxa de abertura de crédito de R$ 100,00, nas mesmas condições, isto é, em 12 meses e a 3% ao mês, indique o valor que mais se aproxima da prestação mensal do financiamento global.
   a) R$ 1.511,23.
   b) R$ 1.715,00.
   c) R$ 1.800,00.
   d) R$ 1.923,44.
   e) R$ 2.000,00.

10) (Contador-IPJB) Um equipamento foi financiado mediante o pagamento de uma entrada de 10% sobre o valor à vista e mais 6 prestações iguais e postecipadas no valor de $ 2.000,00. Se a taxa de juros do financiamento é 3% ao mês, em regime de juros compostos, o valor do equipamento é:
   a) $ 10.834,38.
   b) $ 11.350,70.
   c) $ 11.980,46.
   d) $ 12.038,20.
   e) $ 12.280,76.

11) (TCM-RJ) Uma empresa concessionária do setor de água e esgoto estuda a instalação de uma potente bateria de bombas hidráulicas que resolva em definitivo o problema da falta de pressão nos encanamentos do setor em que presta serviço. O investimento está orçado em R$ 17.027.120,00. A vida útil estimada dos equipamentos é de 20 anos, sem valor residual ao término desse prazo, e com gastos operacionais de R$ 200.000,00 por ano para manter o equipamento em perfeitas condições de funcionamento. Se a empresa deseja uma rentabilidade de 10% ao ano para o investimento, o custo anual que deve ser repassado aos clientes usuários do sistema, de modo a cobrir os gastos operacionais e remunerar o capital à taxa desejada, é de:
   a) R$ 1.900.000,00.
   b) R$ 2.000.000,00.
   c) R$ 2.100.000,00.
   d) R$ 2.200.000,00.
   e) R$ 2.300.000,00.

12) (AFPS) Obtenha o valor mais próximo da quantia que deve ser depositada ao fim de cada mês, considerando uma taxa de rendimento de 2% ao mês, juros compostos, com o objetivo de se obter R$ 50.000,00 ao fim de 10 meses.
   a) R$ 5.825,00.
   b) R$ 5.000,00.
   c) R$ 4.782,00.
   d) R$ 4.566,00.
   e) R$ 3.727,00.

13) **(Bacen)** Um contrato de aplicação financeira prevê que depósitos de mesmo valor sejam feitos mensalmente em uma conta de aplicação durante 18 meses com o objetivo de atingir o montante de R$ 100.000,00 ao fim desse prazo. Obtenha o valor mais próximo da quantia que deve ser depositada ao final de cada mês, considerando uma taxa de rendimento de 3% ao mês.
   a) R$ 5.550,00.
   b) R$ 4.900,00.
   c) R$ 4.782,00.
   d) R$ 4.270,00.
   e) R$ 4.000,00.

14) **(ACE)** Um contrato prevê que aplicações iguais sejam feitas mensalmente em uma conta durante 12 meses com o objetivo de atingir o montante de R$ 100.000,00 ao fim deste prazo. Quanto deve ser aplicado ao fim de cada mês, considerando rendimentos de juros compostos de 2% ao mês?
   a) R$ 7.455,96.
   b) R$ 7.600,00.
   c) R$ 7.982,12.
   d) R$ 8.270,45.
   e) R$ 9.000,00.

15) **(APO)** Uma pessoa depositou mensalmente a quantia de R$ 100,00 numa caderneta de poupança, à taxa de 3% ao mês. Os depósitos foram feitos no último dia útil de cada mês e o juro foi pago no primeiro dia útil de cada mês, incidindo sobre o montante do início do mês anterior. O primeiro depósito foi feito em 31 de janeiro e não foram feitas retiradas de capital. O montante em 01 de outubro do mesmo ano deve ser:
   a) R$ 646,84.
   b) R$ 766,25.
   c) R$ 889,23.
   d) R$ 1.015,91.
   e) R$ 1.146,39.

16) **(Eletrobras)** Cláudia deseja fazer hoje aplicações em um fundo de investimentos, almejando obter uma renda perpétua mensal de R$ 20.000,00, atualizados monetariamente, começando dentro de um mês. Considerando-se as taxas de 0,1% a.m. e de 0,5% a.m., essas aplicações serão, em reais, respectivamente de:
   a) 10.000.000,00 e 2.400.000,00.
   b) 12.000.000,00 e 2.000.000,00.
   c) 12.000.000,00 e 2.400.000,00.
   d) 16.000.000,00 e 2.000.000,00.
   e) 20.000.000,00 e 4.000.000,00.

17) **(AFRM-AR)** Um indivíduo recebeu como herança um título perpétuo que paga R$ 2.000 por trimestre. Esse indivíduo quer vender o título. Sabendo que a taxa de juros semestral, juros compostos, é de 44%, o valor presente de venda desse título é:
   a) R$ 4.545,45.
   b) R$ 50.000,00.
   c) R$ 2.880,00.
   d) R$ 10.000,00.
   e) R$ 16.547,85.

18) **(Aneel)** Um empresário comprou, por R$ 40.000.000,00, uma empresa que fatura R$ 10.000.000,00 por mês, com lucro líquido de 10% do faturamento. Considerando que o faturamento e o lucro líquido dessa empresa ficarão imutáveis durante um tempo muito longo, a taxa interna de retorno desse investimento do empresário está entre:
    a) 2% e 3%.
    b) 3% e 4%.
    c) 4% e 5%.
    d) 5% e 6%.
    e) 6% e 7%.

19) **(Sefaz-RJ)** Um indivíduo possui um título que paga mensalmente de R$ 500,00, perpetuamente. O indivíduo quer vender esse título, sabendo que a taxa de desconto é de 1% ao mês.
    O preço justo desse título é:
    a) R$ 50.000,00.
    b) R$ 500.000,00.
    c) R$ 1.000.000,00.
    d) R$ 20.000,00.
    e) R$ 100.000,00.

20) **(Petrobras)** Qual é o valor atual de uma renda perpétua, de pagamentos mensais postecipados, iguais a R$ 100,00, a juros de 1% ao mês?
    a) R$ 1.000,00.
    b) R$ 5.000,00.
    c) R$ 8.000,00.
    d) R$ 10.000,00.
    e) R$ 100.000,00.

21) **(Sefaz-AP)** Antônio possui um investimento que dá uma renda líquida de 0,6% ao mês (no sistema de juros compostos) e deseja dar à sua filha uma renda mensal perpétua de R$ 450,00. A quantia que Antônio deve investir para que sua filha tenha essa renda é de:
    a) R$ 45.000,00.
    b) R$ 27.000,00.
    c) R$ 54.000,00.
    d) R$ 72.000,00.
    e) R$ 75.000,00.

22) **(FR-MS)** O montante acumulado em uma série de 400 depósitos mensais de R$ 150,00, a juros de 1% ao mês, permite a obtenção, a partir daí, de uma renda perpétua de que valor? Dado: $1,01^{400} = 53,52$
    a) R$ 3.512,00.
    b) R$ 4.884,00.
    c) R$ 5.182,00.
    d) R$ 6.442,00.
    e) R$ 7.878,00.

23) (Eletrobras) A Cia XYZ comprou um galpão por R$ 150.000,00 e pretende mantê-lo alugado por período indefinido. Se o valor do aluguel mensal for de R$ 1.350,00, a taxa de juros do investimento será de:
   a) 0,85%.
   b) 0,88%.
   c) 0,90%.
   d) 1,10%.
   e) 1,21%.

24) (Sefaz-RJ) Um indivíduo comprou um título perpétuo que paga R$ 500,00 por semestre. Sabendo que a taxa de juros anual, juros compostos, é de 21%, o valor presente desse título é:
   a) R$ 4.761,90.
   b) R$ 5.000,00.
   c) R$ 6.857,25.
   d) R$ 7.500,00.
   e) R$ 25.000,00.

25) (Contador-AGU) Uma empresa prestadora de serviços está considerando investir em um projeto cujo custo total é de R$ 1.500. Caso esse projeto seja implementado, a diretoria prevê que ele gerará um retorno anual para a empresa de R$ 100 indefinidamente (perpetuidade). Uma vez que o custo do capital é de 5% ao ano, o valor presente líquido do projeto é:
   a) R$ 470.
   b) R$ 500.
   c) R$ 520.
   d) R$ 610.
   e) R$ 630.

26) (FT-Niterói) Um financiamento pelo sistema francês de amortização, a uma taxa de juros de 4% ao mês, é composto por 12 prestações de R$ 1.000,00. Caso esse financiamento seja substituído por uma perpetuidade que gere um conjunto de fluxos de caixa equivalente ao citado, o valor da nova prestação seria igual a:
   Dado: $(1,04)^{12} = 1,601$
   a) R$ 64,98.
   b) R$ 375,39.
   c) R$ 480,00.
   d) R$ 615,53.

27) (BNDES) Uma aplicação consiste em 6 depósitos consecutivos, mensais e iguais no valor de R$ 300,00 (trezentos reais) cada um. Se a taxa de juros compostos utilizada é de 5% ao mês, o montante, em reais, um mês após o último dos 6 depósitos, é:
   a) 2.040,00.
   b) 2.142,00.
   c) 2.240,00.
   d) 2.304,00.
   e) 2.442,00.

28) (IRB) Um contrato prevê que aplicações iguais sejam feitas mensalmente em uma conta durante quatro meses com o objetivo de atingir o montante de R$ 10.000,00 ao fim desse prazo. Calcule quanto deve ser aplicado ao fim de cada mês, considerando rendimentos de juros compostos de 4% ao mês e uma dedução de 25% dos juros realizada imediatamente antes de cada capitalização com o intuito de remunerar uma terceira parte. (Despreze os centavos.)
   a) R$ 2.354,00.
   b) R$ 2.390,00.
   c) R$ 2.420,00.
   d) R$ 2.500,00.
   e) R$ 3.187,00.

29) (Aneel) Uma empresa pretende dispor de R$ 100 000,00 ao fim de 12 meses e para isso pretende aplicar uma mesma quantia ao fim de cada mês em uma conta remunerada com o objetivo de atingir esse montante ao fim do prazo.
   Calcule quanto deve ser aplicado ao fim de cada mês, considerando rendimentos brutos de juros compostos de 4% ao mês e uma dedução de 25% de imposto incidente sobre cada recebimento dos juros. (Despreze os centavos.)
   a) R$ 8.333,00.
   b) R$ 8.129,00.
   c) R$ 7.046,00.
   d) R$ 7.000,00.
   e) R$ 6.655,00.

30) (CVM) Um cliente negociou com o seu banco depositar a quantia de R$ 1.000,00, ao fim de cada mês, para obter R$ 21.412,31, ao fim de 18 meses. A que taxa efetiva anual o banco remunerou o capital de seu cliente?
   a) 12%.
   b) 12,68%.
   c) 18%.
   d) 24%.
   e) 26,82%.

31) (IRB) Uma série de doze valores monetários relativos ao fim de cada um dos doze períodos de tempo representa o fluxo de caixa esperado de uma alternativa de investimento. Considerando que o valor atual desse fluxo de caixa no início do primeiro período é de R$ 30.000,00, calcule o valor futuro desse fluxo ao fim do décimo segundo período, considerando uma taxa de juros compostos de 10% ao período. (Despreze os centavos.)
   a) R$ 94.152,00.
   b) R$ 85.593,00.
   c) R$ 77.812,00.
   d) R$ 70.738,00.
   e) R$ 66.000,00.

32) (Aneel) Uma série de dez valores monetários relativos ao fim de cada um de dez anos representa o fluxo de caixa esperado de uma alternativa de investimento. Dado que o valor atual desse fluxo de caixa no início do primeiro ano é R$ 50.000.000,00, calcule o valor futuro desse fluxo ao fim do décimo ano considerando uma taxa de juros compostos de 10% ao ano.
   a) R$ 94.152.500,00.
   b) R$ 100.000.000,00.
   c) R$ 117.897.350,00.
   d) R$ 129.687.100,00.
   e) R$ 135.438.500,00.

33) (TCM–RJ) Uma compra foi paga com cinco cheques pré-datados no valor de R$ 5.000,00 cada, com vencimentos mensais e consecutivos, o primeiro na data da compra. Qual o valor da compra se a taxa de juros efetiva composta cobrada pelo financiamento é de 3% a.m.?
   a) R$ 19.275,25.
   b) R$ 21.432,50.
   c) R$ 22.575,00.
   d) R$ 23.585,50.
   e) R$ 27.000,00.

34) (AFRFB) Uma casa pode ser financiada em dois pagamentos. Uma entrada de R$ 150.000,00 e uma parcela de R$ 200.000,00 seis meses após a entrada. Um comprador propõe mudar o esquema de pagamentos para seis parcelas iguais, sendo a primeira parcela paga no ato da compra e as demais vencíveis a cada trimestre. Sabendo-se que a taxa contratada é de 6% ao trimestre, então, sem considerar os centavos, o valor de cada uma das parcelas será igual a:
   a) R$ 66.131,00.
   b) R$ 64.708,00.
   c) R$ 62.927,00.
   d) R$ 70.240,00.
   e) R$ 70.140,00.

35) (ATM–PE) Um financiamento no valor de R$ 100.000,00 é obtido a uma taxa nominal de 12% ao ano para ser amortizado em oito prestações semestrais iguais, vencendo a primeira prestação seis meses após o fim de um período de carência de dois anos de duração, no qual os juros devidos não são pagos mas se acumulam ao saldo devedor. Calcule a prestação semestral do financiamento, desprezando os centavos.
   a) R$ 20.330,00.
   b) R$ 18.093,00.
   c) R$ 16.104,00.
   d) R$ 15.431,00.
   e) R$ 14.000,00.

36) **(TCE–PI)** Uma operação de financiamento de capital de giro no valor de R$ 50.000,00 deverá ser liquidada em 12 prestações mensais e iguais com carência de quatro meses, ou seja, o primeiro pagamento só será efetuado ao final do quarto mês. Sabendo que foi contratada uma taxa de juros de 4% ao mês, então o valor de cada uma das prestações será igual a:
   a) R$ 5.856,23.
   b) R$ 5.992,83.
   c) R$ 6.230,00.
   d) R$ 6.540,00.
   e) R$ 7.200,00.

37) **(APO)** Uma dívida, no valor de R$ 9 159,40, vai ser paga em 5 prestações mensais iguais e consecutivas, a primeira delas vencendo ao completar 3 meses da data do contrato. Os juros são compostos, à taxa de 3% ao mês. O valor de cada uma das prestações deve ser:
   a) R$ 1.793,77.
   b) R$ 2.121,80.
   c) R$ 2.185,45.
   d) R$ 2.251,01.
   e) R$ 2.612,76.

38) **(ATM–Fortaleza)** Um financiamento no valor de R$ 10.000,00 é obtido a uma taxa nominal de 24% ao ano para ser amortizado em doze prestações semestrais iguais vencendo a primeira prestação seis meses após o fim de um período de carência de dois anos de duração, no qual os juros semestrais devidos não são pagos, mas se acumulam ao saldo devedor. Desprezando os centavos, calcule a prestação semestral do financiamento.
   a) R$ 1.614,00.
   b) R$ 2.540,00.
   c) R$ 3.210,00.
   d) R$ 3.176,00.
   e) R$ 3.827,00.

39) **(ACE)** Um financiamento no valor de US$ 300,000.00 possui um período de carência de pagamentos de dois anos, seguido pela amortização do financiamento em prestações iguais e semestrais, vencendo a primeira prestação seis meses após o término da carência. Calcule esta prestação, desprezando os centavos de dólar e considerando que:
   • a taxa é nominal de 12% ao ano;
   • o prazo total para o financiamento é de oito anos, incluindo a carência e
   • os juros devidos durante a carência não são pagos, mas se acumulam ao saldo devedor do financiamento.
   a) US$ 37,134.00.
   b) US$ 39,253.00.
   c) US$ 40,564.00.
   d) US$ 43,740.00.
   e) US$ 45,175.00.

40) (Contador–RJ) Um equipamento cujo valor à vista é de R$ 33.000,00 pode ser pago por meio de uma entrada e dezoito prestações mensais consecutivas de R$ 2.000,00. Se há um período de três meses para início do pagamento das prestações, o valor da entrada, considerando-se uma taxa de juros efetiva composta de 5% ao mês, será de:
   a) R$ 11.308,19.
   b) R$ 11.719,76.
   c) R$ 11.722,56.
   d) R$ 11.794,40.
   e) R$ 11.856,78.

41) (TCI) Um eletrodoméstico será pago por meio de uma entrada e doze prestações mensais iguais e consecutivas. Se cada prestação for igual a 10% do valor à vista, sendo a primeira paga ao término de um período de quatro meses, considerando-se uma taxa de juros efetiva composta de 4% ao mês, qual o percentual sobre o valor à vista que deverá ser pago como entrada?
   a) 11,8765%.
   b) 15,2314%.
   c) 16,2340%.
   d) 16,5670%.
   e) 19,3456%.

42) (ESAF) Um agricultor recebeu R$ 700.000,00 de empréstimo e deverá devolvê-lo em seis prestações semestrais, iguais e consecutivas, à taxa nominal de 36% a.a. Calcular o valor das prestações, sabendo-se que a primeira prestação será paga no final do 18º mês após ter contraído o empréstimo (desprezar os centavos no resultado final).
   a) R$ 278.670,00.
   b) R$ 328.831,00.
   c) R$ 171.670,00.
   d) R$ 145.483,00.
   e) R$ 239.034,00.

43) (AFC) No dia 10 de setembro, Ana adquiriu um imóvel financiado em 10 parcelas mensais e iguais a R$ 20.000,00. A primeira parcela vence no dia 10 de novembro do mesmo ano e as demais no dia 10 dos meses subsequentes. A taxa de juros compostos contratada foi de 60,1032% ao ano. Assim, o valor financiado no dia 10 de setembro, sem considerar os centavos, foi de:
   a) R$ 155.978,00.
   b) R$ 155.897,00.
   c) R$ 162.217,00.
   d) R$ 189.250,00.
   e) R$ 178.150,00.

44) (Bacen) Um financiamento no valor de US$ 200,000.00 possui um período de carência de pagamento de dois anos, seguido pelo pagamento semestral do financiamento, vencendo a primeira prestação seis meses após o término da carência. Calcule a prestação

semestral, desprezando os centavos de dólar, considerando a taxa de juros nominal de 16% ao ano com capitalização semestral a um prazo total para financiamento de dez anos, incluindo a carência, e considerando que, durante a carência, os juros devidos não são pagos, mas se acumulam ao saldo devedor do financiamento.
a) US$ 27,713.00.
b) US$ 29,325.00.
c) US$ 30,404.00.
d) US$ 30,740.00.
e) US$ 32,025.00.

45) (Susep) Um empréstimo internacional no valor de US$ 50,000.00 deve ser pago em oito prestações semestrais iguais a uma taxa de juros nominal de 12% ao ano. Considerando uma carência de dois anos em que os juros devidos são pagos ao fim de cada semestre, calcule a prestação semestral que amortiza o empréstimo, considerando que a primeira prestação vence ao fim de seis meses após o término do período de carência (despreze os centavos de dólar).
a) US$ 8,051.00.
b) US$ 9,250.00.
c) US$ 9,984.00.
d) US$ 10,165.00.
e) US$ 11,470.00.

46) (ACE) Um indivíduo deseja obter R$ 100.000,00 para comprar um apartamento ao fim de um ano e, para isso, faz um contrato com um banco em que se compromete a depositar mensalmente, durante um ano, a quantia de R$ 3.523,10, com rendimento acertado de 3% ao mês, iniciando o primeiro depósito ao fim do primeiro mês. Transcorrido um ano, o banco se compromete a financiar o saldo restante dos R$ 100.000,00 à taxa de 4% ao mês, em doze parcelas mensais iguais, vencendo a primeira ao fim de trinta dias. Calcular a prestação mensal desse financiamento, sem considerar centavos.
a) R$ 4.436,00.
b) R$ 4.728,00.
c) R$ 5.014,00.
d) R$ 5.023,00.
e) R$ 5.327,00.

47) (TCM–RJ) Uma pessoa pretende comprar um artigo de R$ 1.000,00 em uma loja que dá desconto de 20% para compras à vista. A prazo deverá ser paga uma entrada de R$ 300,00 mais dez prestações mensais iguais e consecutivas, sendo a primeira prestação para 30 dias. Se a taxa de juros efetiva composta cobrada no financiamento é de 5% ao mês, o valor da prestação está entre:
a) R$ 60,00 e R$ 65,00.
b) R$ 70,00 e R$ 75,00.
c) R$ 80,00 e R$ 85,00.
d) R$ 90,00 e R$ 95,00.
e) R$ 100,00 e R$ 105,00.

48) (TCM–RJ) Um indivíduo tem duas opções para o pagamento de um artigo de R$ 6.000,00: pode pagá-lo à vista com um desconto de 10% ou a prazo por meio de uma determinada entrada mais doze prestações mensais consecutivas no valor de R$ 500,00 cada, sendo a primeira para 30 dias. Se a taxa de juros efetiva composta cobrada no financiamento é de 3% ao mês, o valor da entrada é:
a) R$ 409,00.
b) R$ 413,00.
c) R$ 415,00.
d) R$ 423,00.
e) R$ 433,00.

49) (FR–MS) Um automóvel é vendido à vista por R$ 15.000,00 ou então a prazo em 24 prestações mensais de R$ 1.087 cada (desprezando os centavos), sendo a primeira em um mês após a compra; a taxa de juros de financiamento é de 5% a.m. Se a primeira prestação fosse 3 meses após a compra (mantida a taxa de juros e o número de prestações), seu valor (desprezando os centavos) seria:
a) R$ 1.192.
b) R$ 1.195.
c) R$ 1.198.
d) R$ 1.201.

50) (FR–MS) Um cidadão efetuou 100 depósitos mensais iguais a D reais cada, num fundo de investimentos que rende 1% a.m. Do montante poupado ele efetuou saques de R$ 2.000,00 por mês, durante 100 meses, sendo o primeiro um mês após o último depósito. No último saque ele zerou o saldo de sua conta. Podemos concluir que o valor de D é igual a:

a) $\dfrac{2.000}{(1,01)^{100}}$.

b) $\dfrac{2.000}{(1,01)^{150}}$.

c) $\dfrac{2.000}{(1,01)^{200}}$.

d) $\dfrac{2.000}{(1,01)^{30}}$.

51) (BNB) Em uma loja, um certo computador está à venda por 10 parcelas mensais de R$ 300,00, sem entrada, podendo também ser pago em 5 parcelas bimestrais de R$ 615,00, sem entrada. Qual a taxa de juros cobrada pela loja?
a) 3% ao mês.
b) 4% ao mês.
c) 5% ao mês.
d) 6% ao mês.
e) 7% ao mês.

52) **(Susep)** Uma dívida contraída a juros mensais de 3% deve ser paga em prestações mensais sucessivas de R$ 100,00. Renegociou-se a dívida para que, mantida a mesma taxa de juros, os pagamentos passassem a ser feitos apenas nos meses finais de cada bimestre. O valor da nova prestação (bimestral) é de:
   a) R$ 197,00.
   b) R$ 200,00.
   c) R$ 203,00.
   d) R$ 205,00.
   e) R$ 206,00.

53) **(Banrisul)** Uma pessoa deseja comprar um conjunto de estofados no valor à vista de R$ 3.500,00. Para financiá-lo em 4 prestações iguais sem entrada, cada prestação irá lhe custar R$ 930,36. Se, entretanto, uma delas for dada como entrada, o valor das demais prestações reduzir-se-ia para R$ 907,67.
   A taxa mensal de juros compostos utilizada nesse financiamento é de:
   a) 0,50%.
   b) 1,00%.
   c) 1,50%.
   d) 2,00%.
   e) 2,50%.

54) **(APO–RJ)** Uma empresa tomou financiamento de R$ 100.000,00 à taxa de 120% a.a., capitalizados mensalmente (juros compostos). Se ao final do primeiro, do segundo e do terceiro mês ela pagou R$ 20.000,00, a prestação fixa que deverá ser paga ao final do quarto, do quinto e do sexto mês para que o financiamento esteja totalmente liquidado será de:
   a) R$ 26.901,48.
   b) R$ 26.875,01.
   c) R$ 26.752,38.
   d) R$ 27.048,15.

55) **(CVM)** Depositando R$ 20.000,00 no início de cada ano, durante 10 anos, à taxa de juros compostos de 10% ao ano, obtém-se, na data do último depósito, um montante igual ao gerado por uma aplicação de valor único feita no início do primeiro ano à taxa de juros compostos de 25% ao ano, durante doze meses. Desprezando-se os centavos, o valor da aplicação de valor único é de:
   a) R$ 217.272,00.
   b) R$ 231.816,00.
   c) R$ 254.998,00.
   d) R$ 271.590,00.
   e) R$ 289.770,00.

56) **(IRB)** Um investimento de R$ 135.200,00, com duração de dois anos, produz fluxos de caixa de R$ 80.000,00 por ano no final de cada um dos dois anos do período. Portanto, a taxa interna de retorno (TIR) do investimento é:
   a) 18,3% ao ano.
   b) 12,0% ao ano.
   c) 10,5% ao ano.
   d) 59,2% ao ano.
   e) 18,0% ao ano.

57) **(TCM–RJ)** Uma empresa industrial estuda a viabilidade econômica de um projeto de investimento orçado em R$ 981.815,00. Se o projeto tem uma duração prevista de vinte anos e o estudo de viabilidade econômico-financeira projetou fluxos de caixa líquidos de R$ 100.000,00 por ano, a Taxa Interna de Retorno (TIR) do projeto de investimento é de:
   a) 7% ao ano.
   b) 8% ao ano.
   c) 10% ao ano.
   d) 11% ao ano.
   e) 12% ao ano.

58) **(Bacen)** Obtenha o valor mais próximo da taxa interna de retorno do fluxo de caixa abaixo.

ANO	0	1 a 10
FLUXO	– 20.000	3.255
(em R$ 1.000,00)		

   a) 5% ao ano.
   b) 7% ao ano.
   c) 7,5% ao ano.
   d) 9% ao ano.
   e) 10% ao ano.

59) **(Contador–RJ)** Uma pessoa pretende depositar R$ 100,00 todo final de mês durante 13 meses em uma aplicação financeira que rende juros efetivos de 4% ao mês. Se o montante das aplicações for resgatado por meio de três saques mensais iguais e consecutivos, o primeiro um mês depois do último depósito, o valor de cada saque será igual a:
   a) R$ 544,43.
   b) R$ 554,50.
   c) R$ 578,16.
   d) R$ 599,14.
   e) R$ 698,65.

60) **(TCM–RJ)** Uma cooperativa de crédito realizou seis depósitos mensais iguais e consecutivos em uma aplicação financeira que rende juros efetivos compostos de 4% ao mês. Se um mês depois do último depósito a cooperativa iniciou o resgate do montante através de quatorze saques mensais e consecutivos de R$ 100.000,00 cada, o valor de cada depósito está entre:
   a) R$ 130.000,00 e R$ 140.000,00.
   b) R$ 150.000,00 e R$ 160.000,00.
   c) R$ 190.000,00 e R$ 200.000,00.
   d) R$ 170.000,00 e R$ 180.000,00.
   e) R$ 210.000,00 e R$ 220.000,00.

61) (ESAF) Um indivíduo comprou um automóvel usado para pagamento em sete prestações mensais iguais de $ 20.000,00, além da entrada. No momento em que pagou a 1ª prestação, propôs ao vendedor liquidar as outras seis parcelas por ocasião do vencimento da 5ª prestação, sob as seguintes condições:
I. juros compostos de 10% ao mês sobre os valores então vencidos;
II. desconto racional composto de 5% ao mês sobre os valores a vencer.
O pagamento proposto, desprezados os centavos, é igual a:
a) $ 128.404,00.
b) $ 129.002,00.
c) $ 129.305,00.
d) $ 129.800,00.
e) $ 130.008,00.

62) (Senado Federal) Maria pretende contratar um investimento que consiste em 12 depósitos mensais, iguais e postecipados, que serão resgatados em 3 saques mensais de R$ 500,00, sendo o primeiro saque realizado 1 mês depois do último depósito. A taxa de remuneração composta do investimento é de 4% ao mês. O valor de cada depósito, em reais, sem considerar os centavos, será:
a) 83.
b) 92.
c) 107.
d) 120.
e) 135.

63) (CVM) Uma máquina à vista custa R$ 8.000,00. O vendedor oferece a opção de venda a prazo, com entrada de R$ 1.600,00, sendo o restante em 4 parcelas mensais iguais e o vencimento da primeira dois meses após o pagamento da entrada. Supondo-se a equivalência de capitais em ambas as alternativas de compra e sendo a taxa mensal de juros compostos de 2% ao mês, o valor de cada prestação mensal, após a entrada, desprezando os centavos, será de:
a) R$ 2.100,00.
b) R$ 1.748,00.
c) R$ 1.714,00.
d) R$ 1.680,00.
e) R$ 1.632,00.

64) (AFC) Ana comprou, no regime de juros compostos, um apartamento financiado a uma taxa de 2% ao mês. O apartamento deverá ser pago em 12 prestações mensais iguais a R$ 8.000,00, vencendo a primeira delas 30 dias após a compra. Após pagar a sétima prestação, Ana resolveu transferir o contrato de compra para Beatriz, que seguirá pagando as prestações restantes. Assim, para assumir a dívida de modo que nenhuma das duas seja prejudicada, Beatriz deverá pagar a Ana, sem considerar os centavos, o valor de:
a) R$ 61.474,00.
b) R$ 51.775,00.
c) R$ 59.474,00.
d) R$ 59.775,00.
e) R$ 61.775,00.

65) (CVM) Uma dívida no valor de R$ 60.020,54 deve ser paga em sete prestações postecipadas de R$ 10.000,00 a uma determinada taxa de juros, calcule o saldo devedor imediatamente após o pagamento da segunda prestação. (Despreze os centavos.)
   a) R$ 18.860,00.
   b) R$ 44.518,00.
   c) R$ 50.000,00.
   d) R$ 52.421,00.
   e) R$ 60.020,00.

66) (AFPS) Um consumidor compra um bem de consumo durável no valor de R$ 15.000,00 financiado totalmente em dezoito prestações mensais de R$ 1.184,90, vencendo a primeira prestação ao fim do primeiro mês. Junto com o pagamento da décima segunda prestação o consumidor acerta com o financiador o refinanciamento do saldo devedor em doze prestações mensais à mesma taxa de juros, vencendo a primeira prestação ao fim do primeiro mês seguinte. Calcule o valor mais próximo da nova prestação mensal.
   a) R$ 504,00.
   b) R$ 561,00.
   c) R$ 625,00.
   d) R$ 662,00.
   e) R$ 796,00.

67) (AFRF) Uma empresa recebe um financiamento para pagar por meio de uma anuidade postecipada constituída por vinte prestações semestrais iguais no valor de R$ 200.000,00 cada. Imediatamente após o pagamento da décima prestação, por estar em dificuldades financeiras, a empresa consegue com o financiador uma redução da taxa de juros de 15% para 12% ao semestre e um aumento no prazo restante da anuidade de dez para quinze semestres. Calcule o valor mais próximo da nova prestação do financiamento.
   a) R$ 136.982,00.
   b) R$ 147.375,00.
   c) R$ 151.342,00.
   d) R$ 165.917,00.
   e) R$ 182.435,00.

68) (FT–CE) Um indivíduo financiou parte da compra de um automóvel, em vinte e quatro prestações mensais fixas de R$ 590,00. Decorridos alguns meses, ele deseja fazer a quitação do financiamento. Dado que foi acertado com o financiador que a liquidação do saldo devedor se dará no momento do vencimento da 12ª prestação e que a taxa de juros é de 3% ao mês, calcule a quantia devida para quitar o saldo devedor, sem contar o valor da prestação que vence no dia e desprezando os centavos.
   a) R$ 4.410,00.
   b) R$ 5.000,00.
   c) R$ 5.282,00.
   d) R$ 5.872,00.
   e) R$ 6.462,00.

69) (Gefaz–MG) Um financiamento no valor de R$ 3.000,00 foi contraído no início de um determinado mês, para se ser pago em dezoito prestações iguais e mensais de R$ 200,00, com a primeira prestação vencendo no fim daquele mês, a segunda no fim do mês seguinte e assim por diante. Imediatamente após o pagamento da oitava prestação, determine o valor mais próximo da dívida restante do tomador do financiamento, considerando a mesma taxa de juros do financiamento e desprezando os centavos.
   a) R$ 2.000,00.
   b) R$ 1.796,00.
   c) R$ 1.700,00.
   d) R$ 1.522,00.
   e) R$ 1.400,00.

70) (Bacen) Um consumidor compra um bem de consumo durável no valor de R$ 10.000,00 financiado totalmente em dezoito prestações mensais de R$ 727,09, vencendo a primeira ao fim do primeiro mês. Junto com o pagamento da décima segunda prestação o consumidor acerta com o financiador um pagamento para quitar o resto da dívida. Calcule o valor mais próximo do pagamento do consumidor que quita o saldo devedor, à mesma taxa de juros do financiamento original.
   a) R$ 3.840,00.
   b) R$ 3.938,00.
   c) R$ 4.025,00.
   d) R$ 4.178,00.
   e) R$ 4.362,00.

71) (ACE) Uma empresa adquiriu um equipamento no mercado internacional com uma parcela de US$ 100,000.00 financiada em dezoito prestações semestrais iguais de US$ 8,554.62, vencendo a primeira ao fim do primeiro semestre. Junto com o pagamento da décima segunda prestação a empresa acerta com o financiador um pagamento único para quitar o resto da dívida. Calcule o valor mais próximo desse pagamento que quita o saldo devedor, à mesma taxa de juros do financiamento original.
   a) US$ 33,333.00.
   b) US$ 43,420.00.
   c) US$ 46,938.00.
   d) US$ 48,225.00.
   e) US$ 50,000.00.

72) (TRF) Desejo trocar uma anuidade de oito pagamentos mensais de R$ 1.000,00 vencendo o primeiro pagamento ao fim de um mês por outra anuidade equivalente de dezesseis pagamentos vencendo também o primeiro pagamento ao fim de um mês. Calcule o valor mais próximo do valor do pagamento mensal da segunda anuidade considerando a taxa de juros compostos de 3% ao mês.
   a) R$ 500,00.
   b) R$ 535,00.
   c) R$ 542,00.
   d) R$ 559,00.
   e) R$ 588,00.

73) **(CVM)** Pretende-se trocar uma série de oito pagamentos mensais iguais de R$ 1.000,00, vencendo o primeiro pagamento ao fim de um mês, por outra série equivalente de 12 pagamentos iguais, vencendo o primeiro pagamento também ao fim de um mês. Calcule o valor mais próximo do pagamento da segunda série considerando a taxa de juros compostos de 2% ao mês.
   a) R$ 750,00.
   b) R$ 693,00.
   c) R$ 647,00.
   d) R$ 783,00.
   e) R$ 716,00.

74) **(Contador–RJ)** O valor à vista de um bem é de R$ 1.608,66. Se for financiado, poderá ser pago por meio de uma entrada de 50% e o saldo em tantas prestações mensais de R$ 100,00 quantas forem necessárias, mais um pagamento final inferior ao valor da prestação, um mês após a última prestação. A juros efetivos compostos de 4% ao mês, o número de prestações e o valor do pagamento final são, respectivamente:
   a) 7 e R$ 85,00.
   b) 8 e R$ 80,00.
   c) 9 e R$ 90,00.
   d) 10 e R$ 75,00.
   e) 12 e R$ 60,00.

75) **(Contador–RJ)** Uma pessoa pretende comprar um bem, cujo valor à vista é R$ 10.000,00, pagando uma entrada de R$ 2.343,63 mais doze prestações mensais consecutivas de R$ 1.000,00. Se o pagamento das prestações tem início ao término de um determinado número de meses de carência, a juros efetivos compostos de 5% ao mês, o período de carência será de:
   a) 2 meses.
   b) 3 meses.
   c) 4 meses.
   d) 5 meses.
   e) 6 meses.

76) **(TCM–RJ)** Um empréstimo bancário no valor de R$ 35.375,96, tomado em 29/02/2000, será pago em doze prestações mensais consecutivas de R$ 4.000,00 cada. O pagamento das prestações é sempre no final de cada mês, e a primeira é paga ao término de um determinado número de meses da data de contratação do empréstimo. A juros efetivos compostos de 3% ao mês, a primeira prestação será paga em:
   a) 29/04/2000.
   b) 31/05/2000.
   c) 30/06/2000.
   d) 31/07/2000.
   e) 31/08/2000.

77) **(TCI)** Em uma financeira foi concedido um crédito direto no valor de R$ 8.662,30 que deverá ser pago em dez prestações mensais consecutivas de R$ 1.000,00 cada. Qual foi a taxa mensal de juros cobrada?
   a) 2,3%.
   b) 2,5%.
   c) 2,6%.
   d) 2,7%.
   e) 2,9%.

78) **(TRF)** Uma pessoa aplica um capital unitário recebendo a devolução por meio de uma anuidade formada por doze pagamentos semestrais, com o primeiro pagamento sendo recebido ao fim de seis meses, a uma taxa de juros compostos de 10% ao semestre. Admitindo que ela consiga aplicar cada parcela recebida semestralmente a uma taxa de juros compostos de 12% ao semestre, qual o valor mais próximo do montante que ela terá disponível ao fim dos doze semestres?
   a) 2,44.
   b) 2,89.
   c) 3,25.
   d) 3,54.
   e) 3,89.

79) **(APO–RJ)** Um indivíduo planeja comprar um bem que necessitará utilizar ao final de 12 (doze) meses. Por não dispor de recursos para adquirir o bem à vista, ele terá que decidir entre duas alternativas:
   I. Poupar uma parcela fixa mensal ao final de cada um dos doze meses que se seguem, obtendo rentabilidade de 5% a.m. (juros compostos) para comprar o bem ao final do período.
   II. Comprar o bem de imediato e financiá-lo a uma taxa de juros mensal de 7% a.m. (juros compostos), pagando em parcelas fixas ao final de cada um dos doze meses que se seguem.
   O vendedor do produto anuncia que haverá um aumento de x% durante o período de doze meses. Se optar pela alternativa 1, o indivíduo terá que comprar o bem com aumento. Se optar pela alternativa 2, o bem será adquirido sem aumento. O aumento que torna as duas alternativas indiferentes (mesmo dispêndio mensal) para o indivíduo será de:
   a) 95,42%.
   b) 98,37%.
   c) 100,40%.
   d) 90,02%.

80) **(AFRF)** Calcule o valor mais próximo do montante ao fim de dezoito meses do seguinte fluxo de aplicações realizadas ao fim de cada mês: dos meses 1 a 6, cada aplicação é de R$ 2.000,00; dos meses 7 a 12, cada aplicação é de R$ 4.000,00 e dos meses 13 a 18, cada aplicação é de R$ 6.000,00. Considere juros compostos e que a taxa de remuneração das aplicações é de 3% ao mês.
   a) R$ 94.608,00.
   b) R$ 88.149,00.
   c) R$ 82.265,00.
   d) R$ 72.000,00.
   e) R$ 58.249,00.

81) **(AFT)** Um financiamento no valor de R$ 82.000,00 deve ser pago em 18 prestações trimestrais iguais, a uma taxa de 10% ao trimestre, vencendo a primeira prestação ao fim do primeiro trimestre. Calcule o valor mais próximo do saldo devedor imediatamente após o pagamento da segunda prestação.
   a) R$ 75.560,00.
   b) R$ 76.120,00.
   c) R$ 78.220,00.
   d) R$ 77.440,00.
   e) R$ 76.400,00.

82) **(AFRF)** Um indivíduo faz um contrato com um banco para aplicar mensalmente R$ 1.000,00 do primeiro ao quarto mês, R$ 2.000,00 mensalmente do quinto ao oitavo mês, R$ 3.000,00 mensalmente do nono ao décimo segundo mês. Calcule o montante ao fim dos doze meses, considerando uma taxa de juros compostos de 2% ao mês (despreze os centavos).
   a) R$ 21.708,00.
   b) R$ 29.760,00.
   c) R$ 35.520,00.
   d) R$ 22.663,00.
   e) R$ 26.116,00.

83) **(Susep)** Se depositarmos no prazo de dezoito meses, sempre ao fim de cada mês, R$ 1.000,00 durante os seis primeiros meses, R$ 2.000,00 durante os seis meses seguintes e R$ 3.000,00 durante os últimos seis meses, qual o montante a ser obtido ao fim do prazo, considerando que os depósitos rendem uma taxa de 3% ao mês? (Despreze os centavos.)
   a) R$ 36.000,00.
   b) R$ 38.449,00.
   c) R$ 41.132,00.
   d) R$ 44.074,00.
   e) R$ 48.000,00.

84) **(AFRF)** Uma pessoa, no dia 1º de agosto, contratou com um banco aplicar mensalmente R$ 1.000,00 durante seis meses, R$ 2.000,00 mensalmente durante os seis meses seguintes e R$ 3.000,00 mensalmente durante mais seis meses. Considerando que a primeira aplicação seria em 1º de setembro e as seguintes sempre no dia primeiro de cada mês e que elas renderiam juros compostos de 2% ao mês, indique qual o valor mais próximo do montante que a pessoa teria dezoito meses depois, no dia 1º de fevereiro.
   a) R$ 36.000,00.
   b) R$ 38.449,00.
   c) R$ 40.000,00.
   d) R$ 41.132,00.
   e) R$ 44.074,00.

85) **(AFRF)** Calcule o valor mais próximo do valor atual no início do primeiro período do seguinte fluxo de pagamentos vencíveis ao fim de cada período: do período 1 a 6, cada pagamento é de R$ 3.000,00, do período 7 a 12, cada pagamento é de R$ 2.000,00 e do período 13 a 18, cada pagamento é de R$ 1.000,00. Considere juros compostos e que a taxa de desconto racional é de 4% ao período.
   a) R$ 33.448,00.
   b) R$ 31.168,00.
   c) R$ 29.124,00.
   d) R$ 27.286,00.
   e) R$ 25.628,00.

86) **(CVM)** Calcule o valor mais próximo do valor atual, no início do primeiro ano, da série abaixo de pagamentos relativos ao fim de cada ano, à taxa de juros compostos de 12% ao ano.

Ano	1	2	3	4	5
Pagamento	4.000	4.000	4.000	3.000	3.000

Ano	6	7	8	9	10
Pagamento	3.000	1.000	1.000	1.000	1.000

a) 12.500
b) 15.802
c) 16.275
d) 17.029
e) 14.186

87) **(Susep)** Uma pessoa física deve fazer aplicações ao fim de cada um dos próximos doze meses da seguinte maneira: R$ 2.000,00 ao fim de cada um dos três primeiros meses, R$ 3.000,00 ao fim de cada um dos três meses seguintes e R$ 4.000,00 ao fim de cada um dos seis últimos meses. Calcule o montante das aplicações ao fim dos doze meses, considerando uma taxa de juros compostos de 3% ao mês, desprezando os centavos.

a) R$ 41.854,00.
b) R$ 42.734,00.
c) R$ 43.812,00.
d) R$ 44.380,00.
e) R$ 45.011,00.

88) **(IRB)** Um bônus é colocado no mercado internacional com as seguintes características: US$ 1,000.00 de valor de face, dez cupons semestrais de US$ 80.00 vencendo o primeiro ao fim de seis meses após a colocação do bônus e resgate ao fim de cinco anos pelo valor de face mais o pagamento do último bônus. Indique o valor mais próximo do retorno esperado para o comprador considerando que ele pagou US$ 935.82 por cada bônus.

a) 6% ao semestre.
b) 7% ao semestre.
c) 8% ao semestre.
d) 9% ao semestre.
e) 10% ao semestre.

89) **(CVM)** Um certo número de bônus de valor de face de 1.000 USD, e constituído por 12 cupons semestrais no valor de 50 USD cada um, é lançado por uma empresa no mercado internacional com o objetivo de levantar um empréstimo. A empresa se compromete a pagar o valor de cada cupom no fim de cada semestre e o valor de face do bônus ao fim de seis anos juntamente com o valor do último cupom. Caso cada bônus seja vendido hoje por 841,15 USD, já descontadas as despesas de lançamento, qual o valor mais próximo da taxa de juros paga pela empresa lançadora do bônus?

a) 4% ao semestre.
b) 5% ao semestre.
c) 7% ao semestre.
d) 6% ao semestre.
e) 8% ao semestre.

90) **(AFRF)** Um país captou um empréstimo por intermédio do lançamento de uma certa quantidade de bônus no mercado internacional com valor nominal de US$ 1,000.00 cada bônus e com doze cupons semestrais no valor de US$ 60.00 cada cupom, vencendo o primeiro ao fim do primeiro semestre e assim sucessivamente até o décimo segundo semestre, quando o país deve pagar o último cupom juntamente com o valor nominal do título. Considerando que a taxa de risco do país mais a taxa de juros dos títulos de referência levou o país a pagar uma taxa final de juros nominal de 14% ao ano, obtenha o valor mais próximo do preço de lançamento dos bônus, abstraindo custos de intermediação financeira, de registro etc.
   a) US$ 1,000.00.
   b) US$ 953.53.
   c) US$ 930.00.
   d) US$ 920.57.
   e) US$ 860.00.

91) **(Aneel)** Um bônus possui valor nominal de US$ 1,000.00 e contém doze cupons semestrais de US$ 50.00 cada, sendo que o primeiro cupom vence ao fim de seis meses e assim sucessivamente até que, junto com o último cupom, o comprador do bônus recebe o valor nominal do bônus de volta. Abstraindo custos administrativos e comissões, calcule o preço de venda do bônus para que a sua compra produza uma aplicação com taxa interna de retorno de 6% ao semestre.
   a) US$ 1,112.55.
   b) US$ 1,000.00.
   c) US$ 976.34.
   d) US$ 948.88.
   e) US$ 916.16.

92) **(Serpro)** Um país lançou bônus no mercado internacional de valor nominal, cada bônus, de US$ 1.000,00, com dez cupons semestrais no valor de US$ 50,00 cada, vencendo o primeiro cupom ao fim do primeiro semestre e assim sucessivamente até o décimo semestre, quando o país deve pagar o último cupom juntamente com o valor nominal do título. Considerando que a taxa de risco do país mais a taxa de juros dos títulos de referência levou o país a pagar uma taxa final de juros nominal de 12% ao ano, calcule o deságio sobre o valor nominal ocorrido no lançamento dos bônus, abstraindo custos de intermediação financeira, de registro, etc.
   a) Não houve ágio.
   b) US$ 52,00 por bônus.
   c) 8,43%.
   d) US$ 73,60 por bônus.
   e) 5,94%.

93) **(IRB)** Um bônus possui valor nominal de US$ 1,000.00 e contém quatro cupons semestrais de US$ 50.00 cada, sendo que o primeiro cupom vence ao fim de seis meses, e assim sucessivamente, até que, junto com o quarto cupom, o comprador recebe o valor nominal do bônus de volta, obtendo assim uma remuneração nominal de 5% ao

semestre em sua aplicação de capital. Abstraindo custos administrativos e comissões, calcule o deságio necessário sobre o valor nominal do bônus para que a aplicação de compra produza um ganho real de 6% ao semestre.
   a) 3%.
   b) 3,196%.
   c) 3,465%.
   d) 5%.
   e) 6,21%.

94) (ACE) Um bônus possui valor nominal de US$ 1,000.00 e contém doze cupons semestrais de US$ 50.00 cada, sendo que o primeiro cupom vence seis meses após o lançamento e, junto com o último cupom, o comprador recebe o valor nominal do bônus de volta. Abstraindo custos administrativos da operação, calcule o deságio sobre o valor nominal com que este bônus é lançado no mercado internacional, considerando que compradores desses bônus aplicaram o seu capital nesta operação à taxa nominal de 12% ao ano.
   a) 0%.
   b) 5%.
   c) 6%.
   d) 8,384%.
   e) 10,125%.

95) (AFRF) Um país captou um empréstimo no mercado internacional por intermédio do lançamento de bônus com dez cupons semestrais vencíveis ao fim de cada semestre, sendo o valor nominal do bônus US$ 1,000.00 e de cada cupom US$ 60.00. Assim, ao fim do quinto ano o país deve pagar o último cupom mais o valor nominal do bônus. Considerando que os bônus foram lançados com um ágio de 7,72% sobre o seu valor nominal, obtenha o valor mais próximo da taxa nominal anual cobrada no empréstimo, desprezando custos de registro da operação, de intermediação, etc.
   a) 16%.
   b) 14%.
   c) 12%.
   d) 10%.
   e) 8%.

96) (AFTN) Uma alternativa de investimento possui um fluxo de caixa com um desembolso de 20.000 no início do primeiro ano, um desembolso de 20.000 no fim do primeiro ano e dez entradas líquidas anuais e consecutivas de 10.000 a partir do fim do segundo ano, inclusive. A uma taxa de 18% ao ano, obtenha o valor atual desse fluxo de caixa, no fim do primeiro ano.
   a) 24.940,86.
   b) 11.363,22.
   c) 5.830,21.
   d) 4.940,86.
   e) 1.340,86.

97) (AIPE–SC) Um gerente financeiro está realizando uma análise preliminar para lançamento de um novo projeto. Depois de consultar os setores da empresa, ele conseguiu estabelecer as seguintes estimativas:
1. O prazo de análise do investimento foi fixado em 4 anos;
2. O valor total do Investimento será de R$ 400 na data zero;
3. O fluxo de caixa dos retornos anuais após os impostos será de R$ 120;
4. A taxa mínima requerida para este projeto é de 10% ao ano.
Com os dados acima, calcule o Valor Presente Líquido desse projeto, assinalando abaixo a única alternativa correta;
a) R$ (19,62).
b) R$ 19,62.
c) R$ 40,30.
d) R$ 50,38.
e) R$ 780,38.

98) (TRE) Uma empresa, avaliando a possibilidade de investir em uma loja, projetou os seguintes fluxos de caixa: investimento inicial de R$ 250.000,00 e receitas anuais de R$ 60.000,00 durante 6 anos. Ao calcular o valor presente líquido do projeto, obteve R$ 19.155,20, decidindo, então, levá-lo adiante. A taxa de atratividade (rentabilidade mínima) considerada pela empresa foi de:
a) 5% a.a.
b) 6% a.a.
c) 7% a.a.
d) 8% a.a.
e) 9% a.a.

99) (AFPS) Uma empresa possui uma taxa de atratividade mínima de 12% ao ano e está considerando uma proposta de investir hoje R$ 20.000.000,00 para obter receitas previstas de R$ 3.000.000,00 ao fim de cada um dos próximos dez anos. Obtenha a decisão da empresa baseada no critério do valor atual do fluxo de caixa previsto da empresa.
a) A empresa não vai investir porque o valor atual hoje do fluxo de caixa é negativo.
b) A empresa vai investir porque o valor atual hoje do fluxo de caixa é negativo.
c) A empresa vai investir porque o valor atual hoje do fluxo de caixa é positivo.
d) A empresa não vai investir porque o valor atual hoje do fluxo de caixa é positivo.
e) A empresa não se decide porque o valor atual hoje do fluxo de caixa é zero.

100) (AFTN) Calcular a soma dos valores atuais, no momento zero, das quantias que compõem o seguinte fluxo de valores: um desembolso de R$ 2.000,00 em zero, uma despesa no momento um de R$ 3.000,00 e nove receitas iguais de R$ 1.000,00 do momento dois ao dez, considerando que o intervalo de tempo decorrido entre momentos consecutivos é o mês e que a taxa de juros compostos é de 3% ao mês. Usar ainda a convenção de despesa negativa e receita positiva, e desprezar os centavos.
a) R$ 2.511,00.
b) R$ 2.646,00.
c) R$ 0,00.
d) R$ 3.617,00.
e) R$ 2.873,00.

101) **(CVM)** O gerente de determinada empresa terá que decidir, por meio do método do custo anual, qual a alternativa mais vantajosa com relação à compra de um motor:

	MARCA X	MARCA Y
Investimento inicial	R$ 10.000,00	R$ 11.000,00
Despesas anuais	R$ 2.000,00	R$ 1.850,00
Valor Residual	----	R$ 1.000,00

A taxa mínima de atratividade é de 10% ao ano (capitalização anual) e o período de serviço para uma das alternativas é de 10 anos. O gerente conclui que:
   a) é indiferente escolher a marca X ou a marca Y.
   b) a relação entre o menor custo anual apurado e o maior é menor que 90%.
   c) os valores dos custos anuais encontrados para a marca X e para a marca Y são superiores a R$ 3.600,00.
   d) somente o custo anual apurado para a marca Y é superior a R$ 3.600,00.
   e) somente o custo anual apurado para a marca X é superior a R$ 3.600,00.

102) **(CVM)** O fluxo de caixa líquido esperado de um investimento é o seguinte, em milhares de reais:

ano	0	1	2 a 9	10
fluxo	– 1.000	200	300	500

Seu valor atual no início do primeiro ano, isto é, no momento zero, à taxa de 12% ao ano é, em milhares de reais, desprezando-se as decimais:
   a) 670.
   b) 750.
   c) 1.050.
   d) 2.081.
   e) 2.100.

103) **(Contador–ENAP)** Calcule o valor mais próximo do valor atual no início do primeiro ano da série abaixo de pagamentos, relativos ao fim do ano, à taxa de juros compostos de 10% ao ano.

Ano	1	2	3	4	5	6	7	8	9	10
Pagamento	3 000	2 000	2 000	2 000	2 000	1 000	1 000	1 000	1 000	1 000

   a) 16 000.
   b) 14 545.
   c) 12 129.
   d) 11 553.
   e) 10 844.

104) **(AFRF)** Considerando a série abaixo de pagamentos no fim de cada ano, obtenha o número que mais se aproxima do valor atual total destes pagamentos no início do ano 1, a uma taxa de desconto racional de 10% ao ano, juros compostos.

Ano	1	2	3	4	5	6	7	8	9	10
Valor	400	400	400	400	200	200	200	200	200	1.200

   a) 2.208,87.
   b) 2.227,91.
   c) 2.248,43.
   d) 2.273,33.
   e) 2.300,25.

105) (AFPS) Obtenha o valor mais próximo da taxa interna de retorno do fluxo de caixa abaixo.

ANO	0	1 a 2	3 a 10
FLUXO (em R$ 1.000,00)	– 20.000	2.000	4.000

a) 8% ao ano.
b) 9% ao ano.
c) 10% ao ano.
d) 11% ao ano.
e) 12% ao ano.

106) (Serpro) Considerando o fluxo de caixa a seguir, com a duração de dez períodos, calcule o seu valor atual em zero, a uma taxa de juros de 10% ao período.

0	1	2	3	4	5	6	7	8	9	10
-1000	- 800	300	300	300	300	300	300	300	300	1300

a) 222,44.
b) 228,91.
c) 231,18.
d) 243,33.
e) 250,25.

107) (TRF) Calcule o valor mais próximo do valor atual no início do primeiro período da seguinte série de pagamentos, cada um relativo ao fim de cada período, à taxa de juros compostos de 10% ao período.

Período	1	2	3	4	5	6	7	8
Valor	3.000	2.000	2.000	2.000	1.000	1.000	1.000	1.000

a) 11.700.
b) 10.321.
c) 10.094.
d) 9.715.
e) 9.414.

108) (CVM) Determine o intervalo onde se encontra a taxa interna de retorno r do seguinte fluxo líquido de caixa esperado de um investimento, em milhares de reais:

Ano	0	1	2 – 9	10
Fluxo	– 8.700	500	1.000	1.500

a) $r \leq 1$.
b) $1 < r \leq 2$.
c) $2 < r \leq 3$.
d) $3 < r \leq 4$.
e) $r > 4$.

(Aneel) O enunciado a seguir é comum às duas questões seguintes.
Considere o fluxo de caixa abaixo em R$ 1.000,00. Esse fluxo decorre de um projeto de investimento de uma empresa que se utiliza de capital próprio e do financiamento de R$ 10.000.000,00, de terceiros, no início do primeiro ano, a uma taxa de 10% ao ano. Os juros do financiamento são pagos em oito parcelas, ao fim de cada ano, e a última parcela é acrescida do valor financiado.

Fluxo	-20 000	3 453	3 453	3 453	3 453	3 453	3 453	3 453	13 453
Ano	0	1	2	3	4	5	6	7	8

109) Obtenha o valor mais próximo da taxa interna de retorno anual do fluxo de caixa que corresponde ao capital próprio da empresa.
    a) 10%.
    b) 12%.
    c) 14%.
    d) 16%.
    e) 18%.

110) A taxa interna de retorno anual do fluxo de caixa original que inclui tanto o capital próprio da empresa quanto o financiamento de terceiros está no intervalo de:
    a) 8 a 9%.
    b) 9 a 10%.
    c) 10 a 12%.
    d) 12 a 15%.
    e) 15 a 18%.

111) (CVM) Duas alternativas distintas de expansão de uma empresa levaram aos dois fluxos de caixa líquidos apresentados abaixo, em reais. Considerando a taxa de atratividade de 10% ao ano, o fluxo A possui um valor atual de R$ 6.711,00, no ano zero. Obtenha o valor atual do fluxo de caixa B, no ano zero, à mesma taxa de 10% ao ano, desprezando os centavos.

Ano	0	1	2	3	4 – 14	15
Fluxo A	– 10.000	– 8.800	– 5.000	1.800	5.300	6.800
Fluxo B	– 20.000	– 8.800	– 2.800	4.000	7.500	9.000

   a) R$ 1.978,00.
   b) R$ 6.711,00.
   c) R$ 11.444,00.
   d) R$ 20.800,00.
   e) R$ 43.100,00.

112) (APOFP-SP) O valor mais próximo da Taxa Interna de Retorno de um projeto que tem o fluxo de caixa a seguir é de 6% ao ano, sendo os valores dados em R$ 1.000,00 e relativos ao fim de cada ano:

Ano	0	1	2	3	4	5	6	7	8
Valor	– 12.600	2.000	2.000	2.000	2.000	2.000	2.000	2.000	2.290

Considerando que parte do investimento do projeto é financiada por um empréstimo bancário com o seguinte fluxo de caixa, sendo os valores dados em R$ 1 000,00 e relativos ao fim de cada ano:

Ano	0	1	2	3	4	5	6	7	8
Valor	– 6.733	1.000	1.000	1.000	1.000	1.000	1.000	1.000	1.000

Obtenha o valor mais próximo da Taxa Interna de Retorno para o acionista.
   a) 8% ao ano.
   b) 7% ao ano.
   c) 6% ao ano.
   d) 9% ao ano.
   e) 10% ao ano.

113) (TCM–RJ) Marcelo solicita um empréstimo pessoal em seu banco, pelo qual pagará cinco prestações mensais, iguais e consecutivas, no valor R$ 121,67, sendo a primeira vencível no final do primeiro mês da contratualidade. Sabendo que a taxa de juros do financiamento conseguido por Marcelo foi de 4% ao mês, o valor que mais se aproxima do valor financiado é:
a) R$ 608,35.
b) R$ 563,30.
c) R$ 541,65.
d) R$ 500,00.

114) (IRB) Calcule o valor mais próximo do valor presente no início do primeiro ano da série de receitas líquidas abaixo, cada uma relativa ao fim de cada ano, à taxa de juros compostos de 12% ao ano.

Ano	1	2	3	4	5
Receita	5 000	3 000	3 000	3 000	3 000
Ano	6	7	8	9	10
Receita	1 000	1 000	1 000	1 000	1 000

a) 13.275.
b) 13.973.
c) 14.139.
d) 14.645.
e) 15.332.

115) (Contador–AGU) Uma obrigação tem vencimento em 2 anos e valor de face de $ 1.000. Esse título paga juros (cupons) de R$ 50 ao final do primeiro e do segundo ano. Uma vez que o preço atual da obrigação é R$ 950, a taxa interna de retorno é:
a) 5,3%;
b) 6,8%;
c) 7,8%;
d) 8,4%;
e) 8,9%.

116) (Petrobras) Um indivíduo aplica mensalmente a quantia de R$ 100,00 em uma aplicação financeira que oferece uma taxa nominal de juros compostos de 12% ao ano, com capitalização mensal. Supondo que esse indivíduo não faça nenhuma retirada dessa aplicação e utilizando a aproximação $(1,01)^{72} = 2$ é correto concluir que, a partir da data do primeiro depósito, o número mínimo de anos necessários para que o montante acumulado nessa aplicação seja de pelo menos R$ 30.000,00 será igual a:
a) 10.
b) 12.
c) 15.
d) 20.
e) 25.

117) (Contador–Santos) Um aparelho eletrodoméstico é vendido em uma das seguintes formas:
- À vista, por R$ 600,00
- A prazo, com juros compostos à taxa de 3% ao mês. Neste caso, há uma entrada correspondente a 30% do valor à vista e o restante será pago em 4 parcelas mensais iguais e consecutivas de R reais cada, sendo a primeira delas paga ao completar 30 dias da data da compra.

Nestas condições, o valor de R, em reais, é igual a:

a) $\dfrac{12{,}6 \cdot (1{,}03)^4}{(1{,}03)^4 - 1}$.

b) $\dfrac{0{,}03 \cdot (1{,}03)^4}{(1{,}03)^4 - 1}$.

c) $420 \times \dfrac{(1{,}03)^4 - 1}{(1{,}03)^4}$.

d) $12{,}6 \times \dfrac{(1{,}03)^4 - 1}{(1{,}03)^4}$.

e) $420 \times ((1{,}03)^4 - 1)$.

118) **(CEF)** Uma pessoa está saldando uma dívida com pagamentos mensais, iguais e consecutivos de R$ 240,00 cada. Ela deixou de pagar nas datas devidas as prestações dos meses de março, abril e maio, pagando-as, com juros compostos de 3% ao mês, junto com a prestação do mês de junho. Se não houve multas pelo atraso dos pagamentos, o valor total pago em junho foi, em reais:

a) $250 \cdot \dfrac{(1{,}03)^3 - 1}{(1{,}03)^3}$.

b) $8000 \cdot \dfrac{(1{,}03)^3 - 1}{(1{,}03)^3}$.

c) $8000 \cdot (1{,}03)^4$.

d) $8000 \cdot \{(1{,}03)^3 - 1\}$.

e) $8000 \cdot [(1{,}03)^4 - 1]$.

119) **(CEF)** Uma máquina, cujo preço à vista é de R$ 8.000,00, foi vendida a prazo com uma entrada de R$ 2.900,00 e o restante financiado em 10 parcelas mensais, iguais e consecutivas, a primeira delas vencendo trinta dias após a data da entrada. Se, no financiamento, a taxa de juros compostos usada foi de 3% ao mês, o valor de cada prestação, em reais, era:

a) $153 \cdot \dfrac{(1{,}03)^{11}}{(1{,}03)^{11} - 1}$.

b) $1.700 \cdot \dfrac{(1{,}03)^{10} - 1}{(1{,}03)^{10}}$.

c) $153 \cdot \left[\dfrac{(1{,}03)^{10}}{(1{,}03)^{10} - 1} + 1 \right]$.

d) $153 \cdot \dfrac{(1{,}03)^{10}}{(1{,}03)^{10} - 1}$.

e) $5.100 \cdot [(1{,}03)^{10} - 1]$.

(Aneel) Leia o texto abaixo para responder às duas questões seguintes.

Uma empresa que fabrica geradores elétricos de grande porte anunciou três planos diferentes para a venda de um mesmo gerador: plano I – 12 prestações de R$ 200.000,00 cada uma, com vencimento mensal, taxa de juros compostos de 4% ao mês e sem entrada; plano II – 24 prestações de R$ 120.000,00, com vencimento mensal, taxa de juros compostos de 4% ao mês e sem entrada; plano III: à vista, por R$ 1.800.000,00.

120) Na situação apresentada no texto acima, o preço à vista do gerador, em reais, correspondente ao plano I, é igual a

a) $200.000 \times \dfrac{12 \times (0,04 \times 1,04^{12})}{1,04^{12} - 1}$.

b) $200.000 \times \dfrac{1,04^{12} - 1}{12 \times (0,04 \times 1,04^{12})}$.

c) $200.000 \times \dfrac{1,04^{12} - 1}{0,04}$.

d) $200.000 \times \dfrac{0,04 \times 1,04^{12}}{1,04^{12} - 1}$.

e) $200.000 \times \dfrac{1,04^{12} - 1}{0,04 \times 1,04^{12}}$.

121) Considerando $(1,04)^{24} = 2,563$, é correto afirmar que a diferença entre o preço à vista do gerador, em reais, correspondente ao plano II, e o preço do gerador no plano III é aproximadamente igual a:
a) R$ 7.496,68.
b) R$ 12.996,68.
c) R$ 18.496,68.
d) R$ 23.996,68.
e) R$ 29.496,68.

122) (Susep) Fazem-se n depósitos mensais sucessivos, iguais a P, em um fundo de investimentos que rende juros mensais de taxa i. O montante, k meses após o último depósito, é igual a:

a) $P \dfrac{(1 + i)^{n+k} - (1 + i)^k}{i}$.

b) $P \dfrac{(1 + i)^{n+k} - 1}{i}$.

c) $P \dfrac{(1 + i)^{n+k} - (1 + i)^{k-1}}{i}$.

d) $P \dfrac{(1 + i)^{n+k-1} - (1 + i)^k}{i}$.

e) $P \dfrac{(1 + i)^{n+k-1} - (1 + i)^{k-1}}{i}$.

123) **(CEF)** Para aumentar as vendas de fins de ano, uma loja anunciou a seguinte promoção: em cada compra acima de R$ 200,00 o cliente poderá pagar à vista ou o valor à vista aumentado em 20% e dividido em três parcelas iguais e mensais, com a primeira delas vencendo três meses depois da data da compra. Sabe-se que essa loja usa nos seus cálculos uma estimativa de inflação mensal fixa i e cobra uma taxa de juros real j compostos mensalmente. Em uma compra superior a R$ 200,00, considerando que k é a taxa de juros aparente mensal (em porcentagem) e definindo $a = \dfrac{k}{100}$, é correto afirmar que:

a) $\dfrac{1}{(1+a)^3} + \dfrac{1}{(1+a)^4} + \dfrac{1}{(1+a)^5} = 2{,}5$.

b) $\dfrac{1}{(1+a)} + \dfrac{1}{(1+a)^2} + \dfrac{1}{(1+a)^3} = 2{,}5$.

c) $1 + \dfrac{1}{(1+a)} + \dfrac{1}{(1+a)^2} = 2{,}5$.

d) $\dfrac{1}{(1+a)^5} = 2{,}5$.

e) $\dfrac{1}{(1+a)^3} = 2{,}5$.

124) **(BB)** Carlos comprou um computador a prazo, em cinco parcelas iguais e sucessivas, cada uma delas de valor X, a serem pagas de 30 em 30 dias, vencendo a primeira 30 dias após a compra. No dia subsequente ao fechamento do negócio, Carlos decidiu renegociar a dívida, propondo saldá-la com um único pagamento (Y) no dia do vencimento da terceira parcela do plano original. Se a taxa de juros envolvida nessa negociação for de 8% para cada período de 30 dias, para que as duas propostas de pagamento do computador sejam equivalentes, o quociente Y/X deverá ser igual a:

a) $\dfrac{(1{,}08)^5 - 1}{0{,}08 \cdot (1{,}08)^2}$.

b) $\dfrac{8 \cdot (1{,}08)^2}{(1{,}08)^5 - 1}$.

c) $\dfrac{1 - (1{,}08)^{-5}}{0{,}08 \cdot (1{,}08)^2}$.

d) $\dfrac{[(1{,}08)^5 - 1] \cdot 0{,}08}{(1{,}08)^2}$.

e) $\dfrac{(0{,}08)^3 \cdot [1 - (1{,}08)^{-2}]}{1{,}08}$.

Gabarito:

1. E	32. D	63. C	94. D
2. D	33. D	64. C	95. D
3. A	34. C	65. B	96. E
4. C	35. A	66. D	97. A
5. C	36. B	67. B	98. E
6. D	37. B	68. D	99. A
7. D	38. B	69. B	100. B
8. B	39. E	70. B	101. E
9. E	40. D	71. B	102. A
10. D	41. D	72. D	103. E
11. D	42. A	73. B	104. C
12. D	43. A	74. C	105. D
13. D	44. D	75. C	106. B
14. A	45. A	76. D	107. E
15. D	46. E	77. D	108. C
16. E	47. A	78. D	109. E
17. D	48. D	79. C	110. D
18. A	49. C	80. B	111. C
19. A	50. A	81. C	112. A
20. D	51. C	82. E	113. C
21. E	52. C	83. D	114. D
22. E	53. E	84. D	115. C
23. C	54. A	85. D	116. B
24. B	55. C	86. C	117. A
25. B	56. B	87. E	118. E
26. B	57. B	88. D	119. D
27. B	58. E	89. C	120. E
28. B	59. D	90. D	121. E
29. C	60. B	91. E	122. A
30. E	61. E	92. D	123. A
31. A	62. B	93. C	124. A

CAPÍTULO 9

SISTEMAS DE AMORTIZAÇÃO

Na devolução de um empréstimo, cada prestação é composta de duas parcelas: uma referente ao pagamento de juros e outra referente à cota de amortização.

Se P_k é a k-ésima prestação paga, temos:

$$P_k = J_k + A_k$$

Sendo E o valor do empréstimo recebido e P_1 o valor da primeira prestação paga, temos:

$$P_1 = J_1 + A_1$$

A parcela de juros J_1 corresponde aos juros calculados sobre E e a cota de amortização A_1 irá gerar o novo saldo devedor S_1 dado por $S_1 = E - A_1$.

Como, $P_2 = J_2 + A_2$

$J_2 \rightarrow$ juros calculados sobre S_1

$A_2 \rightarrow$ gera o novo saldo devedor $S_2 = S_1 - A_2$

Genericamente,

$$P_k = J_k + A_k$$

$J_k \rightarrow$ juros calculados sobre S_{k-1}

$A_k \rightarrow$ gera o saldo devedor $S_k = S_{k-1} - A_k$

Chamamos de Sistema de Amortização às diferentes formas de devolução de um empréstimo. Dentre essas formas utilizadas na prática, destacamos o Sistema Francês (Tabela Price), o Sistema das Amortizações Constantes (SAC), Sistema Americano e o Sistema Misto.

SISTEMA FRANCÊS (Tabela Price)

Essa forma de amortização é representada por uma série de pagamentos uniformes e periódicos (anuidade), que pode ser antecipada, postecipada ou diferida (com carência), ou seja, tem as prestações fixas.

Vamos trabalhar inicialmente com a série postecipada e quando necessário podemos estender todos os conceitos para as séries antecipadas ou diferidas.

Considere um empréstimo de R$ 10.000,00 que será devolvido pelo Sistema Francês em cinco prestações mensais e postecipadas à taxa composta de 10% ao mês. Determine a planilha de pagamentos.

Chamamos de planilhas de pagamento à tabela que discrimina em cada data o valor da prestação, das cotas de juros e de amortização e o saldo devedor.

Então:

E = 10.000,00; n = 5 (postecipadas); i = 10% ao mês.

P = ?

$10.000 = P \times a(5, 10\%) \rightarrow P = \dfrac{10.000}{3,790787}$

P = 2.637,97

Logo, o financiamento será pago em cinco prestações mensais, iguais e postecipadas de R$ 2.637,97.

Como cada prestação é dada por: $P_k = J_k + A_k \rightarrow J_k + A_k = 2.637,97$

Assim,

$J_1 + A_1 = 2.637,97$

$J_1 = 10\%$ de E $\rightarrow J_1 = 1.000$

$A_1 = 2.637,97 - J_1 \rightarrow A_1 = 1.637,97$

$S_1 = E - A_1 \rightarrow S_1 = 8.362,02$

$J_2 + A_2 = 2.637,97$

$J_2 = 10\%$ de $S_1 \rightarrow J_2 = 836,20$

$A_2 = 2.637,97 - J_2 \rightarrow A_2 = 1.801,77$

$S_2 = S_1 - A_2 \rightarrow S_2 = 6.560,25$

e assim por diante até a última prestação.

Usando esse raciocínio, vamos construir a planilha.

K	P_k	J_k	A_k	S_k
0	–	–	–	10.000,00
1	2.637,97	1.000,00	1.637,97	8.362,02
2	2.637,97	836,20	1.801,77	6.560,25
3	2.637,97	656,03	1.981,94	4.578,30
4	2.637,97	457,83	2.180,14	2.398,16
5	2.637,97	239,81	2.398,16	0

Observação

A diferença entre a última cota de amortização e o saldo devedor após o pagamento da penúltima prestação deve-se aos arredondamentos feitos ao longo da construção da planilha.

Conclusões importantes sobre a Tabela Price:

– prestações fixas
– juros decrescentes (já que o saldo devedor é decrescente)
– amortização crescente (prestações fixas e juros decrescentes)
– última cota de amortização igual ao saldo devedor após o pagamento da penúltima prestação.
– saldo devedor imediatamente após o pagamento da prestação P_k é igual ao valor atual da série postecipada formada pelas prestações P_{k+1} até P_n.

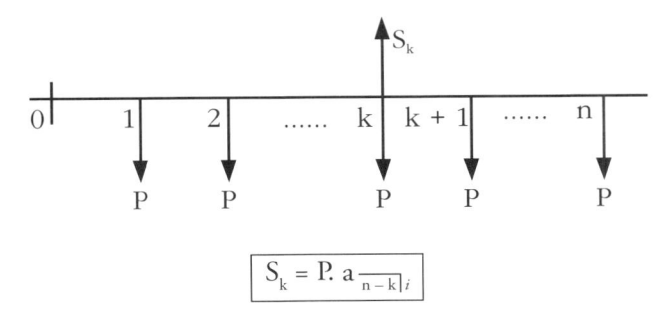

$$S_k = P \cdot a_{\overline{n-k}|i}$$

SISTEMA DE AMORTIZAÇÕES CONSTANTES – SAC

Nessa forma de amortização as cotas de amortização são constantes e dadas pelo valor do empréstimo dividido pelo número de prestações.

Daí as prestações têm valores diferentes a cada pagamento.

Vamos admitir que o primeiro pagamento ocorre um período após a liberação dos recursos e os outros são consecutivos.

Agora, consideremos o empréstimo de R$ 10.000,00 devolvido pelo SAC em cinco prestações mensais, sendo a primeira em 30 dias, à taxa composta de 10% ao mês. Vamos construir a planilha.

E = 10.000,00; n = 5; i = 10% ao mês.

$A_k = \dfrac{10.000}{5} \rightarrow A_k = 2.000$

Como $P_k = J_k + A_k \rightarrow P_k = J_k + 2.000$

Assim,

$P_1 = J_1 + 2.000$

$J_1 = 10\%$ de $E \rightarrow J_1 = 1.000$

$P_1 = 1.000 + 2.000 \rightarrow P_1 = 3.000$

$S_1 = E - A_1 \rightarrow S_1 = 8.000$

$P_2 = J_2 + 2.000$

$J_2 = 10\%$ de $S_1 \rightarrow J_2 = 800$

$P_2 = 800 + 2.000 \rightarrow P_2 = 2.800$

$S_2 = S_1 - A_2 \rightarrow S_2 = 6.000$

e assim por diante até a última prestação.

Usando este raciocínio, vamos construir a planilha.

K	A_K	J_K	P_K	S_K
0	—	—	—	10.000
1	2.000	1.000	3.000	8.000
2	2.000	800	2.800	6.000
3	2.000	600	2.600	4.000
4	2.000	400	2.400	2.000
5	2.000	200	2.200	—

Conclusões:

– cota de amortização constante;

– prestações decrescentes (amortização fixa e juros decrescentes) sob a forma de uma progressão aritmética;

– saldo devedor decrescente sob a forma de uma progressão aritmética;

– última cota de amortização igual ao saldo devedor após o pagamento da penúltima prestação;

– saldo devedor, S_k, imediatamente após o pagamento da prestação P_k é dado por:

$$S_k = E - k.A$$

SISTEMA AMERICANO

Nessa forma de amortização durante todo o período do financiamento são devolvidos somente os juros e na última data ocorre o pagamento do empréstimo acrescido dos juros de um período.

Seja, então, o empréstimo de R$ 10.000,00 devolvido pelo Sistema Americano em cinco prestações mensais, sendo a primeira em 30 dias, à taxa composta de 10% ao mês. Vamos construir a planilha.

$E = S_0 = 10.000,00$; $n = 5$; $i = 10\%$ ao mês.

Como não há pagamento das cotas de amortização, cada uma das quatro primeiras prestações é formada apenas pelos juros. A quinta prestação corresponderá ao valor do empréstimo acrescido dos juros de um mês.

K	J_K	A_K	P_K	S_K
0	—	—	—	10.000
1	1.000	—	1.000	10.000
2	1.000	—	1.000	10.000
3	1.000	—	1.000	10.000
4	1.000	—	1.000	10.000
5	1.000	10.000	11.000	—

SISTEMA MISTO

Nesta forma de amortização 50% do valor do empréstimo é devolvido pelo Sistema Francês e os outros 50% pelo SAC.

Assim, a prestação final do financiamento será dada pela soma das prestações calculadas pelo Sistema Francês e pelo SAC.

Conclusões finais sobre os Sistemas de Amortização:

– geralmente as prestações são postecipadas, caso contrário, o problema fará referência à data do primeiro pagamento;

– quando a taxa estiver referida a um período de tempo diferente do período de pagamento das prestações, essa será uma taxa nominal;

– a primeira prestação será maior no SAC;

– no Sistema Americano são pagas as maiores cotas referentes aos juros (o saldo devedor permanece constante).

PROBLEMAS DE APLICAÇÃO

1) Um empréstimo de R$ 15.000,00 será pago em doze prestações mensais calculadas pela Tabela Price. Se a taxa de juros é de 10% a.m. e a prestação de R$ 2.201,45, o valor da cota de amortização paga na segunda prestação é:

a) R$ 1.500,00.
b) R$ 1.429,00.
c) R$ 1.059,71.
d) R$ 771,59.
e) R$ 701,45.

Solução:

$E = S_0 = 15.000,00$; $n = 12$ (T. *Price*); $i = 10\%$ ao mês.

$P = 2.201,45$

$A_2 = ?$

Construindo parte da planilha, temos:

k	P_k	J_k	A_k	S_k
0	–	–	–	15.000,00
1	2.201,45	1.500,00	701,45	14.298,55
2	2.201,45	1.429,86	771,59	

$J_1 = 10\%$. $S_0 \to J_1 = 1.500$

$A_1 = P_1 - J_1 \to A_1 = 701,45$

$S_1 = S_0 - A_1 \to S_1 = 14.298,55$

$J_2 = 10\%$. $S_1 \to J_2 = 1.429,86$

$A_2 = P_2 - J_2 \to A_2 = 771,59$

Resposta: D

2) Um empréstimo de R$ 5.000,00 deverá ser pago em 10 prestações mensais e consecutivas, vencendo a primeira em 30 dias, e financiado à taxa mensal de 5%. A diferença entre a primeira prestação calculada pelo Sistema de Amortização Constante e a calculada pelo Sistema Francês de Amortização é mais próxima de:

a) R$ 110,20.
b) R$ 107,88.
c) R$ 106,03.
d) R$ 105,18.
e) R$ 102,48.

Solução:

$E = S_0 = 5.000,00$; $n = 10$ (postecipadas); $i = 5\%$ ao mês.

T. Price $\to 5.000 = P \times a(10, 5\%)$

$\phantom{\text{T. Price} \to{}} 5.000 = P \times 7,721735$

$\phantom{\text{T. Price} \to{}} P = 647,52$

SAC $\to A = \dfrac{E}{n}$

$\phantom{\text{SAC} \to{}} A = \dfrac{5000}{10} = 500$

$P_1 = A_1 + J_1$

$J_1 = 5\% \, S_0 \to J_1 = 250$

$P_1 = 500 + 250 = 750$

Diferença: $750 - 647{,}52 = 102{,}48$

Resposta: E

3) Guilherme contratou um financiamento de R$ 80.000,00 que será amortizado por meio de 100 prestações mensais postecipadas segundo o Sistema de Amortização Constante. Considerando uma taxa de juros efetivos compostos de 2% ao mês, o valor, em reais, da 75ª prestação é:
   a) 1.264,00.
   b) 1.248,00.
   c) 1.232,00.
   d) 1.216,00.
   e) 1.200,00.

Solução:

$E = S_0 = 80.000{,}00$; $n = 100$; SAC; $i = 2\%$ ao mês.

$P_{75} = ?$

$A = \dfrac{E}{n} \to A = \dfrac{80.000}{100} = 800$

$P_{75} = A_{75} + J_{75}$

$A_{75} = A = 800$

$J_{75} = 2\% \, S_{74}$

$S_{74} = S_0 - 74A \to S_{74} = 80.000 - 74 \times 800$

$S_{74} = 20.800$

$J_{75} = 2\% \, 20.800 \to J_{75} = 416$

$P_{75} = 800 + 416$

$P_{75} = 1.216{,}00$

Resposta: D

Questões de Concursos

1) (Sefaz-RJ) A respeito dos sistemas de amortização, analise as afirmativas a seguir:
   I. As prestações do Sistema Francês são maiores que aquelas do SAC, dados os mesmos juros, valor inicial e período de amortização.
   II. As prestações do Sistema Francês são decrescentes e, portanto, iniciam-se maiores que aquelas do SAC, dados os mesmos juros, valor inicial e período de amortização.
   III. As prestações do Sistema Francês são constantes e, portanto, iniciam-se menores que aquelas do SAC, dados os mesmos valor inicial, taxa de juros e período de amortização.

   Assinale:
   a) se apenas a afirmativa I estiver correta.
   b) se apenas as afirmativas I e II estiverem corretas.
   c) se apenas as afirmativas I e III estiverem corretas.
   d) se apenas a afirmativa III estiver correta.
   e) se apenas a afirmativa II estiver correta.

2) (BNDES) Um investidor está decidindo como vai repagar um financiamento que obteve. Poderá escolher o Sistema Price ou o Sistema de Amortização Constante (SAC), ambos com o mesmo número de prestações, o mesmo prazo total e a mesma taxa de juros. Comparando os dois, o investidor observa que:
   a) o valor presente líquido do SAC é menor do que o do Price.
   b) a prestação, pelo SAC, é constante ao longo do tempo.
   c) a prestação, pelo Price, é declinante ao longo do tempo.
   d) a primeira prestação do SAC é maior do que a do Price.
   e) as prestações do SAC são sempre maiores que as do Price.

3) (Petrobras) Considere um financiamento imobiliário que poderá ser pago, nas mesmas condições, pelo Sistema Francês de Amortização (SFA), pelo Sistema das Amortizações Constantes (SAC) ou pelo Sistema Americano (SA).
   É correto afirmar que:
   a) o valor da primeira prestação será maior se escolhido o SFA.
   b) a cota de juros paga na primeira prestação terá maior valor se escolhido o SA.
   c) escolhido o SAC, as parcelas relativas ao pagamento das cotas de juros aumentam a cada prestação.
   d) escolhido o SAC, a última prestação corresponderá à cota de amortização corrigida pela taxa do financiamento.
   e) a última prestação terá o menor valor se escolhido o SA.

4) **(AFRM-AR)** Com relação aos diversos sistemas de amortização, analise as afirmativas a seguir:
   I. No Sistema Francês de Amortização as prestações são constantes, com amortização crescente.
   II. No Sistema de Amortização Constante, a segunda prestação anual, para um empréstimo de R$ 80.000, a ser amortizado em 5 anos, com uma taxa de juros de 20% ao ano, é de R$ 28.800,00.
   III. O Sistema Americano de Amortização se caracteriza por ser um sistema de pagamentos em que são pagos somente os juros devidos, com o principal da dívida mantendo-se constante.

   Assinale:
   a) se somente as afirmativas I e III estiverem corretas.
   b) se somente as afirmativas I e II estiverem corretas.
   c) se somente as afirmativas II e III estiverem corretas.
   d) se todas as afirmativas estiverem corretas.
   e) se somente a afirmativa III estiver correta.

5) **(Sefaz–RJ)** Analise as afirmativas a seguir, a respeito de sistemas de amortização de empréstimos:
   I. No sistema francês, as prestações são constantes; os juros, decrescentes; e as amortizações, crescentes.
   II. No sistema de amortização constante (SAC), as amortizações são constantes; as prestações, crescentes; e os juros, decrescentes.
   III. No sistema americano de amortização, apenas os juros são pagos durante o financiamento, e, ao final do prazo, a dívida é amortizada de uma só vez.

   Assinale:
   a) se somente a afirmativa I estiver correta.
   b) se somente as afirmativas I e II estiverem corretas.
   c) se somente as afirmativas I e III estiverem corretas.
   d) se somente as afirmativas II e III estiverem corretas.
   e) se todas as afirmativas estiverem corretas.

6) **(TCM-RJ)** Sabendo-se que os valores das prestações, em qualquer sistema de amortização, são resultantes de uma combinação de juros e amortização, pode-se afirmar, em relação ao sistema francês, que os valores das amortizações contidas nas suas parcelas, ao longo do prazo do financiamento, serão:
   a) crescentes, com base em um crescimento constante orientado pela redução constante dos juros.
   b) crescentes e terão seu crescimento orientado pela capitalização composta do seu valor, a cada período, com base na taxa de juros da operação.
   c) constantes, uma vez que o sistema francês é caracterizado por prestações fixas e periódicas.
   d) decrescentes, com esse decréscimo orientado pela dedução dos juros contidos na parcela referente ao período imediatamente anterior.
   e) decrescentes, com base na aplicação da taxa de juros da operação sobre os juros contidos na prestação do período imediatamente anterior.

7) (BB) Um empréstimo no valor de R$ 1.000,00 será devolvido em três prestações mensais iguais e seguidas de valor igual a R$ 416,35. O financiamento foi realizado com uma taxa de juros de 12% ao mês. Ao analisar os valores de cada parcela da operação de financiamento, calculando os valores dos juros, amortização e saldo devedor, vemos que, para a segunda prestação, estes valores, em reais, são, respectivamente:
   a) 67,54 – 648,81 – 388,59.
   b) 72,88 – 343,47 – 383,25.
   c) 77,24 – 339,11 – 378,89.
   d) 80,18 – 336,17 – 371,74.
   e) 84,44 – 331,91 – 371,74.

8) (FT-CE) Uma compra no valor de R$ 500,00 deve ser paga com uma entrada à vista de 20% e o saldo devedor restante em cinco prestações mensais iguais, a uma taxa de 5% ao mês, vencendo a primeira prestação em 30 dias. Embutida nesta primeira prestação mensal, existe uma amortização do saldo devedor, aproximada em reais, de:
   a) R$ 72,00.
   b) R$ 75,00.
   c) R$ 77,00.
   d) R$ 78,00.
   e) R$ 80,00.

9) (Sefaz-RJ) No sistema de amortização francês, para um valor presente de R$ 10.000, uma taxa de juros de 10% ao ano e um período de 10 anos, o valor da prestação anual é de R$ 1.627,45. Assim, o valor amortizado da segunda parcela é:
   a) R$ 627,45.
   b) R$ 690,20.
   c) R$ 704,56.
   d) R$ 759,22.
   e) R$ 720,65.

10) (ANS) Um empréstimo no valor de R$ 100.000,00 deverá ser liquidado por meio de 36 prestações mensais iguais e consecutivas, vencendo a primeira um mês após a data em que foi realizado o empréstimo. Foi adotado o sistema francês de amortização (Tabela Price), a uma taxa de juros compostos de 3% ao mês, com o valor de cada prestação igual a R$ 4.580,00. O saldo devedor imediatamente após o pagamento da primeira prestação é:
    a) R$ 95.420,00.
    b) R$ 96.800,00.
    c) R$ 97.000,00.
    d) R$ 98.420,00.
    e) R$ 99.910,00.

11) (CVM) Um empréstimo de R$ 10.000,00 foi contratado para ser pago em 10 prestações mensais iguais, vencendo a primeira no prazo de 30 dias, à taxa de juros compostos de 3% ao mês. O saldo devedor no primeiro mês, após o pagamento da primeira prestação, considerando o Sistema de Amortização Francês, é de:
    a) R$ 9.000,00.
    b) R$ 9.128,00.
    c) R$ 9.172,00.
    d) R$ 9.300,00.
    e) R$ 10.300,00.

12) (AFRE–MG) Um empréstimo contraído no início de abril, no valor de R$ 15.000,00, deve ser pago em dezoito prestações mensais iguais, a uma taxa de juros compostos de 2% ao mês, vencendo a primeira prestação no fim de abril, a segunda no fim de maio e assim sucessivamente. Calcule quanto está sendo pago de juros na décima prestação, desprezando os centavos.
   a) R$ 300,00.
   b) R$ 240,00.
   c) R$ 163,00.
   d) R$ 181,00.
   e) R$ 200,00.

13) (Finep) Uma empresa de táxi adquiriu um automóvel no valor de R$ 30.107,51, utilizando o Sistema Price de Amortização – Tabela Price. O financiamento foi em 36 meses, a taxa de juros do empréstimo foi de 1% ao mês, e o valor da prestação mensal, R$ 1.000,00. Depois de ser paga a 18ª prestação, a dívida era de R$ 16.398,27. Os sócios combinaram que pagariam mais uma prestação e, em seguida, iriam zerar a dívida.

   O valor da dívida, depois de paga a 19ª prestação, em reais, é:
   a) 16.234,29.
   b) 16.226,01.
   c) 15.570,53.
   d) 15.562,25.
   e) 15.398,27.

14) (APOFP-SP) Um financiamento no valor de R$ 76.060,80 deve ser pago em 15 prestações semestrais iguais de R$ 10.000,00, vencendo as prestações ao fim de cada semestre. Qual o valor mais próximo da parcela que corresponde à amortização do saldo devedor, na segunda prestação?
   a) R$ 2.394,00.
   b) R$ 7.606,00.
   c) R$ 2.897,00.
   d) R$ 7.103,00.
   e) R$ 2.633,00.

15) (Contador–Santos) No quadro abaixo, tem-se o plano de amortização, pelo sistema Francês, de uma dívida de R$ 5.000.00, paga em 4 parcelas mensais consecutivas. A taxa mensal de juros é de 3% e a primeira parcela foi paga ao completar 30 dias da data do empréstimo.

Data	Prestação	Cota de Juro	Cota de Amortização	Saldo devedor
0				R$ 5000,00
1	R$ 1345,13	x	R$ 1195,13	R$ 3804,87
2	R$ 1345,13	R$ 114,15	y	R$ 2573,89
3	R$ 1345,13	R$ 77,22	R$ 1267,91	z
4	R$ 1345,16	R$ 39,18	R$ 1305,98	0

Nestas condições, é verdade que:
a) x = R$ 140,00.
b) y = R$ 1.245,89.
c) z = R$ 1.345,16.
d) y = R$ 1.230,98.
e) x = R$ 190,00.

16) (BB)

Meses	Saldo devedor	Amortização	Juros	Prestação
0	10.000,00	0	0	0
1	8.374,52			
2			83,75	
3	5.074,64	1.658,15	67,33	
4	3.399,91	1.674,73	50,75	
5				
6	0			

Na tabela acima, que apresenta algumas células sem valores numéricos, os dados referem-se a um empréstimo bancário de R$ 10.000,00, entregues no ato e sem prazo de carência, à taxa de juros de 12% ao ano, para pagamento em seis meses pela Tabela Price. Com relação a essa situação, julgue os itens abaixo.

I. O valor da quinta prestação será superior a R$ 1.700,00.
II. Imediatamente após ser paga a segunda prestação, o saldo devedor será inferior a R$ 7.000,00.
III. O valor correspondente aos juros pagos na sexta prestação será inferior a R$ 20,00.

Assinale a opção correta.
a) apenas o item I está certo.
b) apenas o item II está certo.
c) apenas os itens I e III estão certos.
d) apenas os itens II e III estão certos.
e) todos os itens estão certos.

17) (CVM) Um financiamento no valor de R$ 612.800,00 deve ser pago pelo Sistema Price em 18 prestações semestrais iguais, a uma taxa nominal de 30% ao ano, vencendo a primeira prestação ao fim do primeiro semestre, a segunda ao fim do segundo semestre, e assim sucessivamente. Obtenha o valor mais próximo da amortização do saldo devedor embutido na segunda prestação.
a) R$ 10.687,00.
b) R$ 8.081,00.
c) R$ 10.000,00.
d) R$ 9.740,00.
e) R$ 9.293,00.

18) (PMSP) Uma dívida no valor de R$ 80.000,00 deverá ser liquidada em 35 prestações mensais iguais e consecutivas, vencendo a primeira prestação um mês após a data da contração da dívida. Sabe-se que foi adotado o sistema de amortização francês (Tabela Price), a uma taxa de juros compostos de 2% ao mês, considerando o valor de 0,0400 para o Fator de Recuperação de Capital (FRC) correspondente.
A soma dos respectivos valores das amortizações incluídos nos valores da primeira prestação e da segunda prestação é igual a:
a) R$ 3.168,00.
b) R$ 3.232,00.
c) R$ 3.264,00.
d) R$ 3.368,00.
e) R$ 3.374,00.

19) **(TRE–SP)** Antônio comprou um automóvel no valor à vista de R$ 25.000,00, dando 20% deste valor como entrada e o restante em 10 prestações mensais e iguais, à taxa de 24% ao ano, com capitalização mensal, vencendo a primeira um mês após a data da compra. Foi adotado o Sistema Francês de Amortização (Sistema Price) e o Fator de Recuperação de Capital correspondente é igual a 0,1113. O saldo devedor da dívida, logo após o pagamento da primeira prestação, é de:
   a) R$ 18.360,00.
   b) R$ 18.174,00.
   c) R$ 18.000,00.
   d) R$ 17.960,00.
   e) R$ 17.800,00.

20) **(PMSP)** Um empréstimo no valor de R$ 150.000,00 foi contratado para ser pago em 60 prestações mensais e consecutivas, vencendo a primeira prestação um mês após a data da realização do empréstimo. Utilizou-se o sistema de amortização constante (SAC) a uma taxa de juros de 2,5% ao mês. O valor da primeira prestação supera o valor da penúltima prestação em:
   a) R$ 3.625,00.
   b) R$ 3.687,50.
   c) R$ 3.750,00.
   d) R$ 3.812,50.
   e) R$ 3.875,00.

21) **(Sefaz–RJ)** Um indivíduo adquiriu uma moto, no valor de R$ 19.804,84 a ser pago em 36 prestações pelo Sistema Price de Amortização. Ao final do 12º mês ele ainda deve R$ 14.696,13. Sabendo-se que a taxa de juros do empréstimo é de 2% ao mês e que a prestação tem o valor de R$ 777,00, o saldo devedor, após o pagamento da próxima prestação, será de:
   a) R$ 14.000,00.
   b) R$ 14.147,53.
   c) R$ 14.198,84.
   d) R$ 14.213,05.
   e) R$ 14.322,01.

(ISS–SP) O enunciado a seguir refere-se às duas questões seguintes.
Um equipamento, no valor de R$ 50.000,00, é financiado pelo Sistema Francês em 8 semestres, e a primeira prestação ocorrerá ao final do terceiro semestre. Se a operação foi contratada à taxa semestral de 20% e sendo os juros capitalizados durante a carência, então:
Dados: a(6, 20%) = 3,32551 e a(8, 20%) = 3,83716

22) O valor de cada prestação será, aproximadamente:
   a) R$ 20.540,85.
   b) R$ 21.650,83.
   c) R$ 21.860,70.
   d) R$ 22.350,75.
   e) R$ 22.570,23.

23) O saldo devedor no terceiro semestre, após o pagamento da primeira parcela, será, aproximadamente:
   a) R$ 57.600,00.
   b) R$ 58.675,39.
   c) R$ 58.759,27.
   d) R$ 64.625,29.
   e) R$ 64.749,17.

24) **(Contador–RJ)** A amortização de uma dívida de R$ 2 000,00 é feita em quatro pagamentos iguais, com juros de 10% ao mês, pela tabela *Price*. A amortização da dívida incluída no segundo pagamento é aproximadamente:
   a) R$ 462,00.
   b) R$ 468,00.
   c) R$ 474,00.
   d) R$ 480,00.

25) **(Banrisul)** Um banco emprestou a uma empresa R$ 1.200,00, a uma taxa de juros compostos de 3% ao mês. A empresa decidiu amortizar a dívida com os seguintes pagamentos: R$ 336,00 no 1º mês, R$ 327,00 no 2º mês, R$ 318,00 no 3º mês e R$ 309,00 no 4º mês.
   O Sistema de Amortização adotado para tais pagamentos é o chamado:
   a) Sistema de Amortização Constante – SAC.
   b) Sistema de Amortização Mista – SAM.
   c) Sistema Francês de Amortização – (Tabela *Price*).
   d) Pagamento Periódico de Juros.
   e) Pagamento no Final.

26) **(Petrobras)** A PHP Participações toma hoje, no Banco XPTO, um empréstimo de R$ 100.000,00 que deve ser pago em 5 prestações anuais, pelo Sistema de Amortização Constante (SAC), com juros de 12% ao ano. A primeira prestação vence dentro de um ano. A soma das cinco prestações (principal e juros) que a PHP vai pagar ao XPTO, em reais, será:
   a) 112.000,00.
   b) 124.000,00.
   c) 136.000,00.
   d) 138.704,87.
   e) 160.000,00.

27) **(CVM)** Uma pessoa tomou um empréstimo imobiliário no valor de R$ 240.000,00 para ser pago em 120 prestações mensais pelo Sistema de Amortizações Constantes – SAC, a uma taxa de 1,5% ao mês, sem carência, vencendo a primeira prestação ao fim do primeiro mês, a segunda ao fim do segundo mês, e assim sucessivamente. Marque o valor mais próximo da 12ª prestação.
   a) R$ 5.270,00.
   b) R$ 5.420,00.
   c) R$ 5.300,00.
   d) R$ 5.360,00.
   e) R$ 5.330,00.

28) **(ISS-RJ)** Um financiamento no valor de R$ 360.000,00 deve ser pago em 180 prestações mensais, pelo Sistema de Amortizações Constantes – SAC, a uma taxa nominal de 12% ao ano, vencendo a primeira prestação ao fim do primeiro mês, a segunda ao fim do segundo mês e assim sucessivamente. Calcule o valor mais próximo da 10ª prestação.
   a) R$ 5.600,00.
   b) R$ 5.420,00.
   c) R$ 5.400,00.
   d) R$ 5.380,00.
   e) R$ 5.500,00.

(ISS–SP) O enunciado a seguir refere-se às duas questões seguintes.

A fim de expandir os seus negócios, certa pessoa consegue um financiamento de R$ 300.000,00, nas seguintes condições:

* taxa de juros de 8% a.a. com pagamentos semestrais;
* amortizações pelo Sistema de Amortizações Constantes (SAC), com pagamentos semestrais;
* prazo de amortização: 3 anos.

29) O valor da quinta prestação deverá ser:
   a) R$ 54.000,00.
   b) R$ 55.000,00.
   c) R$ 56.000,00.
   d) R$ 57.000,00.
   e) R$ 58.000,00.

30) Nessas condições, é correto afirmar que os juros a serem pagos no terceiro pagamento importam em:
   a) R$ 14.000,00.
   b) R$ 12.000,00.
   c) R$ 10.000,00.
   d) R$ 8.000,00.
   e) R$ 6.000,00.

31) (Sefaz–AC) Uma dívida de R$ 1.000,00 foi paga com juros de 4% ao mês, em 4 meses, pelo sistema de amortização constante (SAC). Com base nessa informação, assinale a opção correta.
   a) A prestação paga no primeiro mês foi de R$ 300,00.
   b) Os juros pagos no quarto mês foram de R$ 15,00.
   c) A prestação paga no terceiro mês foi de R$ 280,00.
   d) Os juros pagos no segundo mês foram de R$ 30,00.

32) (Sefaz–AP) Carlos comprou em janeiro de 2010 uma casa por R$ 180.000,00, com um financiamento sem entrada no sistema de amortização constante (SAC) a ser pago em 10 anos com prestações mensais e taxa de juros de 1% ao mês no regime de juros compostos. O contrato determina que a primeira prestação deva ser paga em fevereiro deste ano e as outras em cada um dos meses seguintes.

Então, o valor da prestação que Carlos deverá pagar no mês de junho de 2010 é de:
   a) R$ 3.020,00.
   b) R$ 3.160,00.
   c) R$ 3.240,00.
   d) R$ 3.300,00.
   e) R$ 3.450,00.

33) **(ANS)** Uma dívida referente à aquisição de um imóvel deverá ser quitada por meio de 25 prestações mensais e consecutivas, vencendo a primeira um mês após a data em que foi contraída a dívida. Sabe-se que foi adotado o Sistema de Amortização Constante (SAC) a uma taxa de 2% ao mês e o valor da 20ª prestação foi igual a R$ 5.376,00. O valor da dívida, no início, é igual a:
   a) R$ 160.000,00.
   b) R$ 150.000,00.
   c) R$ 140.000,00.
   d) R$ 120.000,00.
   e) R$ 100.000,00.

34) **(BB)** Considere um financiamento de R$ 100.000,00, sem entrada, a ser pago em 100 prestações mensais, pelo Sistema de Amortização Constante (SAC). Sabendo-se que a taxa de juros, no regime de juros compostos, é de 1% ao mês, a prestação inicial, se o prazo de pagamento for duplicado, será reduzida em:
   a) 100%
   b) 50%
   c) 25%
   d) 10%
   e) 5%

35) **(CEF)** Um capital de R$ 36.000,00 foi financiado através do Sistema SAC (Sistema de Amortização Constante) em 12 prestações mensais, vencendo a primeira 30 dias após a assinatura do contrato. Considerando uma taxa de 5% a.m., o valor da sexta prestação foi igual a:
   a) R$ 4.500,00.
   b) R$ 4.350,00.
   c) R$ 4.200,00.
   d) R$ 4.100,00.
   e) R$ 4.050,00.

36) **(FT–SC)** Um empréstimo no valor de R$ 90.000,00 deverá ser pago em quinze prestações mensais consecutivas, vencendo a primeira trinta dias após a liberação do dinheiro, sem carência. Se o financiamento foi feito pelo Sistema de Amortização Constante a uma taxa de juros compostos mensal de 6%, então o saldo devedor, após o pagamento da décima quarta prestação será de:
   a) R$ 42.000,00.
   b) R$ 24.000,00.
   c) R$ 84.000,00.
   d) R$ 6.000,00.
   e) R$ 72.000,00.

37) **(Sefaz–RS)** O financiamento de R$ 200.000,00 junto a um Banco de Desenvolvimento foi realizado pelo Sistema de Amortizações Constantes – SAC, em 10 prestações mensais, a primeira vencendo no final do primeiro mês, à taxa de juros de 1% ao mês.
   O valor da prestação a ser paga no final do terceiro mês é:
   a) R$ 20.000,00.
   b) R$ 21.120,00.
   c) R$ 21.600,00.
   d) R$ 22.000,00.
   e) R$ 22.092,00.

38) (TCI–RJ) Considere o sistema de amortização constante (SAC), em que o saldo no início do ano é R$ 2.000,00, a taxa de juros, de 8% ao ano, no prazo de quatro anos. No final do primeiro ano, o saldo, em reais, é o seguinte:
   a) 1.000,00.
   b) 1.500,00.
   c) 1.250,00.
   d) 1.750,00.

39) (Sefaz–RJ) Um indivíduo faz um financiamento, sem entrada, no valor de R$ 100.000,00, a ser pago em 100 prestações, no Sistema de Amortização Constante (SAC). Sabendo que a taxa de juros, no regime de juros compostos, é de 1% ao mês, o valor da 4ª parcela a ser paga é de:
   a) 1970.
   b) 2000.
   c) 2566.
   d) 1000.
   e) 1400.

40) (BNDES) João da Silva contratou um financiamento imobiliário no valor de R$ 90.000,00 junto ao banco XYZ, a ser pago num prazo de 180 meses, com as prestações calculadas pelo sistema de amortização constante (SAC). A taxa de juros anual é de 14% mais a TR (taxa referencial). No primeiro mês, essa taxa de juros equivaleu a 1,5%. A primeira prestação paga por João foi?
   a) R$ 1.850,00.
   b) R$ 1.350,00.
   c) R$ 1.000,00.
   d) R$ 850,00.
   e) R$ 500,00.

(FR–MS) O enunciado a seguir refere-se às duas questões seguintes
Considere um financiamento de R$ 150.000,00 em 150 prestações mensais, pelo SAC, a juros de 1% ao mês.

41) Determine o estado da dívida imediatamente após o pagamento da 60ª prestação.
   a) R$ 60.000,00.
   b) R$ 70.000,00.
   c) R$ 80.000,00.
   d) R$ 90.000,00.
   e) R$ 100.000,00.

42) Determine o valor dessa prestação.
   a) R$ 1.910,00.
   b) R$ 2.000,00.
   c) R$ 2.100,00.
   d) R$ 2.110,00.
   e) R$ 2.220,00.

43) (Senado Federal) Um empréstimo de R$ 4200,00, feito no período t = 0, será pago em 7 prestações mensais, sendo a primeira delas paga 30 dias após o empréstimo (t = 1), com juros de 4% ao mês sobre o saldo devedor. Para a devolução desse empréstimo, foram estudados 2 sistemas de amortização:
    − Sistema de Amortização Constante (Tabela SAC);
    − Sistema Francês de Amortização (Tabela PRICE).
    A partir de que período as prestações calculadas pelo Sistema de Amortização Constante são menores do que a prestação calculada pelo Sistema Francês?
    a) 2.
    b) 3.
    c) 4.
    d) 5.
    e) 6.

44) (Sefaz–RJ) Um empresário deseja comprar um equipamento cujo valor é de R$ 50.000,00, utilizando o Sistema de Amortização Constante – SAC. O banco financia esse equipamento em 100 meses, a uma taxa de 2% ao mês, juros compostos. Assim, a primeira prestação a ser paga será de:
    a) R$ 1.500,00.
    b) R$ 1.000,00.
    c) R$ 1.666,00.
    d) R$ 500,00.
    e) R$ 5.000,00.

45) (FT–Santos) Uma dívida, no valor de R$ 7.800,00, foi amortizada pelo Sistema de Amortização Constante (SAC) em 6 prestações mensais consecutivas, a primeira delas ao completar 30 dias da data do contrato. Se a taxa foi de 3% ao mês, o valor da última prestação foi de
    a) R$ 1.339,00.
    b) R$ 1.345,00.
    c) R$ 1.354,00.
    d) R$ 1.367,00.
    e) R$ 1.378,00.

46) (AFR–SP) O Sistema Financeiro de Habitação (SFH) financia casa própria pelo prazo de 15 anos (180 meses), cobrando a taxa de juros de 1% ao mês sobre o saldo devedor. O cálculo da primeira prestação é feito da seguinte maneira: calcula-se o juro sobre o saldo devedor e calcula-se a parte que será amortizada na primeira prestação, isto é: $\frac{1}{180}$ do valor do financiamento. A prestação é igual à soma dos juros mais a amortização, desprezados os cálculos de taxas e seguros. Na compra de um imóvel, com a parte financiada igual a R$ 80.000,00, a primeira prestação será de, aproximadamente:
    a) R$ 444,00.
    b) R$ 644,00.
    c) R$ 824,00.
    d) R$ 1.044,00.
    e) R$ 1.244,00.

47) (FR–MS) Uma empresa tomou um empréstimo de 80,000 dólares para pagamento pelo Sistema de Amortização Constante, em 40 parcelas mensais, sendo a primeira um mês após o recebimento do empréstimo e com taxa de juros de 1% a.m. O valor da trigésima quinta prestação foi de:
    a) 2,080 dólares.
    b) 2,120 dólares.
    c) 2,160 dólares.
    d) 2,200 dólares.

48) (Susep) Um financiamento habitacional no valor de R$ 48.000,00 deve ser pago em vinte anos pelo sistema de amortizações constantes, isto é, em amortizações mensais iguais e, assim, prestações mensais decrescentes, vencendo a primeira prestação ao fim do primeiro mês de recebimento do financiamento e assim sucessivamente. Calcule o valor da vigésima quinta prestação, considerando uma taxa de juros de 1% ao mês.
   a) R$ 700,00.
   b) R$ 680,00.
   c) R$ 632,00.
   d) R$ 630,00.
   e) R$ 600,00.

49) (AFPS) Um financiamento habitacional no valor de R$ 120.000,00 vai ser pago por prestações mensais calculadas pelo sistema das amortizações constantes, a uma taxa de juros nominal de 12% ao ano, durante dez anos. Calcule a décima prestação mensal do financiamento.
   a) R$ 2.200,00.
   b) R$ 2.120,00.
   c) R$ 2.110,00.
   d) R$ 2.100,00.
   e) R$ 2.000,00.

50) (Susep) Um financiamento imobiliário no valor de R$ 120.000,00 é realizado por um sistema de amortizações mensais iguais durante 20 anos. Considerando que a taxa de juros mensal é de 1%, calcule o valor da décima terceira prestação mensal.
   a) R$ 1.700,00.
   b) R$ 1.640,00.
   c) R$ 1.635,00.
   d) R$ 1.605,00.
   e) R$ 1.600,00.

51) (Petrobras) Para a realização de um projeto de investimento, uma empresa obteve um empréstimo de 1.000 unidades monetárias, que deverá ser pago pelo sistema de amortização constante (SAC) em 100 prestações mensais, com uma carência de 6 meses, durante a qual haverá a incidência de juros, mas não o seu pagamento, havendo a capitalização dos juros (incorporação ao saldo devedor). Sabendo que o pagamento da primeira parcela do empréstimo ocorrerá um mês após o término da carência e que a taxa do financiamento é de 1% ao mês, o valor da última prestação será:
   a) inferior a 11,0.
   b) superior a 11,0 e inferior a 12,0.
   c) superior a 12,0 e inferior a 12,5.
   d) superior a 12,5 e inferior a 13,5.
   e) superior a 13,5.

52) (APO) Uma dívida, no valor de R$ 5 417,20, vai ser amortizada pelo Sistema Francês, sem entrada, com pagamento em 6 prestações mensais consecutivas, a primeira delas vencendo ao completar 30 dias da data do empréstimo, com taxa de 3% ao mês. Nessas condições, a cota de amortização da primeira prestação será de, aproximadamente:
   a) R$ 837,48.
   b) R$ 842,50.
   c) R$ 855,72.
   d) R$ 892,72.
   e) R$ 902,40.

53) (APO) Se, na questão anterior, fosse usado o Sistema de Amortização Constante (SAC), a cota de juro na segunda prestação seria igual a, aproximadamente:
a) R$ 155,20.
b) R$ 150,60.
c) R$ 145,80.
d) R$ 140,30.
e) R$ 135,43.

54) (TRE–SP) Um imóvel é adquirido por uma pessoa que assume o compromisso de pagar toda a dívida em 50 prestações mensais, vencendo a primeira um mês após a data da aquisição. Sabe-se que foi utilizado o Sistema de Amortização Constante (SAC) à taxa de juros de 2% ao mês e que o valor da vigésima prestação é R$ 3.564,00. O respectivo valor da dívida na data da aquisição do imóvel era igual a:
a) R$ 120.000,00.
b) R$ 115.000,00.
c) R$ 112.000,00.
d) R$ 110.000,00.
e) R$ 102.000,00.

55) (TCM–RJ) Considere um financiamento de R$ 10.000,00, em 5 prestações mensais e consecutivas, a uma taxa de juros de 5% ao mês, com a primeira prestação vencendo ao final do primeiro mês, no Sistema de Amortizações Constantes – SAC. A alternativa que define uma característica correta deste sistema é:
a) A diferença entre duas parcelas consecutivas será a mesma, determinada pela aplicação da taxa de juros sobre a amortização.
b) As amortizações contidas nas prestações são determinadas pela aplicação da taxa de juros sobre o valor do empréstimo.
c) As amortizações contidas nas prestações devidas a cada período dependem dos juros gerados nos períodos anteriores.
d) A quantidade de juros contida em cada uma das parcelas é constante.

(Susep) O enunciado abaixo se refere às duas questões abaixo.
Uma dívida de R$ 10.000,00 será paga em 100 prestações mensais e sucessivas. O vencimento da primeira prestação será um mês após a dívida ter sido contraída e os juros serão de 3% ao mês.
Se necessário utilize: $1,03^{100} = 19,219$
$1,03^{-100} = 0,052$

56) Se a amortização é pelo sistema francês (Tabela *Price*), o valor da prestação será de, aproximadamente:
a) R$ 331,00.
b) R$ 328,00.
c) R$ 325,00.
d) R$ 320,00.
e) R$ 316,00.

57) Se a amortização é pelo sistema de amortização constante, o valor da vigésima quinta prestação será de, aproximadamente:
a) R$ 331,00.
b) R$ 328,00.
c) R$ 325,00.
d) R$ 320,00.
e) R$ 316,00.

58) **(BB)** Uma pessoa assume, hoje, o compromisso de devolver um empréstimo no valor de R$ 15.000,00 em 10 prestações mensais iguais, vencendo a primeira daqui a um mês, à taxa de juros nominal de 24% ao ano, com capitalização mensal. Sabe-se que foi utilizado o Sistema Francês de Amortização (Sistema *Price*) e que, para a taxa de juros compostos de 2% ao período, o Fator de Recuperação de Capital (10 períodos) é igual a 0,111. O respectivo valor dos juros incluídos no pagamento da segunda prestação é:
   a) R$ 273,30.
   b) R$ 272,70.
   c) R$ 270,00.
   d) R$ 266,70.
   e) R$ 256,60.

59) **(Contador–RJ)** A amortização de uma dívida de R$ 2.000,00 é feita em quatro pagamentos iguais, com juros de 10% ao mês, pela tabela *Price*. A amortização da dívida incluída no segundo pagamento é aproximadamente:
   a) R$ 462,00.
   b) R$ 468,00.
   c) R$ 474,00.
   d) R$ 480,00.

60) **(Cepel)** Quando se contrai uma dívida, seu resgate é feito pelo processo de amortização. O sistema de amortização utilizado na tabela a seguir é o sistema:

Mês	Saldo Devedor	Amortização	Juros	Prestação
0	100.000,00			
1	100.000,00	-	10.000,00	10.000,00
2	100.000,00	-	10.000,00	10.000,00
3	100.000,00	-	10.000,00	10.000,00
4	100.000,00	-	10.000,00	10.000,00
5	0,00	100.000,00	10.000,00	110.000,00
Totais		100.000,00	50.000,00	150.000,00

   a) *price*.
   b) de amortização alemão.
   c) de amortização francês.
   d) de amortização constante.
   e) de amortização americano.

61) **(Sefaz–RJ)** Com relação aos diferentes sistemas de amortização, analise as afirmativas a seguir:
   I. Segundo o Sistema de Amortização Constante, para um empréstimo de R$ 50.000,00, a ser amortizado em 25 vezes a uma taxa de juros de 5% ao mês, o valor acumulado das três primeiras prestações é de R$ 12.700,00.
   II. No Sistema Francês de Amortização as prestações são crescentes, com juros decrescentes.
   III. No Sistema Americano de Amortização, para um empréstimo de R$ 50.000,00, a ser amortizado em 25 vezes a uma taxa de juros de 5% ao mês, o valor acumulado das três primeiras prestações é de R$ 7.500,00.

Assinale:
a) se somente as afirmativas I e II estiverem corretas.
b) se somente as afirmativas I e III estiverem corretas.
c) se somente a afirmativa III estiver correta.
d) se somente as afirmativas II e III estiverem corretas.
e) se todas as afirmativas estiverem corretas.

62) (Segas) A dívida de R$ 150.000,00 referente à aquisição de um imóvel deverá ser liquidada através do Sistema de Amortização Misto (SAM), a uma taxa de 2% ao mês em 100 prestações mensais e consecutivas, vencendo a primeira um mês após a data da contração da dívida.
Considerando que o Fator de Recuperação de Capital (FRC) para 100 períodos a uma taxa de juros compostos de 2% ao período é igual a 0,02320, obtém-se que o valor da 50ª prestação é igual a:
a) R$ 3.285,00.
b) R$ 3.270,00.
c) R$ 3.255,00.
d) R$ 3.240,00.
e) R$ 3.225,00.

63) (Sefaz–SP) Uma dívida no valor de R$ 40.000,00 deverá ser liquidada em 20 prestações mensais, iguais e consecutivas, vencendo a primeira um mês após a data da contratação da dívida. Utilizou-se o Sistema Francês de Amortização (Tabela *Price*), a uma taxa de juros compostos de 2,5% ao mês, considerando o valor do Fator de Recuperação de capital (FRC) correspondente igual a 0,06415 (20 períodos). Pelo plano de amortização, o saldo devedor da dívida, imediatamente após o pagamento da 2ª prestação, apresenta um valor de:
a) R$ 34.868,15.
b) R$ 35.045,85.
c) R$ 35.223,70.
d) R$ 36.828,85.
e) R$ 37.473,15.

Gabarito:

1. D
2. D
3. D
4. D
5. C
6. B
7. E
8. A
9. B
10. D
11. B
12. C
13. D
14. E
15. D
16. E
17. E
18. B
19. B
20. A
21. D
22. B
23. E
24. C
25. A
26. C
27. A
28. B
29. A
30. D
31. D
32. C
33. D
34. C
35. E
36. D
37. C
38. B
39. A
40. A
41. D
42. A
43. C
44. A
45. A
46. E
47. B
48. C
49. C
50. B
51. A
52. A
53. E
54. D
55. A
56. E
57. B
58. B
59. C
60. E
61. C
62. C
63. D

CAPÍTULO 10

QUESTÕES DE CONCURSOS COM TABELAS ESPECÍFICAS

(Sefaz–RS) Instrução: Para a solução das questões de números 1 a 8, você poderá fazer uso, quando for o caso, das tabelas abaixo, nas quais se encontram resultados de cálculos de algumas fórmulas da Matemática Financeira, em especial com referência a juros compostos para pagamento único e para séries de pagamentos iguais (rendas certas ou anuidades). Escolha a alternativa mais próxima do resultado obtido. Quando for necessário converter unidades de tempo, considere que um ano tem 12 meses ou 360 dias e um mês, 30 dias.

Quantia individual ou pagamento único										
Fator de valor futuro ou de capitalização						Fator de valor presente ou de atualização				
$(1+i)^n$						$\dfrac{1}{(1+i)^n}$				
Taxa de juros no período						Taxa de juros no período				
n	1,00%	2,00%	3,00%	4,00%	5,00%	n	1,00%	2,00%	3,00%	4,00%	5,00%
1	1,0100	1,0200	1,0300	1,0400	1,0500	1	0,9901	0,9804	0,9709	0,9615	0,9524
2	1,0201	1,0404	1,0609	1,0816	1,1025	2	0,9803	0,9612	0,9426	0,9246	0,9070
3	1,0303	1,0612	1,0927	1,1249	1,1576	3	0,9706	0,9423	0,9151	0,8890	0,8638
4	1,0406	1,0824	1,1255	1,1699	1,2155	4	0,9610	0,9238	0,8885	0,8548	0,8227
5	1,0510	1,1041	1,1593	1,2167	1,2763	5	0,9515	0,9057	0,8626	0,8219	0,7835
6	1,0615	1,1262	1,1941	1,2653	1,3401	6	0,9420	0,8880	0,8375	0,7903	0,7462
7	1,0721	1,1487	1,2299	1,3159	1,4071	7	0,9327	0,8706	0,8131	0,7599	0,7107
8	1,0829	1,1717	1,2668	1,3686	1,4775	8	0,9235	0,8535	0,7894	0,7307	0,6768
9	1,0937	1,1951	1,3048	1,4233	1,5513	9	0,9143	0,8368	0,7664	0,7026	0,6446
10	1,1046	1,2190	1,3439	1,4802	1,6289	10	0,9053	0,8203	0,7441	0,6756	0,6139
11	1,1157	1,2434	1,3842	1,5395	1,7103	11	0,8963	0,8043	0,7224	0,6496	0,5847
12	1,1268	1,2682	1,4258	1,6010	1,7959	12	0,8874	0,7885	0,7014	0,6246	0,5568

Série de pagamentos iguais (anuidades ordinárias ou postecipadas)											
Fator de valor presente de uma anuidade ordinária						Fator de recuperação de capital					
$\dfrac{(1+i)^n - 1}{i(1+i)^n} = \sum_{t=1}^{n} \dfrac{1}{(1+i)^t}$						$\dfrac{i(1+i)^n}{(1+i)^n - 1} = \left(\sum_{t=1}^{n} \dfrac{1}{(1+i)^t} \right)^{-1}$					
	Taxa de juros no período						Taxa de juros no período				
n	1,00%	2,00%	3,00%	4,00%	5,00%	n	1,00%	2,00%	3,00%	4,00%	5,00%
1	0,9901	0,9804	0,9709	0,9615	0,9524	1	1,0100	1,0200	1,0300	1,0400	1,0500
2	1,9704	1,9416	1,9135	1,8861	1,8594	2	0,5075	0,5150	0,5226	0,5302	0,5378
3	2,9410	2,8839	2,8286	2,7751	2,7232	3	0,3400	0,3468	0,3535	0,3603	0,3672
4	3,9020	3,8077	3,7171	3,6299	3,5460	4	0,2563	0,2626	0,2690	0,2755	0,2820
5	4,8534	4,7135	4,5797	4,4518	4,3295	5	0,2060	0,2122	0,2184	0,2246	0,2310
6	5,7955	5,6014	5,4172	5,2421	5,0757	6	0,1725	0,1785	0,1846	0,1908	0,1970
7	6,7282	6,4720	6,2303	6,0021	5,7864	7	0,1486	0,1545	0,1605	0,1666	0,1728
8	7,6517	7,3255	7,0197	6,7327	6,4632	8	0,1307	0,1365	0,1425	0,1485	0,1547
9	8,5660	8,1622	7,7861	7,4353	7,1078	9	0,1167	0,1225	0,1284	0,1345	0,1407
10	9,4713	8,9826	8,5302	8,1109	7,7217	10	0,1056	0,1113	0,1172	0,1233	0,1295
11	10,3676	9,7868	9,2526	8,7605	8,3064	11	0,0965	0,1022	0,1081	0,1141	0,1204
12	11,2551	10,5753	9,9540	9,3851	8,8633	12	0,0888	0,0946	0,1005	0,1066	0,1128

1) Qual o capital inicial investido numa aplicação financeira à taxa composta de 2% ao mês, dado que os rendimentos ao final de um ano totalizaram R$ 1.341,00?
   a) R$ 5.000,00.
   b) R$ 5.030,00.
   c) R$ 5.140,00.
   d) R$ 5.210,00.
   e) R$ 5.270,00.

2) Qual o montante acumulado ao final de 9 meses para uma aplicação de R$ 20.000,00, à taxa composta de 1% ao mês?
   a) R$ 21.658,00.
   b) R$ 21.874,00.
   c) R$ 22.092,00.
   d) R$ 23.434,00.
   e) R$ 23.902,00.

3) Um aparelho de televisão está sendo vendido a R$ 990,00. Indique o valor da prestação, sabendo que a loja financia a compra em 12 prestações mensais sem entrada, à taxa composta de 5% ao mês, e que o primeiro pagamento ocorre 90 dias após a compra.
   a) R$ 82,50.
   b) R$ 86,63.
   c) R$ 111,67.
   d) R$ 119,20.
   e) R$ 123,12.

4) Assinale a alternativa que corresponde aos rendimentos obtidos com uma aplicação em renda fixa no valor de R$ 40.000,00, sabendo que a taxa de juros compostos que remunera esta aplicação é igual a 5% ao quadrimestre, e que os recursos ficaram aplicados pelo período de um ano.
   a) R$ 2.000,00.
   b) R$ 4.996,00.
   c) R$ 5.020,00.
   d) R$ 6.304,00.
   e) R$ 8.620,00.

5) Uma pessoa efetuou uma série de 12 aplicações mensais consecutivas num fundo de renda fixa que remunera à taxa composta de 2% ao mês. Sabendo que o valor de cada aplicação era igual a R$ 500,00, indique o valor acumulado imediatamente após a última aplicação.
   a) R$ 6.000,00.
   b) R$ 6.341,10.
   c) R$ 6.574,65.
   d) R$ 6.705,80.
   e) R$ 7.096,20.

6) Um empresário contratou um financiamento, à taxa de juros compostos de 5% ao mês, a ser pago em prestações mensais fixas de R$ 600,00. Faltando 3 parcelas para a quitação do empréstimo, dificuldades financeiras obrigaram o empresário a renegociar sua dívida junto ao banco. Considere que:
   1. faltam exatamente 30 dias para o vencimento da próxima parcela;
   2. o banco propõe um pagamento de R$ 400,00 à vista e o saldo ao final de 6 meses;
   3. a taxa de juros utilizada na renegociação é a mesma do financiamento original.
   Qual o valor do saldo a ser pago ao final do prazo, de modo que os novos pagamentos sejam equivalentes aos que foram substituídos?
   a) R$ 1.574,89.
   b) R$ 1.623,75.
   c) R$ 1.653,58.
   d) R$ 1.688,78.
   e) R$ 1.736,29.

7) Uma empresa está para adquirir um equipamento com vida útil de 8 anos e tem cinco opções para escolher. Cada equipamento possui características especiais e, portanto, preços e resultados operacionais anuais diferentes. Levando em conta os preços (investimentos) que a empresa desembolsará bem como os resultados anuais a serem obtidos com cada equipamento, conforme tabela abaixo, indique qual o equipamento de melhor escolha, pelo Método do Valor Presente Líquido (VPL), a uma taxa mínima de atratividade (custo do capital) de 5% ao ano.

Equipamento	Investimentos (*)	Resultados Anuais (*)
Equipamento 1	-1.000,00	400,00
Equipamento 2	-2.000,00	500,00
Equipamento 3	-3.000,00	800,00
Equipamento 4	-4.000,00	900,00
Equipamento 5	-5.000,00	1.000,00

(*) Valores em reais

   a) Equipamento 1.
   b) Equipamento 2.
   c) Equipamento 3.
   d) Equipamento 4.
   e) Equipamento 5.

8) Indique a taxa interna anual de retorno de um projeto de investimentos cujo fluxo de caixa projetado encontra-se a seguir (considerando-se os valores positivos como entradas de caixa e os valores negativos como saídas de caixa).

Ano	Fluxo (*)
0	-7.000,00
1	384,18
2	0,00
3	3.000,00
4	0,00
5	4.500,00

(*)Valores em reais

a) 1%.
b) 2%.
c) 3%.
d) 4%.
e) 5%.

(CVM) Instruções: Para responder à questão a seguir, considere a tabela abaixo

TABELA FINANCEIRA

Nº DE PERÍO-DOS	FATOR DE ACUMULAÇÃO DE CAPITAL PARA UM PAGAMENTO ÚNICO					FATOR DE RECUPERAÇÃO DE CAPITAL DE UMA SÉRIE UNIFORME				FATOR DE ACUMULAÇÃO DE CAPITAL DE UMA SÉRIE UNIFORME			
	2%	3%	10%	12%	25%	2%	3%	10%	12%	2%	3%	10%	12%
1	1,0200	1,0300	1,1000	1,1200	1,2500	1,0200	1,0300	1,1000	1,1200	1,0000	1,0000	1,0000	1,0000
2	1,0404	1,0609	1,2100	1,2544	1,5625	0,5150	0,5226	0,5762	0,5917	2,0200	2,0300	2,100	2,1200
3	1,0612	1,0927	1,3310	1,4049	1,9531	0,3468	0,3535	0,4021	0,4163	3,0604	3,0909	3,3100	3,3744
4	1,0824	1,1255	1,4641	1,5735	2,4414	0,2626	0,2690	0,3155	0,3292	4,1216	4,1836	4,6410	4,7793
5	1,1041	1,1593	1,6105	1,7623	3,0518	0,2122	0,2184	0,2638	0,2774	5,2040	5,3091	6,1051	6,3528
6	1,1262	1,1941	1,7716	1,9738	3,8147	0,1785	0,1846	0,2296	0,2432	6,3081	6,4684	7,7156	8,1152
7	1,1487	1,2299	1,9487	2,2107	4,7684	0,1545	0,1605	0,2054	0,2191	7,4343	7,6625	9,4872	10,0890
8	1,1717	1,2668	2,1436	2,4760	5,9605	0,1365	0,1425	0,1874	0,2013	8,5830	8,8923	11,4359	12,2997
9	1,1951	1,3048	2,3579	2,7731	7,4506	0,1225	0,1284	0,1736	0,1877	9,7546	10,1591	13,5795	14,7757
10	1,2190	1,3439	2,5937	3,1058	9,3132	0,1113	0,1172	0,1627	0,1770	10,9497	11,4639	15,9374	17,5487
11	1,2434	1,3842	2,8531	3,4785	11,6415	0,1022	0,1081	0,1540	0,1684	12,1687	12,8078	18,5312	20,6546
12	1,2682	1,4258	3,1384	3,8960	14,5519	0,0946	0,1005	0,1468	0,1614	13,4121	14,1920	21,3843	24,1331
13	1,2936	1,4685	3,4523	4,3635	18,1899	0,0881	0,0940	0,1408	0,1557	14,6803	15,6178	24,5227	28,0291
14	1,3195	1,5126	3,7975	4,8871	22,7374	0,0826	0,0885	0,1357	0,1509	15,9739	17,0863	27,9750	32,3926
15	1,3459	1,5580	4,1772	5,4736	28,4217	0,0778	0,0838	0,1315	0,1468	17,2934	18,5989	31,7725	37,2797
16	1,3728	1,6047	4,5950	6,1304	35,5271	0,0737	0,0796	0,1278	0,1434	18,6393	20,1569	35,9497	42,7533
17	1,4002	1,6528	5,0545	6,8660	44,4089	0,0700	0,0760	0,1247	0,1405	20,0121	21,7616	40,5447	48,8837
18	1,4282	1,7024	5,5599	7,6900	55,5112	0,0667	0,0727	0,1219	0,1379	21,4123	23,4144	45,5992	55,7497
19	1,4568	1,7535	6,1159	8,6128	69,3889	0,0638	0,0698	0,1195	0,1358	22,8406	25,1169	51,1591	63,4397
20	1,4859	1,8061	6,7275	9,6463	86,7362	0,0612	0,0672	0,1175	0,1339	24,2974	26,8704	57,2750	72,0524
21	1,5157	1,8603	7,4002	10,8038	108,4202	0,0588	0,0649	0,1156	0,1322	25,7833	28,6768	64,0025	81,6987
22	1,5460	1,9161	8,1403	12,1003	135,5253	0,0566	0,0627	0,1140	0,1308	27,2990	30,5368	71,4027	92,5026
23	1,5769	1,9736	8,9543	13,5523	169,4066	0,0547	0,0608	0,1126	0,1296	28,8450	32,4529	79,5430	104,6029
24	1,6084	2,0328	9,8497	15,1786	211,7582	0,0529	0,0590	0,1113	0,1285	30,4219	34,4265	88,4973	118,1552

9) Certa pessoa investiu R$ 3.000,00 em um banco à taxa nominal de juros de 36% ao ano, capitalizados mensalmente, e R$ 7.000,00 a 24% ao ano, capitalizados semestralmente. Ao final de 2 anos, a soma dos dois montantes será:
a) R$ 18.600,00.
b) R$ 17.357,20.
c) R$ 17.112,90.
d) R$ 16.000,00.
e) R$ 15.735,00.

(Prominp) Para as questões de n°s 10 a 14, podem ser úteis os valores a seguir.

$1,02^2 = 1,0404$ $\quad$ $1,02^{-2} = 0,9612$
$1,02^3 = 1,0612$ $\quad$ $1,02^{-3} = 0,9423$
$1,02^4 = 1,0824$ $\quad$ $1,02^{-4} = 0,9238$
$1,02^{12} = 1,2682$ $\quad$ $1,02^{-12} = 0,7885$

10) O montante, imediatamente após o 12º depósito, de uma série de 12 depósitos mensais de R$ 100,00 cada, a juros de 2% ao mês, é igual, em reais, a:
a) 1.224,00.
b) 1.341,00.
c) 1.412,00.
d) 1.488,00.
e) 1.564,00.

11) A taxa anual equivalente a 2% ao mês é:
a) 24,00%.
b) 26,40%.
c) 26,82%.
d) 28,14%.
e) 29,36%.

12) A taxa efetiva anual correspondente a 8% ao ano com capitalização trimestral é:
a) 6,12%.
b) 7,14%.
c) 8,00%.
d) 8,24%.
e) 8,88%.

13) Um artigo custa, à vista, R$ 2.000,00 e pode ser comprado a prazo, em doze prestações mensais iguais, vencendo a primeira um mês após a compra. Se os juros são de 2% ao mês, qual é o valor de cada prestação, em reais?
a) 172,36.
b) 189,12.
c) 195,14.
d) 206,67.
e) 212,48.

14) R$ 500,00, a juros compostos de 2% ao mês, transformar-se-ão, em reais, depois de 4 meses, em:
a) 536,00.
b) 538,80.
c) 540,00.
d) 541,20.
e) 543,50.

AFR–PB
Instruções: Para a resolução das questões de números 15 a 17, utilize a tabela financeira abaixo (taxa de juros nominal de 24% ao ano, com capitalização mensal)

NÚMERO DE MESES (n)	PAGAMENTO ÚNICO FAC	SÉRIE DE PAGAMENTOS IGUAIS	
		FAC	FRC
1	1,02	1,00	1,02
2	1,04	2,02	0,52
3	1,06	3,06	0,35
4	1,08	4,12	0,26
5	1,10	5,20	0,21
6	1,13	6,31	0,18
7	1,15	7,43	0,15
8	1,17	8,58	0,14
9	1,20	9,75	0,12
10	1,22	10,95	0,11
11	1,24	12,17	0,10
12	1,27	13,41	0,09
13	1,29	14,68	0,09
14	1,32	15,97	0,08
15	1,35	17,29	0,08
16	1,37	18,64	0,07
17	1,40	20,01	0,07
18	1,43	21,41	0,07
19	1,46	22,84	0,06
20	1,49	24,30	0,06

FAC (Fator de Acumulação de Capital, Pagamento Único) = $(1,02)^n$

FAC (Fator de Acumulação de Capital, Série de pagamentos Iguais) = $\dfrac{(1,02)^n - 1}{0,02}$.

FRC (Fator de Recuperação de Capital, Série de Pagamentos Iguais) = $\dfrac{(1,02)^n \times 0,02}{(1,02)^n - 1}$.

Para o cálculo do fator de valor atual (FVA), Série de Pagamentos Iguais, considerar FVA = $\dfrac{1}{FRC}$.

15) Um investidor deposita, no início de cada mês, o valor de R$ 1.000,00, durante 10 meses, em um banco que remunera a uma taxa de 24% ao ano, com capitalização mensal. Decide resgatar todo o montante correspondente a esta operação somente no início do 13º mês. O valor deste resgate é:
a) R$ 10.335,00.
b) R$ 11.388,00.
c) R$ 11.607,00.
d) R$ 13.034,00.
e) R$ 14.680,00.

16) Paulo comprou um automóvel em 10 prestações mensais, iguais e consecutivas, no valor de R$ 4.400,00 cada uma, vencendo a primeira 1 mês após a data da compra. A agência de automóveis trabalha com uma taxa de juros compostos de 2% ao mês. Se Paulo propusesse à agência quitar a dívida em 15 prestações, vencendo também a primeira 1 mês após a data da compra, o valor da prestação seria de:
a) R$ 3.140,00.
b) R$ 3.200,00.
c) R$ 3.360,00.
d) R$ 3.410,00.
e) R$ 3.600,00.

17) Uma loja oferece a um cliente 2 opções referentes à compra de determinada marca de televisor:
I. À vista, no valor de R$ 4.000,00, sem desconto.
II. R$ 500,00 de entrada mais 9 prestações mensais, iguais e consecutivas, à taxa de juros compostos de 2% ao mês, vencendo a primeira 2 meses após a compra.
O valor de cada prestação em (II) que torna os pagamentos das duas opções equivalentes, segundo o critério do desconto racional composto à taxa de juros compostos de 2% ao mês, é:
a) R$ 499,80.
b) R$ 490,00.
c) R$ 489,60.
d) R$ 480,00.
e) R$ 428,40.

(Economista–CEAL)
Instruções: Para responder as duas questões seguintes, considere a tabela financeira abaixo, correspondente à taxa de juros compostos de 2% ao período.

Número de Períodos	Fator de acumulação de capital para um único pagamento.	Fator de recuperação de capital de uma série uniforme.	Fator de acumulação de capital de uma série uniforme.
1	1,0200	1,0200	1,0000
2	1,0404	0,5150	2,0200
3	1,0612	0,3468	3,0604
4	1,0824	0,2626	4,1216
5	1,1041	0,2122	5,2040
6	1,1262	0,1785	6,3081
7	1,1487	0,1545	7,4343
8	1,1717	0,1365	8,5830

18) Um empréstimo no valor de R$ 20.000,00 foi contratado para ser pago através de 5 prestações mensais iguais, vencendo a primeira 2 meses após a data em que foi realizado o empréstimo, e as demais, a partir da segunda, um mês depois do vencimento da anterior. Considerando que foi utilizado o Sistema Francês de Amortização (Sistema *Price*) à taxa de juros nominal de 24% ao ano, capitalizados mensalmente, obtém-se que o valor da prestação, desprezando os centavos, é:
   a) R$ 3.641,00.
   b) R$ 4.244,00.
   c) R$ 4.328,00.
   d) R$ 4.480,00.
   e) R$ 4.800,00.

19) Depositando R$ 2.000,00 no final de cada mês, à taxa de juros nominal de 24% ao ano, capitalizados mensalmente, tem-se que, na data em que for efetuado o 7º depósito, o montante correspondente será, desprezando os centavos, de:
   a) R$ 14 868,00.
   b) R$ 15 960,00.
   c) R$ 16 081,00.
   d) R$ 16 829,00.
   e) R$ 17 166,00.

20) (BB) Um investidor realiza depósitos no início de cada mês, durante 8 meses, em um banco que remunera os depósitos de seus clientes a uma taxa de juros nominal de 24% ao ano, com capitalização mensal. Os valores dos 4 primeiros depósitos foram de R$ 1.000,00 cada um e dos 4 últimos R$ 1.250,00 cada um. No momento em que ele efetua o oitavo depósito, verifica que o montante que possui no banco é M, em reais.

Fator de Acumulação de Capital
(taxa de juros compostos de 2% ao período)

Número de Períodos	Pagamento único	Série de pagamentos iguais
1	1,02	1,00
2	1,04	2,02
3	1,06	3,06
4	1,08	4,12
5	1,10	5,20
6	1,13	6,31
7	1,15	7,43
8	1,17	8,58
9	1,20	9,76

Utilizando os dados da tabela acima, tem-se, então, que:
   a) 10 300 < M.
   b) 10 100 < M ≤ 10 300.
   c) 9 900 < M ≤ 10 100.
   d) 9 700 < M ≤ 9 900.
   e) 9 500 < M ≤ 9 700.

21) **(FRE–AC)** Julgue os itens seguintes.
   I. Um título com valor nominal de R$ 15.000,00 é descontado usando-se o desconto comercial simples, 5 meses antes do seu vencimento. Se o valor do desconto é R$ 9.000,00, então a taxa real da operação é de 30% ao mês.
   II. Um capital de R$ 10.000,00 é aplicado à taxa de juros compostos de 24% ao ano pelo período de 3 anos e 9 meses. Supondo que $(1,24)^3 = 1,91$ e que $(1,24)^{3,75} = 2,24$, então o montante obtido usando-se a convenção exponencial para calcular o montante com período fracionado é menor do que o montante obtido usando-se a convenção linear para calcular o montante com período fracionado.
   III. Um título é descontado 3 meses antes do seu vencimento à taxa de desconto comercial composto de 4% ao mês, produzindo um desconto de R$ 1.800,00. Supondo que $(0,96)^3 = 0,88$, então o valor nominal do título é inferior a R$ 14.000,00.

   Assinale a opção correta.
   a) Todos os itens estão certos.
   b) Apenas os itens I e II estão certos.
   c) Apenas os itens I e III estão certos.
   d) Apenas os itens II e III estão certos.

22) **(FRE–AC)** A quantia de R$ 24.000,00 foi financiada em 15 prestações mensais, consecutivas e iguais, com a primeira prestação vencendo ao final do quinto mês após a tomada do empréstimo. Supondo que o credor cobre uma taxa de juros compostos de 3% ao mês e que $(1,03)^4 = 1,13$ e $(1,03)^{-15} = 0,64$, então o valor da prestação é:
   a) inferior a R$ 2.000,00.
   b) superior a R$ 2.100,00 e inferior a R$ 2.300,00.
   c) superior a R$ 2.400,00 e inferior a R$ 2.600,00.
   d) superior a R$ 2.700,00.

23) **(AFR–SP)** Um plano de pagamentos referente à aquisição de um imóvel foi elaborado com base no sistema de amortização misto (SAM) e corresponde a um empréstimo no valor de R$ 120.000,00, a uma taxa de 2% ao mês, a ser liquidado em 60 prestações mensais, vencendo a primeira um mês após a data do empréstimo.
   Dados: Fator de Recuperação de Capital (FRC) para a taxa de juros compostos de 2% ao período.

Número de períodos	FRC
10	0,111
20	0,061
30	0,045
40	0,037
50	0,032
60	0,029

   O valor da 30ª (trigésima) prestação é igual a:
   a) R$ 3.320,00.
   b) R$ 3.360,00.
   c) R$ 3.480,00.
   d) R$ 4.140,00.
   e) R$ 4.280,00.

(Bacen) Para as duas questões a seguir, a tabela abaixo pode ser útil.

$1,01^{-2} = 0,9803$ $\qquad$ $1,01^{2} = 1,0201$

$1,01^{-4} = 0,9610$ $\qquad$ $1,01^{4} = 1,0406$

$1,01^{-10} = 0,9053$ $\qquad$ $1,01^{10} = 1,1046$

$1,01^{-20} = 0,8195$ $\qquad$ $1,01^{20} = 1,2202$

24) Depositando mensalmente 10 URVs em um fundo que rende 1% ao mês, o montante imediatamente após o 20º depósito será de:
   a) 244,04 URVs.
   b) 240 URVs.
   c) 220,2 URVs.
   d) 220 URVs.
   e) 202 URVs.

25) Tomou-se um empréstimo de 100 URVs, para pagamento em dez prestações mensais sucessivas iguais, a juros de 1% ao mês, a primeira prestação sendo paga um mês após o empréstimo. O valor de cada prestação é de, aproximadamente:
   a) 10,8 URVs.
   b) 10,6 URVs.
   c) 10,4 URVs.
   d) 10,2 URVs.
   e) 10 URVs.

(Sefaz-RJ)

MESES/TAXAS	1	2	3	4	5	6	7
1%	0,990099	0,980296	0,97059	0,96098	0,951466	0,942045	0,932718
2%	0,980392	0,961169	0,942322	0,92384S	0,905731	0,887971	0,87056
3%	0,970874	0,942596	0,915142	0,888487	0,862609	0,837484	0,813092
4%	0,961538	0,924556	0,888996	0,854804	0,821927	0,790315	0,759918
5%	0,952381	0,907029	0,863838	0,822702	0,783526	0,746215	0,710681
6%	0,943396	0,889996	0,839619	0,792094	0,747258	0,704961	0,665057
7%	0,934579	0,873439	0,816298	0,76289S	0,712986	0,666342	0,62275
8%	0,925926	0,857339	0,793832	0,73503	0,680583	0,63017	0,58349

26) A tabela acima representa uma tabela de fatores para o cálculo do Valor Presente sob o regime de juros compostos, sendo as linhas as diferentes taxas e as colunas os diferentes períodos (meses). Utilizando-se a tabela, o Valor Presente (descontando-se os centavos) de um título cujo valor nominal é de R$ 3.500,00 com prazo de vencimento de 6 meses, a uma taxa de 4% ao mês, é:
   a) R$ 2.772,00.
   b) R$ 2.991,00.
   c) R$ 3.301,00.
   d) R$ 2.766,00.
   e) R$ 2.467,00.

27) (Petrobras) Utilize a tabela, se necessário, para resolver a questão.

Fatores de acumulação de capital: $F=(1+i)^n$	
n	i = 4%
1	1,0400
2	1,0816
3	1,1249
4	1,1699
5	1,2167
6	1,2653
7	1,3159
3	1,3686
9	1,4233
10	1,4802
12	1,6010
18	2,0258

Um equipamento pode ser adquirido com três pagamentos bimestrais consecutivos de R$ 2.000,00, R$ 3.000,00 e R$ 4.000,00, respectivamente, com o primeiro ao final de 30 dias. Uma alternativa para a compra desse equipamento consiste em dois pagamentos iguais ao final de dois e quatro meses, respectivamente. À taxa efetiva composta de 4% ao mês, o valor unitário de cada um dos dois pagamentos que torna as duas alternativas equivalentes, em reais, é mais próximo de:
a) 4.321
b) 4.427
c) 4.585
d) 4.668
e) 4.746

28) (Petrobras) Utilize a tabela, se necessário, para resolver a questão.

Fatores de acumulação de capital: $F=(1+i)^r$			
n	i = 3%	i = 4%	i = 5%
1	1,0300	1,0400	1,0500
2	1,0609	1,0816	1,1025
3	1,0927	1,1249	1,1576
4	1,1255	1,1699	1,2155
5	1,1593	1,2167	1,2763
6	1,1941	1,2653	1,3401
7	1,2299	1,3159	1,4071
S	1,2663	1,3686	1,4775
9	1,3048	1.4233	1,5513
10	1,3439	1,4802	1,6289
12	1,4258	1,6010	1,7959
18	1,7024	2,0258	2,4066

Tomou-se um empréstimo de R$ 5.000,00 que será devolvido, em um único pagamento, ao final de 6 meses, acrescidos de juros compostos de taxa mensal 3%.

Se, na data da liberação do empréstimo, pagou-se uma taxa de administração no valor de R$ 200,00, a taxa efetiva mensal, r, desse empréstimo é tal que:
a) $r < 3,0\%$.
b) $3,0\% < r < 3,5\%$.
c) $3,5\% < r < 4,0\%$.
d) $4,0\% < r < 4,5\%$.
e) $4,5\% < r < 5,0\%$.

29) (Petrobras) Utilize a tabela, se necessário, para resolver a questão:
1ª coluna – Fatores de Valor Atual de uma Série de Pagamentos: $a(n,i) = \dfrac{(1+i)^n - 1}{(1+i)^n \times 1}$

2ª coluna – Fatores de Acumulação para uma Série de Pagamentos: $s(n,i) = \dfrac{(1+i)^n - 1}{i}$

i = 10% ao período

n	a(n, i)	s(n, i)
12	6,8137	21,3843
16	7,8237	35,9497
17	8,0216	40,5447
18	8,2014	45,5992

Uma empresa deve decidir quanto à alternativa de investimento que consiste em um desembolso inicial de R$ 150.000,00 e 12 entradas anuais líquidas e postecipadas de R$ 20.000,00. Se a taxa de atratividade mínima é de 10% ao ano, é correto afirmar que a empresa:
a) deverá realizar o investimento porque terá lucro de R$ 90.000,00.
b) deverá realizar o investimento porque a taxa interna de retorno é de 10% ao ano.
c) não deverá realizar o investimento porque o valor presente líquido do fluxo é negativo.
d) não deverá realizar o investimento porque a taxa de risco é muito alta.
e) não deverá realizar o investimento porque não dispõe dos recursos para o desembolso inicial.

30) (Petrobras) Use a tabela, se necessário, para resolver a questão.
1ª coluna – Fatores de Valor Atual de uma Série de Pagamentos: $a(n,i) = \dfrac{(1+i)^n - 1}{(1+i)^n \times 1}$

2ª coluna – Fatores de Acumulação para uma Série de Pagamentos: $s(n,i) = \dfrac{(1+i)^n - 1}{i}$

i = 10% ao período

n	a(n, i)	s(n, i)
12	6,8137	21,3843
16	7,8237	35,9497
17	8,0216	40,5447
18	8,2014	45,5992

O fluxo de caixa líquido esperado de um investimento é o seguinte, em milhares de reais:

Ano	0	1	2 a 18
Fluxo	– 10.000,00	– 10.000,00	3.000,00

Seu valor presente líquido (VPL) na data zero, à taxa de 10% ao ano é, em milhares de reais, mais próximo de:
a) 2.246
b) 2.418
c) 2.785
d) 3.215
e) 3.471

31) **(Transpetro)**

$1,02^1 = 1,020$	$1,02^2 = 1,040$
$1,02^3 = 1,061$	$1,02^4 = 1,082$
$1,02^5 = 1,104$	$1,02^6 = 1,126$
$1,02^7 = 1,149$	$1,02^8 = 1,172$

Um débito de R$ 350.000,00, contraído há 2 meses, está sendo amortizado com um pagamento de R$ 45.000,00 hoje, R$ 130.000,00 de hoje a 3 meses e R$ 85.000,00 de hoje a 8 meses.

Que pagamento no fim de 5 meses, contados de hoje, em reais, ainda é necessário ser feito para uma taxa de juros composta de 2% ao mês?

Dado: Considere, para os cálculos, os valores na tabela acima.
a) 137.156,90.
b) 140.000,00.
c) 158.000,30.
d) 162.450,13.
e) 173.460,35.

32) **(AFRM-AR)** Abaixo encontram-se valores de uma tabela de fator de valor presente de séries uniformes de pagamento, na qual n é o número de prestações mensais e i a taxa de juros.

n/i	1%	2%	3%	4%	5%	6%	7%
1	0,9901	0,9804	0,9709	0,9615	0,9524	0,9434	0,9346
2	1,9704	1,9416	1,9135	1,8861	1,8594	1,8334	1,8080
3	2,9410	2,8839	2,8286	2,7751	2,7232	2,6730	2,6243
4	3,9020	3,8077	3,7171	3,6299	3,5460	3,4651	3,3872
5	4,8534	4,7135	4,5797	4,4518	4,3295	4,2124	4,1002

Um indivíduo comprou uma geladeira em 4 prestações mensais, sucessivas e uniformes, no valor de R$ 500 cada, com a 1ª prestação a ser paga no ato, formando uma série uniforme de pagamentos antecipada. Sabendo-se que a taxa de juros é de 3% ao mês, o valor presente da geladeira é:
a) R$ 1.858,55.
b) R$ 1.914,30.
c) R$ 1.895,43.
d) R$ 1.654,80.
e) R$ 2.000,00.

Gabarito:

1. A
2. B
3. E
4. D
5. D
6. C
7. C
8. C
9. C
10. B
11. C
12. D
13. B
14. D
15. C
16. B
17. E
18. C
19. A
20. E
21. B
22. B
23. B
24. C
25. B
26. D
27. B
28. C
29. C
30. C
31. A
32. B

Tabelas Financeiras

Fator de Acumulação de Capital

$(1 + i)^n$

n	1%	2%	3%	4%	5%	6%	7%	8%	9%	10%	12%	15%	18%
1	1,010000	1,020000	1,030000	1,040000	1,050000	1,060000	1,070000	1,080000	1,090000	1,100000	1,120000	1,150000	1,180000
2	1,020100	1,040400	1,060900	1,081600	1,102500	1,123600	1,144900	1,166400	1,188100	1,210000	1,254400	1,322500	1,392400
3	1,030301	1,061208	1,092727	1,124864	1,157625	1,191016	1,225043	1,259712	1,295029	1,331000	1,404928	1,520875	1,643032
4	1,040604	1,082432	1,125509	1,169859	1,215506	1,262477	1,310796	1,360489	1,411582	1,464100	1,573519	1,749006	1,938778
5	1,051010	1,104081	1,159274	1,216653	1,276282	1,338226	1,402552	1,469328	1,538624	1,610510	1,762342	2,011357	2,287758
6	1,061520	1,126162	1,194052	1,265319	1,340096	1,418519	1,500730	1,586874	1,677100	1,771561	1,973823	2,313061	2,699554
7	1,072135	1,148686	1,229874	1,315932	1,407100	1,503630	1,605781	1,713824	1,828039	1,948717	2,210681	2,660020	3,185474
8	1,082857	1,171659	1,266770	1,368569	1,477455	1,593848	1,718186	1,850930	1,992563	2,143589	2,475963	3,059023	3,758859
9	1,093685	1,195093	1,304773	1,423312	1,551328	1,689479	1,838459	1,999005	2,171893	2,357948	2,773079	3,517876	4,435454
10	1,104622	1,218994	1,343916	1,480244	1,628895	1,790848	1,967151	2,158925	2,367364	2,593742	3,105848	4,045558	5,233836
11	1,115668	1,243374	1,384234	1,539454	1,710339	1,898299	2,104852	2,331639	2,580426	2,853117	3,478550	4,652391	6,175926
12	1,126825	1,268242	1,425761	1,601032	1,795856	2,012196	2,252192	2,518170	2,812665	3,138428	3,895976	5,350250	7,287593
13	1,138093	1,293607	1,468534	1,665074	1,885649	2,132928	2,409845	2,719624	3,065805	3,452271	4,363493	6,152788	8,599359
14	1,149474	1,319479	1,512590	1,731676	1,979932	2,260904	2,578534	2,937194	3,341727	3,797498	4,887112	7,075706	10,147244
15	1,160969	1,345868	1,557967	1,800944	2,078928	2,396558	2,759032	3,172169	3,642482	4,177248	5,473566	8,137062	11,973748
16	1,172579	1,372786	1,604706	1,872981	2,182875	2,540352	2,952164	3,425943	3,970306	4,594973	6,130394	9,357621	14,129023
17	1,184304	1,400241	1,652848	1,947900	2,292018	2,692773	3,158815	3,700018	4,327633	5,054470	6,866041	10,761264	16,672247
18	1,196147	1,428246	1,702433	2,025817	2,406619	2,854339	3,379932	3,996019	4,717120	5,559917	7,689966	12,375454	19,673251
19	1,208109	1,456811	1,753506	2,106849	2,526950	3,025600	3,616528	4,315701	5,141661	6,115909	8,612762	14,231772	23,214436
20	1,220190	1,485947	1,806111	2,191123	2,653298	3,207135	3,869684	4,660957	5,604411	6,727500	9,646293	16,366537	27,393035

Fator de Valor Atual de uma Série de Pagamentos

a (n,i)	1%	2%	3%	4%	5%	6%	7%	8%	9%	10%	12%	15%	18%
1	0,990099	0,980392	0,970874	0,961538	0,952381	0,943396	0,934579	0,925926	0,917431	0,909091	0,892857	0,869565	0,847458
2	1,970395	1,941561	1,913470	1,886095	1,859410	1,833393	1,808018	1,783265	1,759111	1,735537	1,690051	1,625709	1,565642
3	2,940985	2,883883	2,828611	2,775091	2,723248	2,673012	2,624316	2,577097	2,531295	2,486852	2,401831	2,283225	2,174273
4	3,901966	3,807729	3,717098	3,629895	3,545951	3,465106	3,387211	3,312127	3,239720	3,169865	3,037349	2,854978	2,690062
5	4,853431	4,713460	4,579707	4,451822	4,329477	4,212364	4,100197	3,992710	3,889651	3,790787	3,604776	3,352155	3,127171
6	5,795476	5,601431	5,417191	5,242137	5,075692	4,917324	4,766540	4,622880	4,485919	4,355261	4,111407	3,784483	3,497603
7	6,728195	6,471991	6,230283	6,002055	5,786373	5,582381	5,389289	5,206370	5,032953	4,868419	4,563757	4,160420	3,811528
8	7,651678	7,325481	7,019692	6,732745	6,463213	6,209794	5,971299	5,746639	5,534819	5,334926	4,967640	4,487322	4,077566
9	8,566018	8,162237	7,786109	7,435332	7,107822	6,801692	6,515232	6,246688	5,995247	5,759024	5,328250	4,771594	4,303022
10	9,471305	8,982585	8,530203	8,110896	7,721735	7,360087	7,023582	6,710081	6,417658	6,144567	5,650223	5,018769	4,494086
11	10,367628	9,786848	9,252624	8,760477	8,306414	7,886875	7,498674	7,138964	6,805191	6,495061	5,937699	5,233712	4,656005
12	11,255077	10,575341	9,954004	9,385074	8,863252	8,383844	7,942686	7,536078	7,160725	6,813692	6,194374	5,420619	4,793225
13	12,133740	11,348374	10,634955	9,985648	9,393573	8,852683	8,357651	7,903776	7,486904	7,103356	6,423548	5,583147	4,909513
14	13,003703	12,106249	11,296073	10,563123	9,898641	9,294984	8,745468	8,244237	7,786150	7,366687	6,628168	5,724476	5,008062
15	13,865053	12,849264	11,937935	11,118387	10,379658	9,712249	9,107914	8,559479	8,060688	7,606080	6,810864	5,847370	5,091578
16	14,717874	13,577709	12,561102	11,652296	10,837770	10,105895	9,446649	8,851369	8,312558	7,823709	6,973986	5,954235	5,162354
17	15,562251	14,291872	13,166118	12,165669	11,274066	10,477260	9,763223	9,121638	8,543631	8,021553	7,119630	6,047161	5,222334
18	16,398269	14,992031	13,753513	12,659297	11,689587	10,827603	10,059087	9,371887	8,755625	8,201412	7,249670	6,127966	5,273164
19	17,226008	15,678462	14,323799	13,133939	12,085321	11,158116	10,335595	9,603599	8,950115	8,364920	7,365777	6,198231	5,316241
20	18,045553	16,351433	14,877475	13,590326	12,462210	11,469921	10,594014	9,818147	9,128546	8,513564	7,469444	6,259331	5,352746

Fator de Acumulação de Capital de uma Série de Pagamentos

s (n,i)	1%	2%	3%	4%	5%	6%	7%	8%	9%	10%	12%	15%	18%
1	1,000000	1,000000	1,000000	1,000000	1,000000	1,000000	1,000000	1,000000	1,000000	1,000000	1,000000	1,000000	1,000000
2	2,010000	2,020000	2,030000	2,040000	2,050000	2,060000	2,070000	2,080000	2,090000	2,100000	2,120000	2,150000	2,180000
3	3,030100	3,060400	3,090900	3,121600	3,152500	3,183600	3,214900	3,246400	3,278100	3,310000	3,374400	3,472500	3,572400
4	4,060401	4,121608	4,183627	4,246464	4,310125	4,374616	4,439943	4,506112	4,573129	4,641000	4,779328	4,993375	5,215432
5	5,101005	5,204040	5,309136	5,416323	5,525631	5,637093	5,750739	5,866601	5,984711	6,105100	6,352847	6,742381	7,154210
6	6,152015	6,308121	6,468410	6,632975	6,801913	6,975319	7,153291	7,335929	7,523335	7,715610	8,115189	8,753738	9,441968
7	7,213535	7,434283	7,662462	7,898294	8,142008	8,393838	8,654021	8,922803	9,200435	9,487171	10,089012	11,066799	12,141522
8	8,285671	8,582969	8,892336	9,214226	9,549109	9,897468	10,259803	10,636628	11,028474	11,435868	12,299693	13,726819	15,326996
9	9,368527	9,754628	10,159106	10,582795	11,026564	11,491316	11,977989	12,487558	13,021036	13,579477	14,775856	16,785842	19,085855
10	10,462213	10,949721	11,463879	12,006107	12,577893	13,180795	13,816448	14,486562	15,192930	15,937425	17,546735	20,303718	23,521309
11	11,568835	12,168715	12,807796	13,486351	14,206787	14,971643	15,783599	16,645487	17,560293	18,531167	20,654583	24,349276	28,755144
12	12,682503	13,412090	14,192030	15,025805	15,917127	16,869941	17,888451	18,977126	20,140720	21,384284	24,133133	29,001667	34,931070
13	13,809328	14,680332	15,617790	16,626838	17,712983	18,882138	20,140643	21,495297	22,953385	24,522712	28,029109	34,351917	42,218663
14	14,947421	15,973938	17,086324	18,291911	19,598632	21,015066	22,550468	24,214920	26,019189	27,974983	32,392602	40,504705	50,818022
15	16,096896	17,293417	18,598914	20,023568	21,578564	23,275970	25,129022	27,152114	29,360916	31,772482	37,279715	47,580411	60,985266
16	17,257884	18,639285	20,156881	21,824531	23,657492	25,672528	27,868054	30,324283	33,003399	35,949730	42,753280	55,717472	72,939014
17	18,430443	20,012071	21,761568	23,697512	25,840366	28,212880	30,840217	33,750226	36,973705	40,544703	48,883674	65,075093	87,068036
18	19,614748	21,412312	23,414435	25,645413	28,132385	30,905853	33,999033	37,450244	41,301338	45,599173	55,749715	75,836357	103,740283
19	20,810895	22,840559	25,116868	27,671229	30,539004	33,759992	37,378965	41,446263	46,018458	51,159090	63,439681	68,211811	123,413534
20	22,019004	24,297370	26,870374	29,778079	33,065954	36,785591	40,995492	45,761964	51,160120	57,274999	72,052442	102,443583	146,627970

Fator de Atualização de Capital $-\dfrac{1}{a_n} = \dfrac{1}{(1+i)^n}$

n	1%	2%	3%	4%	5%	6%	7%	8%	9%	10%
1	0,99010	0,98039	0,97087	0,96154	0,95238	0,94340	0,93458	0,92593	0,91743	0,90909
2	0,98030	0,96117	0,94260	0,92456	0,90703	0,89000	0,87344	0,85734	0,84168	0,82645
3	0,97059	0,94232	0,91514	0,88900	0,86384	0,83962	0,81630	0,79383	0,77218	0,75131
4	0,96098	0,92385	0,88849	0,85480	0,82270	0,79209	0,76290	0,73503	0,70843	0,68301
5	0,95147	0,90573	0,86251	0,82193	0,78353	0,74726	0,71299	0,68058	0,64993	0,62092
6	0,94205	0,88797	0,83748	0,79031	0,74622	0,70496	0,66634	0,63017	0,59627	0,56447
7	0,93272	0,87056	0,81309	0,75992	0,71068	0,66506	0,62275	0,58349	0,54703	0,51316
8	0,92348	0,85349	0,78941	0,73069	0,67684	0,62741	0,58201	0,54027	0,50187	0,46651
9	0,91434	0,83676	0,76642	0,70259	0,64461	0,59190	0,54393	0,50025	0,46043	0,42410
10	0,90529	0,82035	0,74409	0,67556	0,61391	0,55839	0,50835	0,46319	0,42241	0,38554
11	0,89632	0,80426	0,72242	0,64958	0,58468	0,52679	0,47509	0,42888	0,38753	0,35049
12	0,88745	0,78849	0,70138	0,62460	0,55684	0,49697	0,44401	0,39711	0,35553	0,31863
13	0,87866	0,77303	0,68095	0,60057	0,53032	0,46884	0,41496	0,36770	0,32618	0,28966
14	0,86996	0,75788	0,66112	0,57748	0,50507	0,44230	0,38782	0,34046	0,29925	0,26333
15	0,86135	0,74301	0,64186	0,55526	0,48102	0,41727	0,36245	0,31524	0,27454	0,23939
16	0,85282	0,72845	0,62317	0,53391	0,45811	0,39365	0,33873	0,29189	0,25187	0,21763
17	0,84438	0,71416	0,60502	0,51337	0,43630	0,37136	0,31657	0,27027	0,23107	0,19784
18	0,83602	0,70016	0,58739	0,49363	0,41552	0,35034	0,29586	0,25025	0,21199	0,17986
19	0,82774	0,68643	0,57029	0,47464	0,39573	0,33051	0,27651	0,23171	0,19449	0,16351
20	0,81954	0,67297	0,55368	0,45639	0,37689	0,31180	0,25842	0,21455	0,17843	0,14864
21	0,81143	0,65978	0,53755	0,43883	0,35894	0,29416	0,24151	0,19866	0,16370	0,13513
22	0,80340	0,64684	0,52189	0,42196	0,34185	0,27751	0,22571	0,18394	0,15018	0,12285
23	0,79544	0,63416	0,50669	0,40573	0,32557	0,26180	0,21095	0,17032	0,13771	0,11168
24	0,78757	0,62172	0,49193	0,39012	0,31007	0,24698	0,19715	0,15770	0,12640	0,10153
25	0,77977	0,60953	0,47761	0,37512	0,29530	0,23300	0,18425	0,14602	0,11597	0,09230
26	0,77205	0,59758	0,46369	0,36069	0,28124	0,21981	0,17220	0,13520	0,10639	0,08391
27	0,76440	0,58586	0,45019	0,34682	0,26785	0,20737	0,16093	0,12519	0,09761	0,07628
28	0,75684	0,57437	0,43708	0,33348	0,25509	0,19563	0,15040	0,11591	0,08955	0,06934
29	0,74934	0,56311	0,42435	0,32065	0,24295	0,18456	0,14056	0,10733	0,08215	0,06304
30	0,74192	0,55207	0,41199	0,30832	0,23138	0,17411	0,13137	0,09935	0,07537	0,05731
31	0,73458	0,54125	0,39999	0,29646	0,22036	0,16425	0,12277	0,09202	0,06915	0,05210
32	0,72730	0,53063	0,38834	0,28506	0,20987	0,15496	0,11474	0,08520	0,06344	0,04736
33	0,72010	0,52023	0,37703	0,27409	0,19987	0,14619	0,10723	0,07889	0,05820	0,04306
34	0,71297	0,51003	0,36604	0,26355	0,19035	0,13791	0,10022	0,07305	0,05339	0,03914
35	0,70591	0,50003	0,35538	0,25342	0,18129	0,13011	0,09366	0,06763	0,04899	0,03558
36	0,69892	0,49022	0,34503	0,24367	0,17266	0,12274	0,08754	0,06262	0,04494	0,03235
37	0,69200	0,48061	0,33498	0,23430	0,16444	0,11579	0,08181	0,05799	0,04123	0,02941
38	0,68515	0,47119	0,32523	0,22529	0,15661	0,10924	0,07646	0,05369	0,03783	0,02673
39	0,67837	0,46195	0,31575	0,21662	0,14915	0,10306	0,07146	0,04971	0,03470	0,02430
40	0,67165	0,45289	0,30656	0,20829	0,14205	0,09722	0,06678	0,04603	0,03184	0,02209

Editora Impetus

Rua Alexandre Moura, 51
24210-200 – Gragoatá – Niterói – RJ
Telefax: (21) 2621-7007
www.impetus.com.br

Esta obra foi impressa em papel offset 75 gr/m².